KB057524

마케팅 좀 아는 사람

마린이를 위한 20년 차 선배의 핵 노트

셀프헬프
self·help
시 리 즈

"나다움을 찾아가는 힘"

사람들은 흔히, 지금의 내가 어제의 나와 같은 사람이라고 생각한다. 이것만큼 큰 착각이 또 있을까? 사람들은 매 순간 달라진다. 1분이 지나면 1분의 변화가, 1시간이 지나면 1시간의 변화가 쌓이는 게 사람이다. 보고 듣고 냄새 맡고 말하고 만지고 느끼면서 사람의 몸과 마음은 수시로 변한다. 그러니까 오늘의 나는 어제의 나와는 전혀 다른 사람이다. 셀프헬프self·help 시리즈를 통해 매 순간 새로워지는 나 자신을 발견하길 바란다.

셀프헬프
self·help
시리즈⓯

마린이를 위한 20년 차 선배의 핵 노트

마케팅 좀 아는 사람

초판 1쇄 인쇄. 2021년 8월 15일
초판 1쇄 발행. 2021년 8월 20일

지은이. 김종영
발행인. 김태영
발행처. 도서출판 씽크스마트
주소. 서울특별시 마포구 토정로 222(신수동) 한국출판콘텐츠센터 401호
전화. 02-323-5609·070-8836-8837
팩스. 02-337-5608
메일. kty0651@hanmail.net

ISBN 978-89-6529-284-5 13320

이 도서의 국립중앙도서관 출판예정도서목록(CIP)은 서지정보유통지원시스템 홈페이지(http://seoji.nl.go.kr)와 국가자료공동목록시스템(http://www.nl.go.kr/kolisnet)에서 이용하실 수 있습니다. (CIP제어번호: CIP2018002245)

씽크스마트 더 큰 세상으로 통하는 길
도서출판 사이다 사람과 사람을 이어주는 다리

도서출판 '사이다'는 사람의 가치를 발하며 서로가 서로의 삶을 세워주는 세상을 만드는 데 기여하고자 출범한 인문학 자기계발 브랜드 '사람과 사람을 이어주는 다리'의 줄임말이며, 도서출판 '씽크스마트'의 임프린트입니다.

ⓒ2021 씽크스마트
이 책에 수록된 내용, 디자인, 이미지, 편집 구성의 저작권은 해당 저자와 출판사에게 있습니다.
전체 또는 일부분이라도 사용할 때는 저자와 발행처 양쪽의 서면으로 된 동의서가 필요합니다.

마케팅 좀 아는 사람

마린이를 위한 20년 차 선배의 핵 노트

추천사

실제 다양한 경험으로부터 관찰된 노하우

저자와 같이 일하며 새롭고 다양한 아이디어를 실행으로 옮기는 것을 경험했다. 해외의 많은 당사 마케팅 동료들에게도 인기가 많은 저자였다. 저자의 책은 실제 다양한 경험으로부터 관찰된 노하우, 더불어 잠재 고객의 니즈에 맞춰 제품을 홍보하는 방법, 차별화된 브랜딩 및 참신한 콘텐츠를 만들어낼 수 있는 방법 등을 자세히 담고 있다. 에이전시와 기업의 마케터 등 다양한 경험을 한 저자의 경험이 고스란히 녹아 있어 마케팅을 제대로 하고 싶은 분들에게 추천한다.

———————————————————— DHL Korea 대표이사 한병구

마케팅 현장에서의 이야기를

이제 막 사회생활을 시작하는 학생들에게 실질적인 도움이 되는 실용서. 마케팅 현장에서의 이야기를 쉬우면서도 공감 가는 이야기로 잘 풀어냈다. 마케팅 세상에 뛰어든 사람들을 응원하는 따듯한 마음이 돋보이는 책으로 추천한다.

———————————————————— 고려대학교 경영학과 교수 남대일

질문을 쉽고 명확하게 설명해 준다

'입사 초기에 하는 일을 주변 사람들에게 설명하기 어려웠다' 라는 글귀가 공감된다. 마케팅이 중요하다는 건 누구나 알지만, 무엇을 하는 것이냐? 라고 하면 답이 쉽지 않다. 저자는 사신의 식섭 경험을 바탕으로 이 질문을 쉽고 명확하게 설명해 준다. 그리고, 어떻게 하는 것이 좋은 마케팅인지에 대해서도 같이 생각할 수 있게 만들어 준다.

현실 선배가 풀어낸 노하우

마케팅 업무를 막 시작한 마케터가 당장 활용할 수 있는 책이다. 내용은
구체적이고, 인사이트를 줄 사례는 풍부하다. 직업상 마케팅과 홍보를 하
는 분들을 많이 만났는데 디지털 트랜스포메이션을 이해하고 업무를 하
는 분들과 그렇지 않은 분들은 분명히 구분된다. 디지털 전환기에 고민
많은 마케터 후배들에게 경험 많은 선배가 친절하게 자신의 노하우를 풀
어낸 느낌을 주는 책이다.

———————————————— SBS 보도본부 뉴미디어뉴스 부장 정명원

이론적인 배경과 실전 사례를 녹여낸

열정이 가득한 저자가 치열한 마케팅 현장에서 경험했던 생생하게 살아
있는 마케팅의 경험과 사례를 후배 및 동료들에게 체계적으로 정리하여
들려줌으로써 아날로그부터 디지털 마케팅 시대를 관통할 수 있는 혜안
과 인사이트를 얻기에 충분한 책으로 생각된다. 이론적인 배경과 실전 사
례를 녹여낸 설명은 여전히 우리가 마케팅 현장에서 부딪치는 수많은 문
제들을 해결하는 데 실마리를 제공할 것이라고 확신하며 이 책을 독자 여
러분께 추천한다.

———————————————————— 다트미디어 대표이사 **박천성**

초년병의 관점에서 그들의 과제, 고민에 공감

'마케팅을 어떻게 하면 잘 할 수 있을까요?', '마케팅 5.0시대라는데 어디

서부터 어떻게 시작해야 할까요?' 라는 질문을 많이 받는데 트렌드나 스킬에 관련된 책을 추천하든가 그로스 해킹에 대한 예시와 설명을 통해 대답하곤 했다. 하지만 정말 중요한 것은 마케팅을 하는 사람의 관점에서 특히 초년병의 관점에서 그들의 과제, 고민을 공감하며 왜, 어떻게의 고민을 풀어주면 좋겠다는 생각을 많이 했었다. 저자가 실무를 하면서 겪었던 고민을 공유하고 해결책을 이야기하는 것이 시장 경쟁에 뛰어든 많은 스타터에게 공감을 일으킬 것이라 기대한다.

——————————————— CJ제일제당 디지털사업본부장 부사장 김현진

기업 마케터, 에이전시 기획자들에게 일독을

지난 30년 동안 기업과 에이전시에서 마케팅 업무를 해오고 있지만, 도대체 마케팅이 무엇이냐는 후배들의 질문에 쉽게 대답하기는 어려웠다. 이 책은 마케팅 전반을 관통하는 이론과 실제 사례, 그리고 마케터로서의 업무와 자질에 대하여 친절하고도 명쾌하게 이야기를 들려주고 있다. 저자 특유의 업무에 대한 열정과 소통 능력, 그리고 다독의 습관이 잘 어우러져 탄생한 이 책은 기업의 마케터 혹은 에이전시 기획자로서 성장하고 싶은 모두에게 소중한 가이드북이 될 것이라 믿는다.

—————————— 허밍아이엠씨 대표이사, 주한글로벌기업 대표자협회 사무총장 노정욱

디지털 혁명의 시대에 현업 기법들도

디지털 트랜스포메이션이 화두가 되어가고 있는 근래에는 마케터들이 많은 고민에 빠질 수밖에 없다. 이렇게 빠르게 변화하는 시대에 있어서 이 책은 오히려 탄탄하게 다져야 할 마케팅의 기본 전략이 충실히 담겨

있다. 그에 더해 디지털 혁명의 시대에 빠질 수 없는 최신 현업 기법들도 배울 수 있으니 더할 나위 없다. 주변의 신입 마케터들에게 기본을 다질 수 있는 Al Ries 와 Jack Trout의 『Positioning』을 자주 추천했었는데, 이제는 저자의 책과 같은 최고의 실무형 마케팅 전략서도 같이 추천할 수 있게 되어서 기쁜 마음이다.

——————————— Microsoft 글로벌 파트너 솔루션 이사 임승호

마케팅 취업 준비생들에게 이 책을

이 책의 주요 독자 중 하나인 마케터를 꿈꾸는 취업 준비생을 가장 많이 만나는 사람 중 하나라 해도 과언이 아니다. 그러다 보니 이들이 얼마나 마케팅이란 직무에 대해 환상을 갖고 있는지 누구보다 잘 알고 있다. 이 책을 접하게 될 많은 취업 준비생들이 마케팅이란 직무를 올바르게 인식하고, 이 직무에 뛰어들기 위해 제대로 준비할 수 있는 계기가 될 거라 확신한다. 나 역시 마케팅 직무에 종사하고자 하는 많은 취업 준비생들에게 이 책을 권하고 싶을 정도다. 마케팅 직무가 비즈니스 전체에 미치는 다양한 영향력을 이 책으로 느낄 수 있을 것이다.

——————————— 하리하리 TV 취업 유튜버 이정준

전국의 수많은 마케터들이여, 고민 없이 이 책을 읽어보기를!

마케팅팀에서 일하면서 느끼는 모든 고민들과 그에 대한 해법이 담겨 있는 최고의 실무형 마케팅 저서로, 마케팅팀 동료들, 그리고 마케팅팀을 꿈꾸는 후배들에게 1순위로 추천하고 싶은 책. 나처럼 실무를 진행하고 있는 사람들은 무릎을 탁 치며 공감하며 읽을 수 있을 것이고, 마케터를

꿈꾸는 사람들은 마케터의 삶을 미리 체험하는 기회가 될 것이다.
———————————————————————— CJ대한통운 마케팅팀 대리 이혜림

CONTENTS

기본 *Part.* ────────────────────
디지털 전환 시대에도 변하지 않는 마케팅의 핵심

실전 Part. ───────────────────
디지털 전환 시대, 마케터가 알아야 할 최소한의 것들

역량 *Part.* ───────────────
디지털 전환시대에서 바라본 마케터의 소양과 미래

프롤로그

마케터로서
한 단계 성장 하고픈 분들께…

우리나라 대학생들이 졸업하고 취업을 심각하게 걱정하게 된 시기가 IMF 영향이 시작된 1998년, 1999년이 아닐까 생각한다. 그전까지 급속한 경제 성장에 발맞춰 기업의 일자리는 늘어만 갔기에 눈높이를 낮추기만 한다면 취업을 하는 데 그리 어렵지 않은 시대였다고 이야기할 수 있다. 저자는 졸업을 앞둔 시기가 되었을 때 방송사에 취직해서 라디오 PD가 되겠다는 용감한⑦ 마음을 가지고 언론 고시를 준비했었다. 하지만, IMF 사태가 터지면서 방송사 취업이 어려워짐에 따라 우연한 기회에 광고 에이전시 기획자로 마케팅에 발을 들여놓게 되었다. 그 당시 PD라는 직업이 하는 일과 광고 에이전시 기획자가 하는 일이 비슷할 것이란 막연한 기대감을 갖고 있어 선택에 어려움이 없었다. 이렇게 멋모르고 시작한 마케팅 업무를 한 지 이제 20년이 훌쩍 넘었다. 처음 직장에 들어갔을 시절에는 어떤 회사에 다니고 어떤 일을 하는지 가족과 친구들에게 소개할 때 어려움이 참 많았다. 그도 그럴 것이 일반 사람들에게 마케팅, 광고, 캠페인 등이 그 당시에는 그렇게 잘 알려지지 않았기 때문이었다. 하지만 이제는 마케팅이라는 말은 생활 속 단어가 되어버렸다. 회사를 다니든 자영업을 하든 이제는 마케팅을 잘 해야 한다는 정도는 알고 있고 또 고민하고 있다. 저자 역시 오랜 기간 마케터로서 다양한 업무를 해왔지만 마케팅에 대한 고민은 여진히 현새 신행형이다. 적어도 지금의 그러한 고민들이 현재 마케팅을 하고 있는 사람들도 모두 지나왔던 경험이라고 이야기해 주고 싶었다.

책을 써보겠다고 마음먹었을 때 가장 큰 고민은 세상에 나온 수없이 많은 마케팅 서적과 어떻게 차별화할 수 있을지 그리고 어떤 내용으로 구성해야 하는지에 대한 것이었다. 이를 해결하기 위해 다음과 같은 세 가지 질문을 바탕으로 소주제를 선정했고 각각의 내용을 채웠다.

첫째, 사람들이 쓰고 있는 마케팅이란 말과 마케팅 활동에 대해서 동일한 이해로 쓰고 있는 걸까?

이 책에서 지속적으로 언급하겠지만 회사 내 다양한 부서에서 마케팅이란 단어를 일상적으로 쓰고 있다. 하지만, 마케터라고 불리는 사람들조차 마케팅에 대한 이해가 다르고 기본적인 지식이 없는 경우를 많이 보았다. 또한 실무를 하다 보면 가끔 마케팅의 의미가 무엇이고 어떤 일을 하는지 알고 이야기하는 것일까라는 생각이 드는 경우도 많았다. 각자의 자의적인 해석이 아닌 마케팅의 기본적인 지식과 실무를 위해 필요한 사항들을 정리해 보고자 했다. 이를 통해서 적어도 마케팅의 개념들이 서로 같을 수 있기를 바란다.

둘째, 마케터 업무를 하고 있거나 마케터가 되고자 하는 사람들은 무엇이 궁금할까?

마케팅이라는 직종에 대한 로망이 있어 그런지 비단 경영학 전공자뿐만 아니라 저자처럼 많은 경영학 비전공자들도 마케터 업무를 하고 있거나 졸업 후 마케터가 되기를 원하고 있다. 그들과 대화하다 보면 주로 나오는 질문은 몇 가지로 압축된다. 마케팅이란 무엇인지, 마케터라 불리는 사람은 누구인지, 마케터는 실제로 어떤 일을 하는지, 마케터가 되기 위해서는 어떤 것들을 준비해야 하는지, 글로벌 기업과 국내 대기업 마케팅팀은 어떻게 다른지, 마케터가 되면 어떤 길을 갈 수 있는지 등이다. 저자도 마케터로서 사회생활을 시작하기 전과 초년병 시절 비슷한 궁금증을 가지고 있었다. 그 당시 시중에 나와 있는 책을 찾아보고 업계 선배들을 찾아가 질문도 해보았지만 속 시원한 이야기를 들을 수 없었던 경험이 있었다. 운 좋게 저자는 마케팅 현장에서 일반적으로 마케터라 불리는 에이전시의 기획자(AE)와 기업 마케터로서의 경험을 모두 해봤기에 어느 정도의 자격 요건은 갖추었다고 생각했다. 에이전시 기획자로서 다양한 브랜드 전략을 고민하며 기업의 마케터와 함께 일을 했던 경험, 기업의 마케터로서 자사의 브랜드를 관리하고 에이전시와 협업했던 경험, 글로벌 기업 마케터로서 마케팅을 진행했던 경험, 국내 대기업에서의 마케팅 및 글로벌 사업 관리까지 직접 했던 경험은 진정한 마케터가 되고자 하는 사람들의 질문에 완벽한 답을 줄 수는 없지만 실질적으로 도움이 될 만한 정보와 의견을 줄 수 있다고 생각했다.

셋째, 마케팅 업무를 위해 실질적으로 도움이 될 만한 정보와 지식은 무엇인가?

현재 마케팅 업무를 하고 있는 사람들의 고민은 무엇일까 생각해 보았다. 어떤 사람들은 실무에 바로 적용할 수 있는 성공적인 마케팅 활동 사례가 필요할 수 있고, 또 어떤 사람들은 이론적인 내용이나 마케터로서 역량 향상을 위해 필요한 조언일 수 있다. 마케팅이라는 분야가 워낙 광범위하기 때문에 본인이 맡고 있는 영역 이외의 분야에 대해 알고 싶어하는 사람들도 있을 것이다. 미래의 마케터와 현직 마케터들의 이런 질문에 도움을 주고자 그동안 저자가 경험했던 사항과 실질적인 업무 노하우를 이 책의 내용에 녹여보고자 했다.

이 책은 기본편, 실전편, 역량편으로 분류하여 총 3개의 파트로 구성하였다. 독자들은 순서대로 정독해도 되고 관심 있는 주제에 따라 선택해서 읽어도 크게 무리가 없을 것이라 생각한다.

Part 1에서는 디지털 전환 시대에도 변하지 않는 마케팅의 핵심 사항을 다루었다. 마케터의 업무 중 하나인 마케팅 전략 수립이나 기획서 작업 시 이러한 사항이 꽤나 유용할 때가 많다. 마케터가 학자가 될 필요는 없으나 적어도 요즘 시대를 관통하는 마케팅 이론을 인지하고 있는 것이 여러모로 쓸모가 있기 때문에 꼭 필요한 파트라고 생각했다. 이 파트에 있는 정보가 마케팅의 개념에 대해 본인만의 생각을 정리하는 데 도움이 됐으면 한다.

Part 2에서는 저자가 마케터로서 업무를 진행할 때 현장에서 필요했던 사항들 위주로 정리했다. 시중에 나온 책들에서 보이는 무슨무슨 법칙, 무슨무슨 원칙보다는 실무에서 바로 접목할 수 있고, 궁금했는데 누구에게 질문하기는 조금은 어색한 주제들을 선정해 보았다. 예를 들어 올바른 KPI 설정 방법, 클라이언트 브리프 쓰는 방법, 마케팅 기획서 쓰는 방법, 고객 초청 이벤트의 전략적 방향성, 네이밍 진행 방법, 성공적인 바이럴 콘텐츠를 위해 고려해야 할 사항, 마케팅 조사 방법 같은 것은 현업에서 자주 만나게 되는 이슈라고 생각했다.

Part 3에서는 마케터가 되려고 하거나 마케터로서 한 단계 도약하기 위해 갖춰야 할 역량과 마케터의 현재와 미래에 대해서 저자의 솔직한 의견을 정리해 보았다. 이 파트에서는 특히 독서와 영어를 강조했다. 저자의 경험상 독서만큼 마케터의 역량을 가장 빠르게 끌어올릴 수 있는 방법이 없다고 생각했기 때문이고, 꼭 글로벌 마케터가 되고자 하지 않더라도 영어라는 무기를 가진다면 미래에도 충분히 경쟁력 있는 마케터가 될 수 있다고 생각했다.

 모쪼록 이 책을 읽는 독자들이 마케팅과 마케터로서의 업무에 대해서 이해하고, 마케터로서 큰 꿈을 이루는 데 작은 도움이라도 되길 바라본다.

기본
PART

디지털 전환
시대에도
변하지 않는
마케팅의 핵심

도대체 마케팅이란
무엇인가?

Marketer
Kim's
Story

직장에서 1분기 경영전략회의를 진행하는 풍경을 떠올려 보았다. 1분기 경영전략회의가 중요한 이유는 한 해 농사의 시작이기도 하고, 보통 하반기의 목표 계획이 좀 더 큰 비중이기 때문에 1분기는 무조건 목표를 달성해야 연간 경영 목표를 달성할 수 있기 때문이다. 하지만 그날 회의 분위기는 무척 우울했다. 1분기 사업 실적이 목표 달성에 한참 미달했기 때문이다. 먼저 ○○사업을 맡고 있는 본부장이 이야기했다. "1분기 목표 대비 부진 사유는 경쟁사 가격 정책으로 인해 매출 하락이 발생하였습니다. 2분기부터는 높은 서비스 달성률과 고객 맞춤형 마케팅을 통해서 경영 계획 목표를 기필코 달성하도록 하겠습니다." 순간 나는 고객 맞춤형 마케팅이란 말이 어떤 의미로 쓰였을까 생각해 보았다. 이어서 해외 본부장의 발표가 이어졌다. "기존 해외 진출 시장 외에 작년에 새롭게 진입한 시장에서 인지도가 없어 영업에 어려움이 많습니다. 본사의 마케팅 활동 지원이 절실합니다." '이건 또 무슨 소리인가? B2B

마케팅 좀 아는 사람

산업에서 인지도 생성을 위해 본사 차원의 어떤 마케팅 지원을 이야기하는 것인가?'라는 생각에 또 한 번 의아하게 생각했다. 마지막으로 경영진 한 명이 이야기했다. "우리 회사가 무슨 마케팅이 필요한가요? 우리 회사가 속한 산업은 얼마나 경쟁력 있는 가격을 제시할 수 있는지가 핵심 포인트이지 마케팅 활동으로 크게 영향을 받지 않습니다." 가격 전략도 마케팅의 일환인데 아마도 여기서의 마케팅은 마케팅 커뮤니케이션[1]을 의미하는 것이구나 싶었다. 그날 회의에서 정작 마케팅 담당자는 한마디도 하지 않았지만 다양한 사람들이 마케팅이라는 단어를 사용했다. 회의가 끝나고 오늘 회의에서 사용됐던 마케팅이라는 단어의 의미를 생각해 보았다. 그리고 이렇게 많은 사람들이 사용하는 마케팅이라는 개념이 같은 것인지 그리고 서로의 이해가 동일한 것인지가 궁금해졌다. 내가 내린 결론은 아니라는 것이었다. 모든 사람들이 마케팅의 개념을 정확히 이해하지 못하고 본인이 생각하는 마케팅의 개념으로 기업 현장에서 사용하고 있는 것이었다. 이런 경험을 통해 마케팅의 정의와 기본적인 마케팅 유형 정도는 마케터는 물론이고 꼭 마케터가 아니더라도 알아둘 필요가 있다고 늘 생각해 왔다.

---

1 기업이 제품의 정보를 계획적으로 소비자에게 전달하는 일련의 행동으로 광고, 홍보, 이벤트 등을 통해서 수행

마케터가 아니더라도 직장 생활을 하다 보면 때로는 마케팅이란 용어를 써가면서 실적에 대한 변명을 하거나 훈계를 받는 경우를 많이 목격하게 된다. 경영진은 마케팅을 제대로 하라고 하고, 영업부서는 적극적인 마케팅을 통해서 실적을 올리겠다고 하고, 재무/회계 부서는 마케팅 비용에 대한 효용성이 떨어진다고 하고, 인사부서는 마케팅이 제대로 되고 있지 않아 인재를 선발하기 어렵다고 한다. 이렇듯 회사 내에서 모든 사람들이 보고서에 쉽게 사용하고 발표할 때 이야기하는 마케팅이란 용어에 대해서 그 의미를 살펴보고자 한다. 경영진이 이야기한 마케팅을 제대로 하라는 말은 무엇인가? 아마도 이 뜻은 실적 부진을 만회하거나 회사의 성장을 위해서 광고, PR 등을 제대로 하라는 의미가 아닐까 추측해 본다. 최근의 기업 트렌드를 보면 경기 악화에 따라 CFO 출신의 CEO들이 많다 보니 마케팅이라 함은 단순히 대외적으로 회사를 홍보하는 것이라는 것과 비용 발생 개념으로 사용하고 있지 않을까 조심스럽게 생각해 본다. 영업부서에서 이야기하는 마케팅은 또 무엇인가? 영업은 기본적으로 매출을 책임지는 부서이다. 이 부서에서 원하는 마케팅은 경쟁력 있는 가격, 프로모션 활동, 대외 커뮤니케이션 개념일 것이다. 최근에는 경계가 모호해졌지만 회사가 B2B, B2C 사업이냐에 따라 영업부

마케팅 좀 아는 사람

서에서 말하는 마케팅이란 개념은 또 달라질 것이다. B2C에서 말하는 마케팅이란 멋진 광고, 온/오프 라인 프로모션 활동을 주로 이야기할 것이고, B2B에서는 특정 산업 군에서의 브랜드 인지도, 고객 이벤트, 가격 정책 등을 의미하는 것으로 보인다. 재무/회계 부서에서 생각하는 마케팅이란 투자한 비용 대비 매출 또는 이익의 결과를 볼 수 있는 직접적인 활동을 의미할 것이다. 그리고 이 부서에서 바라보는 마케팅이란 비용으로 인식되어 단기적인 관점에서 바라보기 쉽고 언제든지 삭감 또는 삭제할 수 있는 활동으로 생각하는 경우가 많다. 따라서 매출과 이익에 직접적으로 영향을 주지 않는 마케팅과 같은 활동은 비용 낭비로 인식되기 쉽다. 인사부서에서도 마케팅을 이야기하곤 한다. 이 부서에서 이야기하는 마케팅이란 브랜딩을 가리킨다. 회사의 인지도와 선호도가 높고 이미지가 좋아야 좋은 인재들이 회사를 찾기 때문에 이들도 마케팅을 잘 해야 한다고 이야기한다.

그럼 이제부터 마케팅이란 무엇인지 정의를 살펴보고자 한다. 첫째, 미국 마케팅 학회에서는 마케팅은 개인과 조직의 목적을 충족시키기 위한 아이디어, 제품 및 서비스에 대한 발상, 가격 결정, 판매 촉진 그리고 유통을 계획하고 실행하는 과정으로 정의한다. 둘째, 한국 마케팅 학회는 마케팅이란 조직이나 개인이 자신의 목적을 달성시키는 교환을 창출하고 유지할 수 있도록 시장을 정의하고 관리하는 과정이라고 이야기한다. 셋째, 마케팅의 아버지라 불리는 필립 코틀러(Philip Kotler)는 마케팅은 기업이 고객을 위해 가치를 창출하고 고객 관계를 구축함으로써 그 대가로 고객들로부터 상응한 가치를 얻는 과정이라고 정의한다. 넷째, 현대 경영학 구루인 피터 드러커(Peter Drucker)는 마케팅은 교환 과정을 통하여 필요와 욕구를 충족시키려는 인간활동으로 정의하고 마케팅의 목적은 판매 노력을 불필요하게 만드는 것이라고 주장한다. 마지막으로 저자는 마케팅을 다음과 같이 정의하고자 한다. 마케팅이란 소비자와 브랜드의 관계를 증진시키기 위한 일련의 모든 활동을 의미하며 이를 통한 이윤 창출의 목적을 달성시키는 것이다. 앞서 이야기한 마케팅에 대한 정의는 모두 다양한 관점과 단어로 이야기하고 있지만 공통적인 내용을 종합해 보면 마케팅이란 서비스와 제품을 만드는 행위, 그 제품을 알리고 유통하며, 마지막에 소비가 일어나서 회사의 이익이 창출되는 일련의 과정으로 정리할 수 있지 않을까 생각한다. 마케팅의 정의를 이해했다면 이제 시장에서 이야기하는 다양한 마케팅 유형에 대해서 정의해 보고자 한다. 마케팅 실무를 하게 되었을 때 이 정도는 알고 있어야 할 마케팅 개념과 최근에 회자되는 마케팅 유형 위주로 설명해 보고자 한다.

마케팅 좀 아는 사람

B2C(Business to Consumer) 마케팅

B2C는 소비재 비즈니스를 의미하고 기업이 생산한 제품과 서비스를 개인 소비자에게 판매하는 비즈니스이다. 다시 말해서 기업의 상품과 서비스를 일반 개인 고객에게 유통, 플랫폼, 리테일 스토어를 통해서 제공하고 판매한다. 일상에서 접하는 대부분의 상품과 서비스가 B2C 비즈니스에 속하기 때문에 조금 더 이해하기 쉬울 수 있다. 이러한 비즈니스의 대표적인 예는 패션잡화, 식품, 음료, 자동차 등이다. B2C 마케팅의 고객군은 불특정 다수의 일반 소비자를 대상으로 하고 대표적인 마케팅 방식은 커뮤니케이션(광고, PR, 이벤트 등), 프라이싱, 영업 채널 판촉 활동을 진행한다. 일반 개인 고객을 대상으로 하기 때문에 TV나 디지털 등 대중 미디어를 주된 마케팅 수단으로 사용하게 된다. 흔히 우리가 알고 있는 기업인 나이키, 맥도날드, 코카콜라 등이 여기에 속한다.

B2B(Business to Business) 마케팅

B2B는 산업재 제품이나 서비스를 기업 대 기업으로 판매 및 제공하는 비즈니스를 의미한다. 이러한 비즈니스에서 마케팅이란 구매 의사 결정자 및 구매 영향자의 욕구를 충족시키려는 활동으로 정의할 수 있다. 기업이 고객이 되는 B2B 마케팅은 특정 개인을 상대로 마케팅 활동을 하기보다는 기업이나 조직을 상대로 마케팅을 진행한다. 고객의 수가 적고 상대적으로

목표 고객이 명확하기 때문에 고객별 접근 전략을 개별적으로 세우는 것이 가능하다. 이러한 기업의 대표적인 예는 전자, 물류, 중공업 등이다. 대표적인 마케팅 활동으로는 브랜드 인지도 및 이미지 제고 활동, 기업의 담당자를 타기팅한 고객사 판촉 및 가격제안 활동, 전시회 및 이벤트가 있다. 현대중공업, DHL, 포스코 등이 여기에 속한다.

B2B2C 마케팅

B2B2C 비즈니스란 B2B와 B2C가 결합된 형태의 전자상거래를 말한다. 기업을 모집하여 소비자와 만나게 해주고, 소비자에게 각종 서비스를 제공해 비용을 받는 비즈니스 모델이 있다. 이 비즈니스에서 마케팅은 상품/서비스를 제공하는 기업을 향한 활동과 개인고객을 대상으로 하는 마케팅 활동으로 이원화된다. B2B와 B2C 마케팅의 혼합된 형태라 보면 될 것이다. 따라서 이러한 비즈니스는 전통적인 마케팅 드리븐 회사보다도 더 마케팅이 중요시된다. 배달의민족, 마켓컬리 등 최근 마케팅 드리븐으로 성공한 회사가 여기에 속한다.

스포츠 마케팅

스포츠 마케팅이란 스포츠라는 매개를 통하여 소비자의 욕구를 충족시키고 여기에서 발생하는 가치를 교환하는 과정이라고 정의할 수 있다. 기업은 스포츠

마케팅 좀 아는 사람

마케팅을 통해 회사 및 회사 제품의 인지도를 높이고 이미지를 개선하거나 유지하려는 것이 기본 목적이고 이를 통해 매출을 확대하는 것이 궁극적인 목표이다. 스포츠 마케팅 활동은 스포츠 관련 제품 업체에게는 매출과 직결되는 마케팅 활동이고, 스포츠 단체에게는 보다 많은 재원을 확보하기 위한 마케팅 활동이며, 일반 기업에게는 스포츠를 이용해 기존의 커뮤니케이션 활동을 보조해 주는 마케팅 활동이 될 수 있다.

디지털 마케팅

인터넷을 기반으로 다양한 디지털 매체를 통해서 제품과 브랜드를 알리고 판매를 촉진하는 모든 마케팅 활동을 디지털 마케팅이라고 한다. 디지털 마케팅에는 크게 Push(강요형)와 Pull(유인형) 두 종류가 있다. Push형 디지털 마케팅은 웹사이트나 인터넷 뉴스에서 보이는 광고처럼 판매자가 수신자의 동의 없이 광고를 보내는 것이다. 고객 인지 및 획득에는 효과적이나 고객과의 관계 및 로열티 강화에는 효과가 떨어진다. Pull형 디지털 마케팅은 소비자가 이메일, 문자 메시지 등을 통해 특정 기업의 물품에 대한 광고를 허가하는 것과 소비자가 직접 인터넷을 통해 특정 물품을 검색하는 것으로 이루어진다. 인터넷 웹사이트, 블로그, 스트리밍[2](Streaming) 미디어들이 Pull형 디지털 마케팅

---

2 주로 음악이나 동영상 등의 멀티미디어 파일을 전송하고 재생하는 방식

의 예이다. 고객의 자발적인 참여를 기반으로 하기에 고객 인지도 획득뿐만 아니라 고객 유지 및 브랜드 경험을 증가시키는 데 효과가 크다.

그로스 해킹 성장을 뜻하는 그로스(growth)와 해킹(hacking)의 합성어로 상품 및 서비스의 개선사항을 지속 점검하고 반영함으로써 사업 성장을 촉진하는 디지털 마케팅 기법이다. 예산이 한정된 스타트업 기업들이 사업을 조기에 성장 궤도에 올리기 위해서 사용자 경험(UX)과 고객의 행동 방식을 분석해 제품의 기획 단계부터 판매에 이르기까지 소비자에게 제품을 더 많이 알릴 수 있는 방법으로 활용하다가 최근에는 온라인 기업 대부분이 활용하고 있다. 라디오, TV, 신문 등 전통적인 미디어 광고를 대체할 수 있는 소셜 미디어 광고와 바이럴 마케팅에 중점을 두고 있다.

콘텐츠 마케팅 브랜드와 관련된 가치 있고 관련성 있는 콘텐츠를 생성 및 배포하여 목표 고객에 접근을 통해 궁극적으로 수익성으로 연결될 수 있도록 유도하는 마케팅이다. 예를 들어 브랜드 인지도 확대와 이미지 개선을 위해 소셜 미디어나 웹사이트 등에 텍스트, 음악, 동영상 등을 업로드하는 것을 말한다. 콘텐츠 마케팅의 가장 큰 장점은 기존의 마케팅 툴 대비 비용 효율성이 크다

마케팅 좀 아는 사람

는 것이다.

**데이터베이스
마케팅**

   기업의 기존 고객, 신규 고객, 잠재 고객, 이탈 고객과 관련된 데이터를 구축하고 이를 기반으로 마케팅 활동을 진행하는 것을 말한다. 데이터베이스 마케팅은 기존 고객과 잠재 고객을 이해하고, 이를 통해 기존 고객을 유지하며 잠재 고객을 끌어들임으로써 고객의 평생 가치(Life Time Value)[3]를 극대화하는 데 목표가 있다. 예를 들어 어느 고객이 무엇을 얼마나 자주 구매했는지, 어느 매장에서 어떤 유형의 제품을 구매했는지, 언제 재구매할 것인지 등과 같은 데이터를 가지고 고객의 성향을 분석하여 향후 필요한 마케팅 전략을 수립하는 것이다. 금융, 유통, 물류 산업에서 많이 활용되는 마케팅 방식이다.

**퍼포먼스
마케팅**

   퍼포먼스 마케팅은 온라인을 기반으로 잠재 고객을 신규 고객으로 전환시키는 것부터 목표 고객의 특정한 반응을 유도하는 것을 목표로 하는 마케팅이다. 광고 운영 데이터뿐만 아니라 고객과 시장 이슈 등 가용한 모든 데이터를 활용하여 진행한다. 콘텐츠 마케팅과는 달리 기본적으로 Paid Media[4]를 기반으로 광고

---

3 소비자가 평생에 걸쳐 구매할 것으로 예상되는 이익 흐름에 대한 현재가치를 말하며, 장기적인 관점에서 기업의 수익성을 극대화하기 위해 사용하는 개념
4 온/오프 미디어를 통해 메시지를 전달하고자 할 때 유료로 이용하는 미디어

를 집행하여 얼마만큼의 매출이 창출되었는지, 얼마큼의 DB가 축적되었는지 등 성과를 측정하는 마케팅 활동이 일반적이다. 퍼포먼스 마케팅은 분석과 유입 방법에 대한 핵심적인 고민이 있어야 한다.

인플루언서 마케팅

인플루언서는 타인에게 영향력을 미치는 사람(Influence + er)이라는 뜻의 신조어다. 일반적으로 SNS에서 영향력이 큰 사람들을 일컫는다. 이러한 신조어가 등장하게 된 이유는 인터넷이 발전하면서 소셜 미디어의 영향력이 크게 확대되었기 때문이다. 영향력이 큰 블로그를 운영하는 '파워블로거'나 수십만 명의 팔로워 수를 가진 SNS 사용자, 1인 방송 크리에이터 들을 통칭하는 말이다. 인플루언서 마케팅은 이들을 활용해 제품이나 서비스를 홍보하는 마케팅 방안이다. 소셜 미디어를 통해 일반인들이 생산한 콘텐츠가 기업에서 게시하는 TV 광고와 유사하거나 혹은 그 이상의 영향력을 가지게 되는 것은 더이상 놀라운 일이 아니다. 따라서 최근에 기업들도 이러한 인플루언서를 활용한 마케팅에 적극적으로 뛰어들고 있다. 인플루언서 마케팅 시 주의해야 할 사항은 광고 모델처럼 인플루언서에게 부정적인 이슈가 발생하면 기업의 제품과 서비스에 부정적인 영향을 줄 수 있다는 것이다.

마케팅을 업으로 삼으면서부터 여러 사람에게 들었던 질문은 "마케팅이란 도대체 무엇인가요?"였다. 예전에 대답할 때마다 정의가 달라지는 나 자신을 발견하고 놀란 적이 많았다. 이 질문에 대해서는 사전에 나오는 마케팅 정의가 아닌, 마케터 본인의 경험을 바탕으로 자신만의 언어로 정리하여 머릿속에 넣어 둘 필요가 있다. 아울러 트렌드에 따라 앞서 소개한 것 외에도 다양한 마케팅 신조어가 나오고 있는데, 이에 대해 본인이 어느 정도 개념을 가지고 있어야 마케팅 업무를 진행하면서 참고하거나 활용할 수 있을 것이라 생각한다. 흔히 마케팅하면 떠오르는 광고, PR 등의 커뮤니케이션 활동은 마케팅 활동 중의 극히 일부분이고 마케팅이란 그보다 한 수준 위의 개념이다. 마케팅이 기업의 모든 활동을 의미한다고 이야기하는 사람도 있다. 그만큼 기업을 경영함에서 중요하다는 뜻일 것이다. 마케팅이란 업무를 하게 되면서 어려움과 시련이 많을 수 있지만 기업 경영의 핵심이라는 믿음과 자긍심을 가지고 꿋꿋이 버텨내길 기원한다. 적어도 마케터끼리는 마케팅 개념에 대해서는 같은 이해를 가져야 한다.

#마케팅 #B2C #B2B #B2B2C #스포츠 #디지털
#그로스해킹 #콘텐츠 #퍼포먼스 #데이터베이스
#인플루언서

보이는 것이 전부가 아닌 마케팅 부서는 어떤 일을 하는가?

대학생 홍보대사를 진행했던 시절 자연스럽게 그들과 교류하는 시간이 많아졌다. 지금도 마찬가지지만 대학생들의 가장 큰 고민은 역시 취업이었다. 대학생 홍보대사를 지원할 정도면 대부분이 마케팅 직종 취업을 꿈꾸는 학생이라고 보아도 무방할 것으로 보였다. 그런데 그 친구들이 생각하는 공통점이 있었다. 바로 마케팅 하면 광고나 홍보, 번뜩이는 아이디어만을 주로 생각한다는 것이었다. 이런 그들의 생각이 잘 나타나는 때는 면접이었다. "저는 어려서부터 새로운 일이나 아이디어에 관심이 많았습니다", "요즘 가장 인상 깊었던 광고는 ○○사 TV 광고입니다. 콘셉트도 좋고 무엇보다 웃음을 주는 것 같습니다", "제가 운영하는 SNS 친구 숫자가 200명이 넘고 이들을 통해서 회사의 홍보를 진행해 보겠습니다" 등이 주로 나오는 답변이었다. 기업 내부에서도 마케팅을 단순히 광고나 만들고 영상이나 만드는 부서로 알고 있는 경우가 많으니 아주 잘못된 답변이라고 이야기할 수는 없었다. 취업을 준비하는 대학생들에게 기업 내부 마케팅 부서를 자세히 들여다보면 그 안에 다양한 기능이 존재한다는 이야기를 여러 번 해주었다. 마케터라고 해서 꼭 새로운 아이디어 제안에만 능해야 하는 것이 아니다. 어떤 마케터는 데이터 분석을 논리적으로 하는 능력, 어떤 마케터는 내외부에 커뮤니케이션하는 글을 잘 쓰는 능력, 어떤 마케터는 현장에서 이벤트를 진행하면서 스태프를 이끌어 가는 능력이 필요하다는 것이 주요 골자였다. 그 당시 대학생 홍보대사들의 생각을 변화시켜 주고자 마케팅 부서에서 다양한 업무를 하는 직원들과 만나게 하는 과정을 넣었던 기억이 있다. 그런 과정을 통해서 마케팅이라는 다양한 기능에 대해서 좀 더 이해하는 기회가 되지 않았을까 자평해 본다.

Marketer Kim's Focus

마케팅에 뜻이 있어 취업을 준비하는 학생들과 직종 변경을 고려하는 사람들이 궁금해하는 것 중 하나가 '마케팅이라는 부서는 무슨 일을 할까?'이다. 이제는 일반 사람들조차 자연스럽게 사용하는 말인 마케팅을 기업에서 직접 실행하는 부서의 일은 생각보다 광범위하다. 기업의 마케팅 부서는 산업별, 회사 규모별 차이가 있겠지만 대기업 기준으로 기능을 설명하고자 한다. 마케팅 부서는 전략기획팀, 브랜드 커뮤니케이션팀, 프라이싱팀, 상품개발팀, 디지털마케팅팀, 프로모션팀 이외에 사회공헌활동팀 및 홍보팀이 같은 부서에 있거나 별도로 있는 경우가 있다.

논리적 사고가 필요한 마케팅 전략 기획팀

이 부서는 일반적인 부서의 기획 업무라고 보면 될 것이다. 마케팅 부서의 단기, 중장기 전략을 수립하고 예산을 책정하며 실적 관리 및 예측을 하는 팀이다. 이 부서의 특성상 마케팅 부서 내부 각 기능 팀과 마케팅 부서 외부의 세일즈 및 파이낸스 부서를 비롯해 모든 부서와 유기적으로 협업해야 한다. 보통 여기서 세워지는 큰 전략에 따라 세부 실행 사항으로 광고를 하고, 상품을 개발하고, PR을 하기 때문이다. 또한 회사의 유관 부서와 논의를 통해 회사의 비전과 마케팅 부서의 전략 방향을 일치시키는 역할을 해야 한다. 보통 이 부서에서 일하는 직원들을 살펴보면 컨설팅 회사나 광고 에이전시 플래닝팀[5] 출신이 많다. 마케팅도 근사해 보이는데 거기다 전략이라는 타이틀까지 추가되었으니 신입사원들의 동경의 대상이 되기도 하지만 전략이라는 것이 그때는 맞고 지금은 틀릴 수 있고, 보는 사람의 시각에 따라 맞고 틀림이 정해질 수 있어 논리적 및 숫자적으로 무장하지 않으면 굉장히 곤란한 상황을 마주하곤 한다.

5 대규모 에이전시에서 광고주의 전략 수립과 인사이트 발굴을 전담하는 팀

마케팅 좀 아는 사람

크리에이티브 마인드를 가진 브랜드 커뮤니케이션팀

회사의 전체적인 브랜딩을 책임지는 팀이다. 일반 사람들이 마케팅 하면 떠오르는 광고를 만드는 팀이다. 회사의 이미지를 만들고 브랜드 전략을 수립하고 관리하는 팀으로 보면 된다. 이 부서에서 주로 하는 업무는 회사의 CI[6], BI[7] 관리이고, 광고 에이전시와 협업하여 광고를 만들고 미디어에 집행하는 역할을 한다. 디지털 마케팅팀이 별도로 존재하지 않는 기업에서는 브랜드 커뮤니케이션팀에서 디지털 마케팅과 회사 홈페이지 관리를 맡는 경우도 많다. 부서 특성상 크리에이티브를 다루는 일이 많아서 기업 공채 출신보다는 에이전시에서 인력을 영입하는 경우가 많다. 몇몇 대기업에서는 이 팀 내 디자인 기능을 별도로 두기도 한다.

숫자와 분석력의 프라이싱팀

프라이싱팀은 마케팅의 4P의 하나로 당연히 마케팅 부서에 있을 것이라 생각되지만, B2B 사업에서는 세일즈에 속해 있는 경우가 종종 있다. 개인적으로 이 팀이야말로 마케팅 부서에 속해 있어 세일즈팀과의 견제와 균형(Check and Balance)을 이룰 수 있도록 해야 회사의 건전한 매출 증가를 이룰 수 있을 것으로 생각한다. 프라이싱팀은 이름에서 직관적으로 알 수 있듯이 가격 정책을 결정하고 세일즈 부서에 가격 가이드를

---

6 기업의 이미지를 통합하는 작업으로 기업의 상호나 로고 등 시각적 수단이 주가 되지만 기업 문화까지 확장 가능
7 기업 내 여러 가지 브랜드의 이미지를 통일화하는 작업

주는 것이 주요 업무이다. 프라이싱팀에서는 새로운 가격 정책(예, 텔레콤, 유료 채널, 물류 회사 등에서 가격 정책)을 만들고, 회사가 추구하는 적정 이익을 추구한다. 때로는 가격 프로모션을 통해 신규 고객을 발굴하거나 매출을 끌어올리는 역할도 하게 된다. 프라이싱팀이 마케팅 부서에 있지 않으면 아무래도 세일즈 부서 입장에서는 매출을 올리기 위해 가장 쉽게 접근할 수 있는 가격 인하 카드의 유혹으로 회사 또는 브랜드 이미지 훼손 및 손익 실적에 영향을 주게 된다. 부서 특성상 굉장히 많은 데이터와 숫자를 자유자재로 다룰 수 있어야 하므로 이 분야 취업을 생각한다면 이 부분을 특별히 고려해야 한다. 근무할 때에 '마케팅의 꽃'이 프라이싱이라고 생각하는 직원들을 본 적이 있을 만큼 그들의 자부심은 대단하다.

창의력이 필요한 상품 개발팀

신상품 및 신규 서비스를 개발하거나 기존 상품 및 서비스를 관리하는 역할을 하는 팀이다. 브랜드를 여러 개 가지고 있는 회사에서는 꼭 필요한 팀이라고 할 수 있다. 단순히 신상품을 개발하는 것뿐만 아니라 서비스 회사에서는 신규 서비스 발굴 및 제휴의 영역까지 업무가 확장되어 진행되는 경우가 많다. 신상품/신규 서비스 개발은 회사 내 많은 유관 부서, 예를 들어 전략팀, 프라이싱팀, 세일즈팀, 재무/회계팀, 브랜

마케팅 좀 아는 사람

드 커뮤니케이션, PR 팀과의 협업이 필수적이며 상품 개발을 위해 고객의 인사이트를 끌어내야 하는 중요한 업무를 진행한다. 식품산업과 같이 상품 라이프 사이클이 빠르게 변화하는 산업에서는 상품개발팀의 역할이 중요하지만 B2B 산업에서는 큰 틀에서는 서비스가 하나이므로 서비스 제안의 형태로 업무가 바뀌는 경우가 많다. 이 팀의 인원은 외부에서 영입하기보다는 회사 내부의 공채 출신이 많다. 그 이유는 산업과 회사 상품 및 서비스의 이해를 바탕으로 신규 상품/서비스가 나오기 때문이다.

트렌드 리더 디지털 마케팅팀

디지털 트렌드로 인해 마케팅 분야에서 각광받는 팀이 되었다. 기존 웹사이트 및 SNS의 관리 및 홍보를 넘어서 디지털 광고를 만들고 집행하는 역할, 더 나아가서는 디지털을 통해서 고객과 소통하고 세일즈 리드를 발생시키는 부서이다. 디지털 마케팅 분야는 B2C, B2B 비즈니스 모두에게 중요한 역할로 떠오르고 있다. 전통적인 오프라인 매체(TV, 라디오, 잡지 등)의 미디어 효용성이 떨어짐에 따라 디지털 마케팅의 역할은 마케팅 커뮤니케이션의 메인 축으로 자리 잡고 있다. 규모가 큰 기업을 제외하고 대부분의 마케팅 부서에서는 외부 디지털 에이전시를 사용한다. 디지털 업무를 진행해 주는 종합 디지털 광고 에이전시가 있기도 하지만 SNS, 디지털 퍼포먼스에 특화된 중소 업체가 우후죽순 생기고 있는 것이 현실이다. 마케팅 부서에서 디지털 업무를 담당하는 인력은 현재까지는 주로 외부에서 수혈되는 경우가 많다. 에이전시에서 기획 또는 제작을 담당하는 인력이 주로 영입되는데, 이러한 인력이 기업의 마케팅 부서에서 커리어 패스를 잡아가기에는 디지털 스페셜리스트 경향이 있어 어려움이 있다. 디지털 마케팅이 마케팅의 주류 트렌드인 것은 확실하나 마케팅 전략 및 브랜딩에서는 좀 더 경험을 필요로 하는 것이 사실이다. 디지털 마케팅팀에서 일하기 원하는 사람들은 데이터적인 접근을 희망하는 추세이므로 이 부분에 대한 역량을 강화해 둘 필요가 있다.

현장 경험이 필요한 프로모션팀

프로모션의 영역도 광고만큼이나 넓어 크게는 스폰서십과 온/오프 이벤트로 나눌 수 있다. 프로모션은 스포츠팀, 선수, 대회를 후원하여 소기의 마케팅 성과를 이루는 것과 단기간 이벤트나 전시회를 통해 인지도나 선호도를 향상시키는 것이 있을 수 있다. 이벤트의 몇 가지 사례로 매년 미국에서는 열리는 세계가전박람회(CES)에 기업 부스를 진행한다든가 신제품 출시 후 고객 체험을 위해 샘플링 등을 온/오프라인에서 진행하는 것이 있을 수 있다. 프로모션은 기업의 전략 방

마케팅 좀 아는 사람

향 및 마케팅 전략 방향과 일치해야 한다. 그렇지 않으면 단순히 노출로 성과를 측정하게 되는데 이는 기업 내부에서 전혀 인정되지 않는 것이 현실이다. 프로모션 담당자들은 기업 내부에서 발탁되는 경우도 있으나 규모가 큰 기업에서는 그 분야에서 경험을 가진 인력을 외부에서 수혈하는 경우가 많다. 아직까지 국내에서는 프로모션에 대한 정확한 평가가 이루어지기 힘든 게 사실이고, 특정 기간 동안 업무가 집중되는 경우가 있어 현장에서 밤을 새우며 야근하는 경우가 많다. 이 분야는 현장 경험이나 외부 네트워크가 곧 경쟁력이 될 수 있으므로 좀 더 활동적인 성향인 인력이 업무에 적합하다고 생각한다.

대인관계의 화신 홍보팀

대기업에서 홍보팀이 마케팅 부서 내부에 있지 않고 분리되어 있는 경우가 있다. 저자는 당연히 마케팅 부서에 속해 있어야 한다고 생각하며 마케팅 전략 하에 내외부 커뮤니케이션이 이루어져야 한다고 생각한다. 몇몇 대기업에서는 홍보팀을 기업의 광고 할당을 무기로 리스크를 관리하는 부서로 활용하고 있으나, 이는 궁극적으로 잘못된 방향으로 생각한다. 홍보팀의 역할이 단순히 기자와의 관계를 통해서 기업에서 일어나는 사고나 이슈를 해명하고 기사 출고를 막는 것일 수 있으나 그것을 뛰어넘어 자사의 핵심 포인트를 적극적으로 홍보하는 역할이 주가 되어야 한다고 생각한다. 글로벌 기업은 홍보팀의 인력을 최소화하고 PR 에이전시를 활용하여 업무를 진행하는 경우가 많으나, 국내 대기업의 경우는 자사에 인력을 많이 두고 기자들과 직접 커뮤니케이션을 진행하고 있다. 두 시스템 모두 장단점이 있다. PR 에이전시 활용의 경우 회사 내 불필요한 홍보 인력을 최소화하고 홍보 전문가를 통한 업무 진행이 가능한 반면, 리스크 발생시 적극적인 이슈 해결에는 어려움이 있을 수 있다. 홍보팀의 인력은 주로 외부에서 유입되고 대기업의 경우 주요 언론사의 기자 출신이 영업되는 경우가 많으며 이를 통해 미디어와 관계를 형성하고자 한다. 홍보팀이 마케팅 전략하에 움직이지 않을 경우 외부로 나가는 핵심 메시지에서 불일치가 발생할 수 있고 단순히 사고나 이슈를 해결하는 팀으로 전락할 가능성 있다는 것이 저자의 의견이다.

Marketer Kim's Comment

앞서 언급했듯이 마케팅 부서의 조직 구성은 기업별로 굉장히 다르다. 규모가 작은 기업에서는 이 모든 일을 담당자 몇 명이 하는 경우도 있다. 아울러 마케팅 부서의 기능임에도 불구하고 B2B 회사에서는 몇 가지 기능이 세일즈 부서에 속해 있는 경우도 있다. B2B 산업에서 과거에는 마케팅 부서와 세일즈 부서를 별도로 두어 견제와 균형을 유지하는 것이 트렌드였으나 최근의 트렌드는 세일즈와 마케팅을 합쳐 Commercial이라는 조직을 통해 한 방향으로 일사불란하게 조직을 움직일 수 있도록 하는 모습도 보인다. 이렇듯 마케팅 부서 조직은 다양한 기능이 존재하고 성과를 내기 위해서는 앞서 이야기한 모든 기능들이 유기적으로 협력해야 한다. 하지만 기업의 규모가 커질수록 마케팅 부서 내부에서도 사일로[8] 현상이 일어나는 것은 안타까운 현실이다. 각 기능의 성과 지표(KPI) 달성을 위해서 이견을 보이며 마케팅 부서의 목표 달성을 하는 어렵게 하는 경우를 많이 보았다. 이러한 사일로 현상을 적어도 마케팅 부서 내부에서 없애기 위해서는 순환 근무 제도를 통해 각 기능을 이해하게 하고 기업의 마케팅 인력이 스페셜리스트(Specialist)가 되기보다는 제너럴리스트(Generalist)로서 성장할 수 있도록 시스템을 만드는 것이 중요하다. 마케팅은 전문 분야가 많아 마케터라고 다 같은 마케터가 아니다.

#마케팅전략기획 #프라이싱 #브랜드커뮤니케이션
#상품개발 #디지털마케팅 #프로모션 #홍보 #Specialist
#Generalist #Commercial

---

8 회사 내부에서 부서 간에 담을 쌓고 외부와 소통하지 않는 현상

마케터의 조력자,
에이전시는 누구인가?

에이전시 AE 6년 차 시절 나의 하루를 기억해 본다. 전일 야근 때문에 피곤한 몸을 이끌고 오전 10시쯤 출근해 보니 어젯밤 함께 지새운 제작팀 자리에는 아직 아무도 보이지 않는다. 컴퓨터를 켜고 제작팀, 미디어팀, 그리고 내가 담당하고 있는 고객사 마케터에게 온 메일을 체크했다. 제작팀에서 보낸 메일 내용은 어젯밤에 회의했던 신문 광고 콘셉트 수정안이고 기획팀의 의견을 달라는 것이 요지였다. 간단한 피드백과 함께 내부 2차 회의 소집 회신을 했고 고객사 담당 마케터에게 시안 제시 일정을 메일로 보냈다. 미디어팀의 메일은 미디어 집행 결과와 다음 달 미디어 플랜 초안을 보내왔고, 검토 후 큰 문제가 보이지 않아 고객사 담당 마케터에게 보냈다. 마지막으로 고객사 담당 마케터에게 온 메일은 다음 달 재계약 시점에서 경쟁 프레젠테이션이 있으니 참가해 달라는 내용이었다. 메일을 읽는 순간 앞으로 한 달은 집에 일찍 가기 틀렸구나라는 생각이 머리를 스쳤다. 일단 경쟁 프레젠테이션이 있을 예정이라는 정보를 사내 유관 부서에 알리고 향후 준비 일정을 생각해 보았다. 이렇게 오전이 가볍게 끝난 후 오후에는 이제 막 잠에서 깨 출근한 제작팀과 2차 회의를 시작했다. 어차피 정답이 없는 회의이기에 기획적인 마인드와 아트적인 마인드가 늘(?) 대결하는 구도로 쉽게 결론이 나지 않았다. 이미 오전에 기업의 마케팅 담당자와 광고 시안 제시 일정을 확정했기에 더이상 늦출 시간이 없어 후보 크리에이티브 콘셉트 3개를 확정했다. 제작팀은 이제 이미지 작업과 세부 카피라이팅 작업을 시작할 것이고 새벽이 되면 시안을 볼 수 있을 것이라 생각했다. 내 자리에 돌아와 보니 담당 마케터에게 연락이 왔다. 다음 달 미디어 플랜 내 미디어 믹스를 좀 수정하고 싶다는 의견이었다. 바로 미디어팀에 수정 사항을 전달하며 오후 일정을 마무리했다. 슬슬 출출해져 저녁을 먹은 후 오전에 통보받았던 경쟁 프레젠테이션 내부 브리핑 자료를 만들기 시작했다. 고객사 마케팅 담당자가 보낸 클라이언트 브리핑 내용에 AE의 전략 방향, 기획 콘셉트, 내부 일정 등을 정리해 보았다. 자정이 넘어갈 무렵 제작팀의 신문 광고 시안을 확인하고 몇 가지 카피 수정 사항을 이야기한 후 최종 시안을 완성했다. 퇴근할 시간이 되어 회사를 나가는데 팀 동료가 맥주 한잔하자고 유혹했다. 딱 한잔이라고 했던 술자리는 2차까지 이어지고 나의 피곤은 쌓여만 갔다. 체력적으로 어떻게 버텼는지 의문스럽지만 유관 부서와 치열하게 논의하고 기업의 마케팅 담당자와 열정적으로 일했던 그 시절이 가끔 떠오른다.

**Marketer
Kim's
Focus**

기업 내부에서 마케팅 일을 하다 보면 필연적으로 에이전시와 업무를 진행하게 된다. 사유는 기업의 마케팅팀에 에이전시와 같은 전문 인력들을 분야별로 가지고 가는 것은 고정비 부담도 늘고 창의력에 한계가 생기기 때문이다. 여기서는 마케팅을 하는 사람들과 파트너십을 가져갈 수밖에 없는 에이전시의 유형과 업무에 대해서 기술해 보고자 한다.

**원스톱 서비스,
종합 광고
에이전시**

한마디로 요약하면 온/오프 커뮤니케이션과 관련된 모든 업무에 대해 원스톱 서비스를 제공한다. 국내 대기업 계열사인 제일기획과 이노션 등이 대표적인 기업이다. 종합 광고 에이전시를 활용하는 가장 큰 장점은 마케터가 다양한 에이전시들을 콘택트할 필요 없이 하나의 콘택트 포인트로 모든 업무를 처리할 수 있고 각각의 커뮤니케이션 활동을 통합 마케팅 커뮤니케이션(IMC) 차원에서 통합적인 메시지로 가져가기 용이하다는 것이다. 단, 일정 규모 이상의 마케팅 예산이 없는 기업의 경우 종합 광고 에이전시 활용 시 에이전시 내부에서 마이너 클라이언트로 분류되어 업무의 우선순위나 좋은 인력 배정을 기대하기는 어려움이 있다. 따라서 이런 경우 차라리 중소 에이전시를 활용하거나 아예 전문 에이전시를 개별적으로 활용하는 것이 바람직하다.

독특한 아이디어, 크리에이티브 에이전시

크리에이티브만 담당하는 매우 특화된 에이전시이다. 보통 이런 에이전시는 소규모인 경우가 많은데 대부분이 대형 에이전시 제작팀에 있었던 인원이 독립하여 에이전시를 설립한 경우이다. 독특한 콘셉트와 아이디어를 원하는 클라이언트 사이에서 많이 활용되는 에이전시이다. 기업의 마케터 입장에서는 크리에이티브 질의 향상을 기대할 수는 있으나 전체적인 집행 과정에서 마케터의 손이 많이 가며 미디어 에이전시, BTL 에이전시 등 개별적인 에이전시와 협업을 하는 데 어려움이 있는 경우가 있다.

경쟁력 있는 미디어 집행 결과, 미디어 전문 에이전시

종합 광고 에이전시 내부의 큰 틀을 기획팀, 제작팀, 미디어팀으로 나눌 수 있는데 미디어 에이전시는 미디어팀이 독립하여 전문 에이전시를 설립한 경우이나. 미디어 전문 에이전시는 기업과 소비자를 연결하는 미디어 채널을 담당한다. 미디어 에이전시 내부는 수많은 미디어의 효율성을 비교하여 최적화된 집행 계획을 세우는 미디어 플래너와 미디어 집행을 위해 해당 미디어와 협의를 하고 광고 소재를 집행하는 미디어 바이어로 구분된다. 미디어 전문 에이전시답게 같은 예산을 가지고도 얼마나 효과적인 미디어를 사용하여 목표로 하는 고객에게 집행할 수 있느냐가 이러한 에이전시의 경쟁력이다.

트렌드에 민감한, 디지털 에이전시

오프라인 광고의 효과가 약해지면서 최근에 뜨고 있는 에이전시 분야이다. 디지털에서 필요한 광고를 기획 및 제작하고 디지털 미디어에 집행하는 역할을 한다. 종합 광고 에이전시의 디지털 버전으로 보면 이해가 쉽다. 전통적인 미디어인 TV, 신문, 라디오, 잡지의 영향력이 감소하고 디지털 미디어의 영향력이 증가함에 따라 디지털 시장은 계속 성장하고 있다. 젊은 세대를 타깃으로 하는 커뮤니케이션일수록 디지털 미디어 집행을 선호하고, 커뮤니케이션 집행 후 효과 분석에서도 전통적인 미디어보다 좀 더 깊고 다양하게 분석할 수 있는 장점이 있다. 디지털 미디어의 활성화에 따라 인력난이 심화되고 있다는 것이 업계의 소문이다. 또한 디지털 미디어 특성상 실시간으로 소비자 커뮤니케이션에 대응해야 하는 경우가 많아 업무 강도가 세고 이로 인해 구성원의 이직이 잦은 편이다.

마케팅 좀 아는 사람

**현장에서
발로 뛰는,
프로모션
에이전시**

캠페인을 진행하다 보면 단순히 광고를 통해서 메시지를 전하는 것도 있지만 고객 참여를 유도하는 프로모션이 필요한 경우도 많다. 실제로 현장에서 제품을 보거나 사용해 봤을 때 타깃 고객이 인지하는 부분은 더욱 강력할 것이라 생각된다. 프로모션 에이전시는 이런 행사들을 대행해 주는 에이전시라고 생각하면 된다. 전시회, 고객 행사, 포럼, 오프닝 이벤트, 샘플링 등 다양한 행사를 하게 되는데 한정된 기간 안에 커뮤니케이션 효과를 극대화해야 하므로 준비부터 시작해서 행사 현장에서 고생을 많이 하는 에이전시이다. 코로나19 때문에 오프라인 행사가 많이 줄어들었고, 코로나19가 안정화된다고 하더라도 향후 많은 사람이 한곳에 모이는 행사보다는 디지털로의 전환이 가속화될 것이기 때문에 업의 미래에 대해서는 고민이 필요하다.

**기자와 기업
두 마리 토끼를
관리하는,
홍보 에이전시**

이름에서 알 수 있듯 홍보와 관련된 업무를 대행해 주는 에이전시이다. 홍보 전략 및 관리, 보도자료 작성, 미디어 인터뷰 기획, 리스크 관리 등 기업 내부가 아니라 외부에서 기업의 홍보 담당자로서 역할을 진행한다. 대기업에서는 내부에 이런 기능을 갖추는 경우가 많으나 외국계 기업은 담당자 한두 명이 홍보 에이전시와 함께 업무를 진행하는 경우가 많다. 두 방식

모두 장단점이 있으나 내부에 홍보 기능을 가져가는 것은 리스크 관리에 커다란 장점이 있고, 홍보 에이전시를 사용하는 경우는 보다 더 전략적인 접근 및 광범위한 언론사 네트워크를 가져갈 수 있다. 홍보 에이전시는 특이하게 기자와 클라이언트를 이해관계자로 가지고 있어 때로는 기자의 입장을 강하게 대변하는 경우가 있으니 홍보 에이전시 선정 시 이러한 부분은 좀 더 신중하게 고려해야 한다.

소규모 프로젝트에 적합한, BTL 에이전시

지금은 거의 없어진 개념인데 커뮤니케이션 활동의 구분을 ATL(Above The Line) 과 BTL(Below The Line)로 업계에서는 구분한다. ATL은 광고의 영역을 이야기하고 보통 BTL은 광고 외 나머지 영역을 이야기한다. BTL 에이전시의 역할은 다이렉트 마케팅, 프로모션, 제작물 등의 영역을 담당한다. 대규모 광고를 진행하지 않고도 소소한 캠페인을 진행하는 경우가 많은데 이때 브로슈어, 리플릿, 현수막 등 소소한 제작물에서부터 다이렉트 마케팅을 위한 다양한 활동들이 수반된다. 이럴 때 큰 규모의 에이전시를 쓰기보다는 BTL 에이전시를 사용하면 가성비 높은 서비스를 받는 경우가 있다. 마케팅팀에 디자인 역량이 없는 경우에 인하우스 에이전시처럼 BTL 에이전시를 사용하는 경우도 많다.

마케팅 좀 아는 사람

결과와 숫자로
말하는,
SNS 에이전시

커뮤니케이션 시장에서 디지털 트렌드가 주류로 자리매김하면서 중소 SNS 에이전시가 우후죽순처럼 생겨나고 있다. 적은 예산을 가지고 신규 상품이나 서비스를 론칭할 때 세일즈 리드[9] 개발과 입소문 마케팅을 위해 검색엔진 광고 및 바이럴 콘텐츠 제작에 이러한 에이전시를 활용하게 되면 가성비 좋은 마케팅을 진행할 수 있다.

크리에이티브가
필요한,
옥외광고
에이전시

지하철, 버스, 건물, 스포츠 경기장, 엘리베이터에 광고물을 관리하고 집행하는 에이전시이다. 국내 옥외광고 에이전시 현실은 조금 낙후되어 있는 게 사실이다. 가장 큰 문제는 옥외광고를 통한 마케팅 활동의 결과를 정량적으로 측정하기 어렵다는 것이다. 또한 다양한 정부 규제로 인해서 독특한 크리에이티브를 적용하기도 힘들다. 옥외광고를 마케팅 캠페인에 전략적으로 활용하기 위해서는 외국의 사례처럼 크리에이티브한 스토리텔링과 특정 공간에 집중적인 집행이 필요하다. 옥외광고 에이전시는 다양한 미디어 채널 개발이 필요하며 디지털로의 전환을 통해 집행 결과에 대한 분석과 리포팅에 있어서 좀 더 심혈을 기울여야 업계에서 살아남을 수 있을 것이다.

---

9 제품이나 서비스에 관심이 있는 개인 혹은 조직이 이메일 주소, 전화번호, SNS 계정 등과 같은 정보를 제공

앞서 언급했듯이 에이전시 내부의 영역을 기획팀, 제작팀, 미디어팀으로 크게 구분할 수 있다. 이 중 기업의 마케터와 가장 밀접하게 관련 있는 사람이 기획자의 역할을 하는 AE(Account Executive)이다. AE의 주된 역할은 외부적으로는 기업 내 마케터와 콘택트하고 내부적으로는 회사 내 유관 부서의 조율과 결과물에 대한 기획 방향을 제시하는 것이다. 저자도 AE 출신이라 이 업무를 하고 있는 사람들의 어려움을 충분히 이해한다. 회사 내부에서는 고객사를 대표하고 고객사에서는 에이전시를 대표하는 역할을 해야 하니 그 고충이야말로 끝이 없다. 단, 이 사람들이 어떻게 양측의 의견과 정보를 조율하고 기획하느냐에 따라 마케팅의 성과는 천지 차이다. 에이전시에서의 삶은 겉으로 보기에는 화려하다. 자유로운 회사 분위기, 다양한 개성의 구성원, 연예인이나 유명인을 활용한 제작물 개발 등 젊은 사람들이 원하는 직장이다. 오늘날 구글과 아마존, 카카오에서 근무하는 사람들을 젊은이들이 흠모하듯이 10여 년 전에는 많은 사람들이 에이전시에 대한 동경이 있었다. 앞서 이야기한 밝은 면과는 다르게 에이전시의 삶은 그리 녹록지 않다. 보통 '갑'이라고 하는 클라이언트를 상대하는 일은 굉장히 고달프다. 현장에서는 클라이언트를 우스갯소리로 '주님'이라고 부를 정도이니 상상할 수 있을 것이다. 또한 일반적인 기업보다 강한 업무 강도와 불규칙한 업무 일정은 육체적으로 굉장한 피로를 느낄 수 있다. 하지만 최근에 에이전시 업계도 사회적 트렌드에 따라 업무 환경이 개선되었다는 반가운 이야기도 들리고, 본인이 생각하기에 기존 규율에 얽매이는 것을 싫어하는 성향이거나 새로운 아이디어에 대한 열정과 호기심이 있다면 도전해 보라고 이야기하고 싶다. 본인이 기획한, 제작한, 미디어 집행한 광고가 나올 때 그 짜릿한 보람은 어떤 것으로도 설명되지 않는다. 저자 개인적인 경험을 바탕으로 에이전시의 삶을 행복한 지옥이라고 표현하고 싶다.

#종합광고 #크리에이티브 #미디어 #프로모션 #홍보
#SNS #BTL #옥외광고 #디지털 #행복한지옥

비슷하지만 다른 B2C, B2B 마케팅의 차이는 무엇인가?

Marketer Kim's Story

마케팅을 담당하다 보면 외부에서 손님이 찾아와 회사 소개도 하고 사이트 투어를 진행하는 경우가 있다. 일반적으로 찾아오는 손님은 업계 관계자, 기자, 주요 고객들인데 그날은 특별하게 우송대학교에서 MBA 과정을 밟고 있는 학생들이 방문한다고 했다. 그들은 전원 외국인이었던 게 특이했고 학생을 지도하는 전임 교수가 글로벌 마케팅을 전공해서인지 회사의 마케팅에 대한 소개와 전략을 꼭 설명해 달라는 부탁이 있었다. 나 스스로도 MBA 과정 동안 많은 회사를 방문하여 다양한 산업의 정보를 접하고 Q&A를 통해서 유익한 정보를 얻었기 때문에, 되도록 2시간이 아깝지 않을 내용으로 준비해 보고자 했다. 내 소개 및 회사 소개와 함께 강의는 시작되었고 글로벌 본사 마케팅 전략 및 한국에서의 마케팅 활동에 대해서 이야기한 후 본격적인 Q&A 시간이 되었다. MBA 학생들은 회사 생활 경험이 그리 많지 않기 때문에 평범한 질문이 이어졌고 대부분은 손쉽게 대답할 수 있는 질문

마케팅 좀 아는 사람

이었다. 그러던 중 미국인으로 보이는 학생이 질문을 하였다. "귀사의 핵심 고객군은 B2B 고객인데 오늘 들은 마케팅 활동은 B2C 산업군에서 활용하는 마케팅 활동이 많아 보입니다. 그 이유는 무엇이며 B2B 마케팅과 B2C 마케팅의 차이는 무엇입니까?" 순간 '아! 이 친구가 마케팅 업무를 좀 했었구나'라는 생각이 들었다. "최근에 많은 B2B 기업들이 과거와는 다르게 마케팅의 중요성을 인식하고 활발한 활동을 하고 있습니다. B2C와 B2B에서 진행하는 마케팅은 본질적으로 차이가 없습니다. 마케팅의 본질은 브랜드 가치 창출 및 회사 수익 기여이고 이는 동일하나 목표 고객과 접근하는 방식에 약간의 차이가 있을 뿐입니다."라고 대답했다. 10여 년 전에 이러한 질문이 있었던 것을 보면 그때부터 사람들이 B2B와 B2C 마케팅의 차이가 무엇인지 궁금해했던 것 같다. 지금 이러한 질문이 있다면 한마디 더 추가하고 싶은 말은 최근에는 이 경계도 모호해지고 있다는 것이다.

일반적으로 마케팅 활동이라 함은 B2C 산업에서 최종 소비자(End User)를 대상으로 하는 커뮤니케이션 활동으로 인식되어 있기 때문에, B2B 산업에서는 마케팅 활동이 필요 없다는 생각이 널리 퍼져 있다. B2B 현장에서는 그저 가격만 싸게 해주고 서비스만 좋으면 그만이지 이 산업에서는 마케팅이 필요 없다는 생각을 진리처럼 여기는 경우가 많다. 이로 인해 B2B 산업에서는 영업팀 또는 유관 부서에 속한 일부 인원이 마케팅 업무를 진행하고 있으며 시장 정보 파악, 가격 정책, 판촉활동 등 기본적인 업무를 전문성 없이 하고 있는 경우가 많다. 하지만 최근에는 B2B 산업에서 전문적인 마케팅 필요성을 인식하게 되면서 마케팅 조직을 별도로 구성하는 흐름이 되었고 이에 따라 마케팅 인력 수요도 증가하게 되었다. 여기서는 많은 사람이 궁금해하는 B2C 마케팅과 B2B 마케팅의 차이점과 트렌드에 대해서 설명해 보고자 한다.

목표 고객이 다르다!

모든 마케팅 활동에서 목표 고객을 선정하는 것은 가장 중요한 과정이다. 그런 측면에서 B2C 마케팅과 B2B 마케팅은 차이가 없다. 하지만 목표 고객군이 B2B 마케팅에서는 특정 산업 및 관련 종사자로 한정되는 반면에, B2C에서는 브랜드에 따라 다르겠지만 성별, 지역별, 연령별 등으로 목표 고객군이 좀 더 확장될 수 있다. 예를 들면 다음과 같다. 전형적인 B2B 산업인 물류 회사 마케팅의 경우 목표 고객이라고 하면 고객사 물류 담당자, 관련 업계 종사자 및 미디어가 되는 경우가 많다. 물론 물류산업 내에 택배나 국제특송 분야에서 최종 소비자(End User)라 불리는 일반 고객을 대상으로 마케팅 활동을 진행하는 경우가 있으나 이 목표 고객군의 매출 기여도는 지극히 낮다. 반면에 B2C 산업의 전형적인 예인 패션 산업의 경우 목표 고객군의 연령, 취향, 성별, 소득 수준, 지역 등으로 구체적으로 설정되는 경우가 많으며 대상 목표 고객군의 절대적 숫자도 많다.

Communica-tion Vehicle[10] 이 다르다!

B2C 마케팅 활동 방향은 End User와의 직접적이고 광범위한 커뮤니케이션을 위해 매스미디어를 사용하는 것이 특징이다. 예를 들면 유명한 패스트푸드 회사에서 신규 햄버거 브랜드를 론칭하고자 했을 때, 목표 고객에게 인지도 생성 및 론칭 프로모션을 알리기 위해 모델을 사용하는 경우가 많으며 디지털을 포함한 매스미디어 캠페인을 진행하는 경우가 많다. 반면에 B2B 마케팅의 경우 회사의 신규 서비스 및 기술을 소개하기 위해서 매스미디어를 사용하는 것은 비용 효율성 측면에서 낭비에 가깝다. 업계에서는 이를 두고 드넓은 하늘에 총을 쏘아 새가 맞기를 바라는 경우라고 한다. 특정 산업의 신규 서비스 및 기술은 일반 불특정 다수에게는 전혀 필요 없고 그러한 것을 필요로 하는 관련 업계와 담당자로 목표 고객이 한정되기 때문에 Communication Vehicle 선택에서 다른 방식

---

10 기업이 고객과 소통하기 위해 활용하는 미디어 채널과 활동을 의미

의 접근이 필요하다. 가령 새로운 인공지능 로봇을 개발했다고 했을 때 이 회사 마케팅 담당자는 목표 고객사가 모이는 관련 박람회나 콘퍼런스, PR 활동을 통해 특정 산업의 고객에게 접근하는 것이 효율적인 측면에서 좋다. 물론 앞서 이야기했듯이 최근에 B2C와 B2B 마케팅의 경계가 허물어지면서 B2B 마케팅에서도 중장기적인 관점에서 대중적인 인지도 및 선호도 향상을 위해 기업 이미지 활동을 하는 경우가 많이 발생하고 있다.

성과 평가의 기준이 다르다!

B2C 마케팅은 일정 규모 이상의 목표 고객군을 가져가게 되므로 마케팅 활동 자체만으로도 평가하는 경우가 많다.(물론 기업에 따라 그렇지 않은 경우도 있다) 예를 들어 얼마나 많은 목표 고객군에 노출되었는지, 이벤트나 프로모션에 참가한 사람이 몇 명인지, 얼마나 많은 미디어 커버리지[11]를 얻었는지 등과 같은 성과 지표를 세워 측정하며 사업적 성과는 영업팀에서 별도 KPI로 관리하는 경우가 많다. 하지만 B2C 마케팅에서 마케팅 활동과 사업적 성과와의 연결에 대한 마케터의 노력이 없다면 회사 내에서 비용만 사용하는 커뮤니케이션 부서로 낙인찍히는 경우가 많으니 주의해야 한다. 반면에 B2B 마케팅은 철저하게 회사의 매출

11　특정 이슈에 대해 미디어에서 보도한 총량

마케팅 좀 아는 사람

과 이익으로 평가된다. 예를 들면 얼마나 많은 신규 고객을 확보했는지, 이로 인해 매출이 얼마나 발생했는지, CRM[12] 활동을 통해서 발생한 매출이 얼마인지 등 사업적 성과와 직접적으로 연관되어 평가된다.

B2B 마케팅의 핵심은 고객 라이프 사이클!

B2C 마케팅은 일반적으로 광고나 프로모션 활동을 통해서 진행되기 때문에 여기서는 B2B 마케팅 사례 위주로 설명하고자 한다. B2B 마케팅에서 가장 일반적으로 사용하는 방법은 고객 라이프 사이클에 맞춘 마케팅 활동이다. 설명을 용이하게 하기 위해 어떤 회사가 마트나 창고에서 인력이 하던 운반 업무를 대신할 실내 자율주행 차량을 개발했다고 상상해 보자. 이 회사의 제품은 일반 개인이 활용할 수 있는 제품이 아니므로 신규 거래처 확보를 위해 가장 먼저 관련 업계의 리스트를 확보하고 다이렉트 마케팅을 시작할 것이다. 또한 신규 고객 확보를 위해 목표 산업의 박람회에 참가하게 될 것이라 생각한다. 이런 활동으로 인해서 신규 고객이 창출되어 매출이 발생하면 이 고객은 기존 고객으로 편입된다. 이 회사는 좀 더 많은 매출을 확보하기 위해서 새로운 차량이 개발되거나 차량 성능이 업그레이드되면 기존 고객사에게 새로운 제안

---

12 기업이 고객과 관련된 내외부 자료를 분석해 고객 특성에 맞게 마케팅 활동을 계획, 지원, 평가하는 과정

을 통해 매출을 지속적으로 확대하기 위해 노력할 것이다. 이러한 기존 고객을 대상으로 마케터는 고객사 담당자와의 관계를 강화하기 위해 고객 이벤트, 기술력을 생산 현장에서 직접 경험하게 할 수 있는 사이트 투어 등의 마케팅 활동을 진행하게 된다. 이렇게 확대된 기존 고객이 경쟁사의 신제품 론칭이나 매력적인 가격제안을 통해 이탈하는 경우가 발생할 수 있다. 이런 이탈 고객들은 경쟁력 있는 할인 제안을 통해 재유치하거나 지속적인 고객과의 관계 강화 및 영업을 통해 재유치하는 것이 있을 수 있다. B2B 마케팅에서 한 가지 중요한 사항은 신규 고객을 창출하는 것은 비용과 노력이 많이 필요하기 때문에 기존 고객의 매출을 유지 확대하는 것에 절대 소홀히 해서는 안 될 것이다. 아울러 중장기적인 관점에서 신규 고객 확대를 위해 가망 고객의 리스트를 확보하는 전략과 마케팅 활동도 중요하다.

Marketer
Kim's
Comment

마케터 입장에서 보면 최근의 마케팅 트렌드는 B2B 쪽이 강세를 보인다. B2C 시장에서는 전반적인 경기 하락에 따라 마케팅 예산이 줄고 미디어가 많아짐에 따라 마케팅적으로 차별화하기가 쉽지 않아 보인다. 반면에 B2B 산업에서 마케팅은 마케터 입장에서 보면 블루오션이라고 이야기할 수 있다. 그동안 전문적

마케팅 좀 아는 사람

인 마케터가 관리하지 않아 마케팅 활동이 전략적으로 이루어지지 않았고, 최근에 B2B 시장에서도 B2C 마케팅에서 일반적으로 활용했던 마케팅 기법이 차용되고 있기 때문이다. 디지털 미디어를 활용한 브랜딩 및 데이터베이스 마케팅 활동이 대표적인 사례이다. B2C 마케팅에서는 B2B 마케팅에서 강조했던 매출과 이익에 대한 기여 활동이 강조되고, B2B 마케팅에서는 B2C에서 강조되었던 브랜딩 활동이 강조되는 것을 보면 이제 더이상 마케팅을 B2B와 B2C로 나누는 것은 무의미해 보이며 마케팅 본연의 역할에 충실해야 하는 시대가 온 것으로 보인다. 마케팅의 본질은 변하지 않는다.

#B2C마케팅 #B2B마케팅 #CommunicationVehicle
#성과평가 #고객라이프사이클 #목표고객 #CRM
#마케팅의본질

이제는 주류가 된
디지털 마케팅의 핵심은
무엇인가?

몇 해 전 모 화장품 회사에서 톱 모델 아이유를 캐스팅하여 '선영아 사랑해'라는 디지털 캠페인을 진행했다. 이 캠페인의 정체는 16년 전 '선영아 사랑해'라는 캠페인을 오마주[13]한 캠페인으로 '선영아 16년이 지나도 사랑해', '선영아 화장을 안 해도 사랑해', '선영아 맨날 바빠도 사랑해', '선영아 다이어트 안 해도 사랑해', '선영아 결혼 안 해도 사랑해'라는 카피를 가지고 세간의 화제가 되었다. 이 캠페인의 화장품 회사 대표가 그 당시 캠페인을 주도했던 인물이었던 사실에 더욱더 큰 의미가 있어 보였고 잊혔던 기억이 다시 생각났다. 어느 날부터 TV, 옥외 광고, 버스 광고, 인터넷을 통해 '선영아 사랑해'라는 카피가 아무런 설명도 없이 사람들의 눈에 띄기 시작했다. 전문적으로 이야기하자면 어느 기업이 티저 광고[14]를 하기 시작한 것이다. 사람들은 어느 돈 많은 남자가 프러포즈하기 위해

---

13 영화나 광고에서 존경의 표시로 다른 작품의 주요 장면이나 대사를 인용하는 것
14 무엇을 광고하는지 밝히지 않는 방법으로 소비자들의 호기심을 유발하는 광고의 통칭

마케팅 좀 아는 사람

광고를 샀다는 둥, 광고 에이전시 기획자가 짝사랑하는 여자를 상상해서 만든 광고라는 둥 여러 소문이 돌았다. 당시 외국계 광고 에이전시에서 기획자로 근무하던 시절이라 '도대체 어떤 광고일까?' '선영이는 무엇을 의미하는 것일까?' '왜 그 많은 이름 중에 선영이었을까?' 등등 더욱더 호기심이 발동했다. 수소문 끝에, 그 캠페인의 기획자가 잠깐 같이 근무했던 선배였고 그 선배로부터 이 티저 광고가 여성 전용 포털사이트 '마이 클럽'을 론칭하면서 만든 캠페인이라는 것을 알게 되었다. 아울러 왜 선영이었을까라는 질문에는 선영이라는 이름이 우리 주변에서 흔히 볼 수 있는 친근감을 가진 여성 이름이라고 해서 선택했다고 들었다. 그 당시 나는 광고라는 게 단순히 브랜드의 특성을 알리는 것이 아니라 이야기를 가지고 풀어나갈 수도 있겠다는 생각을 하게 되었다. 선영아 사랑해 캠페인은 사업적인 성공 여부와는 상관없이 그 당시 많은 사람들의 입에 회자될 만큼 완벽한 스토리텔링으로 단숨에 신규 브랜드를 사람들의 머릿속에 각인시키는 효과가 있었다고 생각한다. 지금 생각해 보면 이 캠페인이 내가 처음으로 경험했던 스토리텔링 광고 기법이 아니었나 싶다. 만약 현재와 같이 디지털 미디어가 활성화되었다면 캠페인의 파괴력이 엄청나지 않았을까도 상상해 보곤 한다.

대부분의 기업에서 마케팅 전체 예산을 수립할 때 디지털 관련 예산이 가장 많은 비중을 차지하는 것이 이제는 더이상 놀랍지 않은 시대가 되었다. KOBA-CO(방송통신광고통제시스템)의 방송통신광고비 조사 결과에 따르면 2016년을 기점으로 미디어 광고 집행에서도 방송과 인쇄와 같은 전통적인 미디어 집행 예산보다 온라인 미디어 집행 예산이 점유율 1위를 굳건히 지키고 있다. 2021년에는 대한민국 전체 광고비 중에 온라인이 약 8조 원으로 전체의 53%를 차지할 것으로 예상하고 있다. 앞으로도 온라인 광고와 디지털 미디어 활용은 점점 더 늘어날 것이며 최근까지 글로벌 미디어의 디지털 마케팅 관련 뉴스를 분석해 보면 SNS 마케팅이나 브랜디드 콘텐츠[15] 마케팅, 특히 유튜브 광고 예산을 늘려가고 있는 흐름도 파악할 수 있다. 디지털 마케팅은 다양한 디지털 기술을 활용해 고객 니즈와 욕구를 충족시키는 일련의 과정을 의미한다. 다시 말해서 기존 마케팅 활동에서 장애요인으로 작용했던 시공간의 장벽이 허물어지고 기업과 고객이 상호 연결되어 가치를 만들어 가는 통합형 네트워크 마케팅을 말한다. 전통적인 마케팅과 디지털 마케팅의 가장 큰 차이는 디지털 마케팅은 단순히 마케팅의

---

15 기업에 의해 제작된 콘텐츠로, 브랜드에 대한 이미지 구축과 선호도 증가를 주 목적으로 디자인된 콘텐츠

마케팅 좀 아는 사람

일부로 디지털을 활용하는 전통적인 마케팅과는 달리 정확한 데이터 분석을 기반으로 한다는 것이다. 디지털 마케팅의 특징은 다음과 같다. 첫째, 목표 고객을 세분화할 수 있고 데이터 분석을 통해 마케팅 비용 효율성을 극대화할 수 있다는 것이다. 둘째, 유저가 어떻게 접근했고 어떤 행동을 했는지 그리고 결과적으로 어떤 효과를 가져왔는지 등과 같은 성과 측정이 용이하다. 셋째, 유저의 반응에 따라서 콘텐츠의 빠른 수정이 가능하다는 것이다. 그럼 이제부터는 이러한 디지털 마케팅의 특징을 바탕으로 성공적인 디지털 마케팅을 위해 필요한 총 4가지 핵심 사항을 이야기해 보고자 한다.

첫째, 공유와 확산을 위한 차별화된 콘텐츠 제작이 필요하다. 다시 말해서 소비자의 시선을 사로잡을 수 있는 흥미 유발 콘텐츠, 소비자가 참여할 수 있는 참여 유발 콘텐츠, 유익한 정보로 소비자가 공감하고 공유할 수 있는 공유 유발 콘텐츠가 필요하다. 차별화된 콘텐츠의 중요성이 점점 증가함에 따라 디지털 마케팅에서도 스토리텔링이 그 어느 때보다 주목받고 있다. 전통적인 스토리텔링은 스토리와 텔링의 합성어로 상대방에게 알리고자 하는 바를 재미있고 생생한 이야기로 풀어 설득력 있게 내용을 전달하는 것을 말한다.

디지털 스토리텔링이란 디지털 미디어를 통해 유저와 미디어, 유저와 유저, 유저와 또 다른 공동체가 이야기를 서로 공유하는 과정이다. 디지털 스토리텔링은 이야기를 디지털 미디어 작업을 통해 텍스트, 음성, 영상, 애니메이션 등으로 전환해서, 보는 사람의 관심을 끌어내고 정서적인 경험을 제공한다. 전통적인 스토리텔링과 비교하여 디지털 스토리텔링의 특징은 멀티미디어의 다양한 기능을 활용하여 여러 가지 유형으로 변경 가능하고 이로 인한 다양성과 유연성을 가졌다고 할 수 있다. 또한 독자와 제작자가 따로 구별되어 있지 않고 누구나 이야기를 구성할 수 있다는 보편성과 상호 작용성도 특징이라고 할 수 있다. 이러한 특성으로 인해 디지털 스토리텔링은 많은 사람들이 이야기를 통해 공동체를 형성하는 개방된 공유의 힘을 갖기도 한다.

둘째, 말하고자 하는 주제를 미디어에 맞게 전략적 변경이 필요하다. 사용자가 이용하는 디바이스가 다양해지고, 그것을 동시다발적으로 사용하게 되는 N 스크린[16] 시대가 도래했다. 각각의 미디어에 적합한 스토리를 텔링을 통해 콘텐츠가 공유될 수 있는 전

---

16 하나의 콘텐츠를 TV, PC, 스마트폰, 패블릿, 태블릿PC 등 다양한 기기를 통해 이용할 수 있는 서비스

마케팅 좀 아는 사람

략 방안을 마련해야 한다. 한때 콘텐츠 제작 방식의
주류를 이루었던 원 소스 멀티 유즈(OSMU, One Source
Multi Use)[17]와 트랜스미디어[18] 콘텐츠는 차이가 있다.
OSMU는 동일한 이야기가 매체를 달리해 반복되는
방식이라면, 트랜스미디어 콘텐츠의 스토리텔링은 같
은 이야기를 반복하는 것이 아니라 미디어 특성에 맞
게 같은 콘셉트를 가지더라도 이야기와 캐릭터를 변
경해서 적용하는 방법이다. 아무리 사람들의 관심을
끄는 대중적인 내용을 다루더라도 미디어 특성에 맞
지 않고 흥미나 긴장감이 부여되지 않는다면 성공적
인 디지털 마케팅이 되기 어렵다.

셋째, 콘텐츠를 활용할 디지털 미디어 통합 관리가
필요하다. 디지털 미디어는 3가지(Paid Media, Owned Me-
dia, Earned Media)로 구분할 수 있다. Paid Media란 타깃
고객 유인을 위해 비용을 지불해야 하는 모든 채널을
뜻하며 트위터(Twitter), 페이스북(Facebook), 링크드 인
(LinkedIn), 포털 등의 미디어가 여기에 속한다. Owned
Media란 웹사이트나 블로그 등 기업 또는 브랜드
가 소유하고 관리하는 자체 디지털 채널을 통칭한다.

---

17 콘텐츠를 영화, 게임, 음반, 애니메이션, 캐릭터, 출판 등의 다양한 방식으로 판매
해 부가가치를 극대화하는 방식
18 트랜스(trans)와 미디어(media)의 합성어로, 미디어 간의 경계선을 넘어 서로 결
합 또는 융합되는 현상

Earned Media란 SNS 공유에 해당하는 페이스북 공유, 트위터 리트윗, 브랜드를 언급한 인스타그램 사진, 블로그 브랜드 경험 후기 등의 바이럴이 여기에 해당한다. 이러한 미디어들의 역할과 목표를 명확히 하고 통합적인 관리를 통해 각 미디어를 통해서 소비자에게 소구하는 메시지가 일관성을 가질 때 디지털 마케팅의 효과는 극대화된다.

넷째, 모바일 온리 전략이 필요하다. 디지털 포스트, 모바일 퍼스트 시대를 넘어 이젠 모바일 온리 시대에 접어들었다. 스마트폰 사용 확대로 일상생활뿐만 아니라 비즈니스에서도 모든 서비스가 PC가 아닌 모바일 기기가 중심이 되는 것을 의미하고 이러한 모바일 환경에 맞는 디지털 마케팅 전략을 세워야 한다. 커뮤니케이션 메시지와 콘텐츠가 모바일 환경에서 최적화되고 쉽게 공유될 수 있게 해야 하고 디지털 미디어 믹스 수립 시 모바일을 최우선적으로 고려해야 한다. 모바일의 특징인 이동성과 휴대성은 마케팅 측면에서 보면 즉시성과 효율성 효과를 가져왔다. 또한 스마트폰 화면의 대형화를 통해 동영상 광고에도 적합한 광고 매체로 성장하였으며, 지불 거래와 모바일 커머스[19]의 보

---

19 무선 인터넷으로 각종 정보와 서비스를 이용하고, 상품을 구입할 수도 있는 전자 상거래 방식

마케팅 좀 아는 사람

편화로 고객 데이터 마케팅을 위한 최적의 매체로 발
전했다.

앞서 언급했듯이 디지털 기술이 기업의 경영 환경
및 마케팅 환경을 완전히 바꿔 놓고 있다. 디지털 전환
시대를 맞아 디지털 기술이 제품, 가격, 유통, 프로모
션 등 마케팅 전반에 걸쳐 변화를 일으키는 요인이 되
고 있다. 이로 인해 기존에 관습적으로 진행하던 마케
팅 프로세스 및 마케팅 믹스가 더이상 효율적이지 않
은 경우도 발생하고 있다. 과거 진행하던 방식대로 마
케팅 활동을 진행했음에도 불구하고 투자 대비 효율
성이 예전과 같지 않다는 것이 마케터들의 새로운 고
민인 것도 사실이다. 이제 제품을 판매하여 수익을 올
리기 위해서 전통적인 마케팅 전략에 의존하는 것에
서 탈피하여 디지털 환경에 맞는 고객 경험을 중요시
하는 시대를 맞이하게 된 것이다. 디지털 마케팅의 성
공은 고객 접점만 디지털화한다고 이루어지는 것이
아니다. 단순히 디지털 콘텐츠를 생성하고 채널만 확
대하는 것이 아니라 마케팅과 관련된 모든 것을 디지
털화하겠다는 목표료 접근해야 한다. 기업이 디지털
마케팅을 하는 것은 취미를 위해 콘텐츠를 만드는 것
이 아니다. 브랜드 콘셉트와 메시지를 담고 정확히 타
기팅된 유저에게 도달되는 것이 중요하며 궁극적으로

매출 확대 및 수익에 기여할 수 있어야 한다. 마케터에게 디지털 마케팅은 이제 선택이 아닌 필수가 되었다. 마케터 스스로 변화하는 환경에 적응하지 못한다면 마케팅팀도 기업도 지금과 같은 경쟁 상황에서 살아남기 어려운 시대가 된 것은 확실하다.

#디지털마케팅 #콘텐츠 #디지털스토리텔링 #OSMU
#트랜스미디어 #모바일온리 #Paidmedia #Ownedmdia
#Earnedmedia #SNS #선영아사랑해

디지털 시대 PR의 역할은
무엇이 달라야 하는가?

Marketer
Kim's
Story

대규모 투자를 한 물류 터미널을 완공하고 오픈식 준비를 하고 있었다. 기존의 오픈식에서 볼 수 없었던 새로운 아이디어를 넣고, 정관계 유력 인사들을 초청하고, 물류 터미널에서 일할 직원들이 함께 참여하는 프로그램을 만들기 위해 마케팅팀의 온 역량을 집중하고 있었는데 이슈가 하나 발생했다. 바로 오픈식 시간이 이슈가 되는 것이었다. 물류 터미널 작업 시간에 영향을 주지 않으며 유력 인사들이 올 수 있는 시간을 고려하여 수립했던 오픈식 계획이 기자들이 물리적으로 접근할 수 없었던 시간인 것이었다. 인천에서 진행하는 오픈식에 유력 언론사 기자들이 참여하기 위해선 부득이 시간을 오후로 옮겨야 했던 것이다. 그 당시 나는 이렇게 훌륭한 기삿거리가 있고 정관계 유력 인사들이 참여하는데, 당연히 언론사 기자가 시간을 맞춰서 와야 하지 않는가라는 자신감이 있어 기존 시간 계획을 고수하고자 했다. PR 에이전시는 절대 불가하다는 입장을 전했고 말미에 이런 말을 했다. "이렇게 훌륭한 물류 터미널을 완공하고 멋진 오픈식을 하는 데 유력 언론사 기자가 오지 않아서 제대로 언론에 노출되지 않는다면 무슨 의미가 있을까요? PR 앵글 측면에서는 글로벌 기업의 한국 내 공격적인 투자로, 이른바 화면이나 사진과 같은 그림 측면에서는 한국 국악기 대북과 청사초롱을 소품으로 사용한 오픈식으로 언론에서 관심을 가질 만한 좋은 소재를 가지고 있습니다. 다시 한번 시간 계획을 고려해 주셔서 성공적인 오프닝 행사를 많은 사람들 특히 우리 고객들이 언론을 통해 확인할 수 있게 해주시면 좋겠습니다." 순간 나는 그동안 내가 PR에 대해서 너무 저평가한 것은 아닌가라는 생각이 들었다. 솔직히 그 당시 광고 에이전시 출신 마케터들이 홍보에 대해서는 중요하게 생각하지 않는 경향이 있는 건 사실이었다. 하지만 그날 PR 에이전시 이야기를 듣고 여러 가지 측면에서 홍보에 대한 생각을 다시 하게 되었다. 결과적으로 시간 계획을 수정하여 신규 물류 터미널 오프닝 행사를 성공적으로 끝마칠 수 있었다. 기업의 1차 목표는 제품 및 서비스를 제공하여 매출과 이윤을 창출하는 것이다. 제품 및 서비스의 매출을 효과적으로 올리기 위해서는 제품 및 서비스의 장점을 널리 알리는 것과 동시에 기업의 이미지를 제고해 나아가야 한다. 이 과정에서 광고는 해당 기업의 제품을 효과적이고 긍정적으로 알리는 데 기여한다. 그러나 광고만으로 기업의 제품, 경영 성과, 자산 가치 그리고 조직의 이미지가 고양되는 것은 아니다. 특정 기업의 가치를 객관적으로 파악해 고객에게 알려 주는 언론의 보도 또한 중요하다는 것을 이 시절에 깨달았다.

Marketer Kim's Focus

PR(Public Relations)이란 기업, 정부, 단체 등이 소비자, 노동자, 언론사, 정부, 하청업체, 주주, 채권 채무자, 여론 지도자, 일반 국민 등 공중과의 관계를 자신에게 유리하게 이끌기 위해 수행하는 일체의 커뮤니케이션 활동을 의미한다. 즉 불특정 다수의 일반 대중 또는 목표 고객을 대상으로 이미지 제고나 제품의 홍보 등을 주목적으로 하는 것이다. 기업의 현장에서는 PR과 퍼블리시티(Publicity)를 혼용해서 사용하기도 하는데, 퍼블리시티는 기업의 제품과 서비스와 관련된 뉴스성의 정보를 기자회견, 보도자료 배포를 통해 언론에 게재하는 일이므로 PR이 퍼블리시티보다는 좀 더 큰 의미이다. 최근에 기업에서 주목받고 있는 기업의 키워드가 소통이다. 이러한 주된 소통 분야 중 하나가 바로 PR이다. PR은 개인과 개인, 개인과 조직, 조직과 조식, 국가와 국가 등 이해 주체 간의 소통을 가능하게 해 준다. PR 분야는 기업 경영에서 이해관계가 복잡해지고, 돌발적인 위기 상황이 일어날 가능성이 커지면서 중요성은 더욱 커지고 있다. 기업에서 진행하고 있는 PR 활동은 마케팅 목표를 달성하기 위한 마케팅 PR, CEO를 통해 기업 이미지 제고를 위한 CEO PR, 위기를 대외적으로 통제하고자 하는 위기관리 PR 등 크게 3가지 형태로 분류할 수 있다.

MPR(Marketing PR)

마케팅 PR은 인지도 제고, 이미지 포지셔닝, 제품 판매 증대, 수익성 향상, 매출 확대, 시장점유율 확대 등 조직이 설정한 마케팅 목표를 달성하기 위해 언론, 정부, 소비자 등 주요 타깃과의 관계 관리와 PR 프로그램을 기획하고 실행하는 것이다. 과거 생산자 지향의 마케팅 믹스인 4P, 즉 제품(Product), 가격(Price), 유통(Place), 프로모션(Promotion) 관점에서는 프로모션의 한 영역으로서, 소비자 지향의 마케팅 믹스인 4C, 즉 소비자(Consumer), 비용(Cost), 편의(Convenience), 커뮤니케이션(Communication) 관점에서는 커뮤니케이션에 속하는 영역으로서 구분할 수 있다. IMC 측면에서 보면 마케팅에서 이루어지는 모든 활동은 PR을 수반해야 하며, 커뮤니케이션의 중요한 Vehicle 중 하나이다. 기업에서는 홍보팀에서 마케팅 PR을 담당하는 경우도 있고, 마케팅팀 내부에 PR 파트로 마케팅 PR을 전담하거나, 마케팅 커뮤니케이션 파트로 세부 분류되어 제품 개발, 유통 전략, 세일즈 등을 제외한 전 영역을 담당하기도 한다. 그간의 경험을 바탕으로 보면 마케팅 PR 영역이 홍보팀 산하에 있는 경우 제대로 된 IMC 활동이 이루어지지 않았던 적이 있었다.

CPR(CEO PR)　　　기업의 PR 활동에서 중요한 것은 이미지 제고 활동이다. 오늘날 사회에서는 이미지가 모든 것을 좌우한다고 해도 과언이 아니므로 이미지 제고를 통해 기업의 자산 가치를 올리기 위한 활동에 대부분의 기업들이 심혈을 기울이고 있다. 그러나 짧은 시간에 많은 사람들과 커뮤니케이션을 통해 좋은 이미지를 형성하는 것은 결코 쉬운 일이 아니다. 이미지 제고는 결국 미디어를 통해 지속적으로 메시지를 전달하고, 또 메시지를 적극적으로 수용하는 커뮤니케이션 상호 작용 노력을 기울일 때 그 효과가 발휘된다. 이러한 기업의 이미지 제고를 위한 PR 활동에서 CEO를 스토리텔러로 활용하는 경우가 많다. 글로벌 회사의 CEO PR은 물론이고 최근 국내 기업들도 CEO PR에 적극적으로 나서고 있다. 또한 CEO 자신이 소셜 미디어를 통해 적극적으로 대중 및 소비자들과 소통하여 기업 이미지 제고에 긍정적 영향을 주는 사례도 늘어가고 있다. 이렇듯 CEO가 효과적인 스토리텔러가 되었을 때 기업의 이미지 상승에 커다란 도움이 된다. CEO를 PR의 중심에 둠으로 해서 기업은 자사 비즈니스에 대한 신뢰성을 높이고 뛰어난 인재를 채용할 수 있으며, 이해관계자들과 우호적 관계를 구축할 수 있다.

기업을 경영하다 보면 복잡한 노사 관계나 외부 업체와의 갈등을 겪는 경우가 많다. 이해 갈등이 잦은 오늘날 기업에서 PR 역할의 상당 부분은 위기관리를 하는 데 있다고 해도 과언이 아니다. 위기에 접했을 때 언론이나 SNS를 제대로 통제하지 못하면 이해 주체들의 갈등은 커지고, 기업 경영의 어려움에 처하게 된다. 위기의 조짐을 정확하게 진단하고, 이를 단계적으로 통제함으로써 갈등 요소를 줄여 나가는 것이 바로 Risk Management PR의 핵심 가치다. 예를 들어 언론에 보도된 왜곡된 사실을 바로잡고 정정을 요구하는 것, 기업의 정책에 대해서 기자를 대상으로 올바르게 커뮤니케이션하는 것은 PR 담당자의 중요한 역할에 속한다. 기업 입장에서 경영 환경의 정책을 결정하는 정부나 국회도 중요한 PR 대상이다. 정책 수립이나 입법 과정에서 기업의 요구 및 입장을 설명하고, 향후 기업 경영에 영향을 줄 수 있는 정책이나 규제를 막기 위해 설득하는 것도 Risk Management PR 활동으로 볼 수 있다.

과거 기업 홍보팀의 홍보 대상은 오직 언론사 기자였다. 홍보는 기업의 대언론 관계를 의미했으며, 좋은 홍보는 곧 좋은 언론 관계였다. 이제는 일반인에게 잘 알려진 이야기지만 좋은 언론 관계를 유지하고 언론을 통제할 목적으로 기업의 광고비 할당을 활용하는 경우도 많다. 아울러 훌륭한 홍보 담당자의 척도가 홍보에 대한 전문적인 지식보다는 술 잘 마시고 인간관계가 뛰어난 사람이었던 시절이 있었다. 그러나 이제 시대가 바뀌었다. 정보 채널이 다양해지고, 이해관계가 복잡해지면서 더이상 인간관계를 통한 홍보 수행 방식은 그 실효성이 떨어졌다. 홍보의 유일한 창구였던 신문과 방송 대신에 인터넷, 스마트 미디어, 소셜 네트워크 서비스(SNS) 등 새로운 매체가 등장하면서 정보 전달 기능은 다양해졌다. 커뮤니케이션 방식도 일방적이 아니라 쌍방향적으로 이뤄진다. 언론을 통하지 않고도 언제라도 소비자와 직접 커뮤니케이션이 가능해졌다. 과거 홍보의 목적은 단순한 정보 전달이었지만, 오늘날 홍보는 이해관계가 걸린 복잡한 문제를 설득하고 절충하고 동의를 얻어내는 것이다. 상호 커뮤니케이션을 통한 정보의 개방, 공유, 참여를 핵심으로 하는 것이 바로 요즘 시대 기업의 홍보 활동이나. 오늘날 사회가 복잡해지면서 이해 당사자를 직접 만나 설득하기는 현실적으로 어려워졌다. 따라서 다양한 채널을 통해 기업의 철학과 메시지를 전달하고, 이해 당사자의 생각과 가치를 수용하는 것이 중요하다. 최근의 트렌드에 맞는 PR 인이 되기 위해서는, 첫째 언론, 홍보, 광고 등의 관련 전공을 공부하는 것이 좋고, 둘째 글쓰기 역량, 소통 능력을 갖추는 것이 중요하며, 셋째 글로벌 경영 트렌드에 맞춰 어학 능력을 갖춰 두는 것이 좋고, 마지막으로 PR 담당자로서 인터넷이나 스마트 미디어에 대한 기능적인 소양이 필요하다. 오늘날은 동영상을 통한 비주얼 커뮤니케이션이 중요한 PR 수단인 시대다. 정적인 메시지보다는 동적인 메시지 전달로 소비자 관계의 효과를 높일 수 있다. 마케팅 분야에서 PR 업무는 디지털 전환 시대에 발맞춰 소셜 미디어를 바탕으로 그 중요성이 더욱더 확대될 것으로 보고 있다. 마케팅 관점에서 보았을 때 기업의 PR은 좀 더 비즈니스적 마인드가 적용되어야 한다고 조언하고 싶다. 단순히 기사를 배포하고 CEO 인터뷰를 몇 번 했다는 것이 중요한 것이 아니라 기업의 목표인 이윤 창출에 도움이 될 수 있는 성과를 제시해야 한다. 단순히 PR만을 아는 전문가가 아닌 마케팅을 아는 PR 전문가가 더욱더 필요한 것이 오늘날 기업의 현실이다.

#PR #Publicity #마케팅PR #CEOPR #위기관리PR #RISK
#언론홍보 #디지털PR #소셜미디어

마케팅 좀 아는 사람

디지털 시대에도 마케팅은
콘셉트의 싸움인가?

Marketer
Kim's
Story

에이전시 생활을 했던 사람들에게 가장 기억에 남는 일을 꼽으라면 아마도 경쟁 프레젠테이션에 참가해서 승리했던 기억이라고 할 것이다. 여러 회사가 참가한 경쟁 프레젠테이션에서 에이전시로 선정되기 위해서는 어떤 콘셉트로 차별화할지가 가장 중요한 포인트이다. 이렇듯 경쟁 프레젠테이션은 콘셉트의 싸움이라고 할 만큼 콘셉트가 중요하다. 강렬하고 독특한 콘셉트로 평가자들의 눈을 한 번에 사로잡아야 이길 확률이 높아진다. 보통 에이전시가 경쟁 프레젠테이션에 들어가게 되면 전체 발표가 두 가지 섹션으로 구분된다. 앞부분인 시장 분석의 내용은 자사가 주장할 커뮤니케이션 콘셉트 및 크리에이티브 콘셉트로 가기 위한 논리로 활용되고 뒷부분은 주로 커뮤니케이션 콘셉트와 크리에이티브 콘셉트 및 제작물 시안으로 구성된다. 모 자동차 대기업 신규 브랜드 론칭 경쟁 프레젠테이션을 앞두고 사내에는 TF 팀이 구성되었다. 한 달여 기간 동안 준비를 마치고 결전의 날이다가오고 있었다. 에이전시 AE 생활을 하면서 많은 경쟁 프레젠테이션에 참여해 보았지만 늘 긴장되는 건 마찬가지였다. 기업의 특성상 당일 평가 위원들의 급이 높으면 높을수록 앞부분 시장 분석 내용은 생략되기 일쑤다. 이유는 평가 위원들이 시간이 얼마 없고 참가한 모든 기업들의 시장 분석이 그다지 차이가 없어 변별력이 없기 때문이다. 기업의 마케팅 담당자가 다음과 같이 이야기했다. "앞 부분 내용은 참가한 에이전시 모두 대동소이하니 스킵하고 커뮤니케이션 콘셉트 위주로 발표해 주시기 바랍니다." "네, 알겠습니다. 그럼 저희 회사의 커뮤니케이션 콘셉트부터 말씀드리고 이어서 크리에이티브 콘셉트와 제작물 스토리보드 A안, B안을 발표하도록 하겠습니다." 간단한 이야기가 오고 가고 그동안 준비했던 커뮤니케이션 콘셉트를 꺼냈을 때 기업의 평가 위원들 반응이 냉랭했다. 몇몇은 아예 옆 사람과 귓속말을 하기도 했다. 커뮤니케이션 콘셉트에서 기대 수준에 어긋나서인지 다음으로 이어진 크리에이티브 콘셉트에는 전혀 집중하지 못하는 모습도 보였다. AE로서 경험이 쌓이게 되면 커뮤니케이션 콘셉트를 발표하는 순간 참석자들의 표정으로 당락을 미루어 짐작할 수 있다. 이날 콘셉트가 얼마나 중요하고 임팩트가 있어야 하는지 다시 한번 절감하는 계기가 되었다. 같이 준비했던 사람들과

마케팅 좀 아는 사람

다른 콘셉트를 제시하면 어땠을까 하면서 쓰디쓴 소주를 새벽녘까지 들이켰던 그날의 기억이 가끔 떠오른다.

Marketer Kim's Focus

20년 이상 마케팅 업무를 하면서 가장 많이 들었던 말을 꼽으라면 단연 '콘셉트'다. 심지어는 마케팅은 콘셉트 싸움이라는 이야기도 공공연한 만큼 콘셉트가 중요한 것은 사실이다. 제대로 설정된 콘셉트로 인해 평범한 브랜드가 빅 히트를 칠 수도 있고, 기능과 특성이 훌륭한 제품이지만 콘셉트 설정 실패로 시장에서 안타깝게 사라지는 것을 많이 보았다. 이렇듯 콘셉트는 마케팅에서는 없어서는 안 될 개념이다 보니 마케터라는 직업을 갖고자 한다면 개념에 대해서 충분히 이해해야 하며 고려해야 할 부분에 대해 기억해 두어야 한다. 콘셉트란 우리말로 핵심 및 주요 개념으로 해석할 수 있고 모든 요소를 유기적으로 연결할 수 있는 핵심 단어로 생각하면 된다. 주로 광고 산업에서 콘셉트라는 이야기를 많이 하게 되는데 여기서 말하는 콘셉트는 상품 또는 서비스의 편리성이나 특성을 새로운 각도로 잡아내어 광고나 캠페인의 지향점으로 삼는 것이다. 따라서 대중의 기존 개념을 무너뜨릴 만한 새로운 콘셉트를 가지고 있는지에 따라 광고의 성패가 달려 있다. 콘셉트는 기업의 마케터가 제품/브랜드 개발 및 업무에서 사용하는 콘셉트와 에이전시에서 사용하는 콘셉트로 구분할 수 있어 여기서 자세히 설명해 본다.

기업 마케터의 콘셉트

제품과 브랜드가 탄생하기 위해서는 제품 콘셉트 또는 브랜드 콘셉트가 필요하다. 제품 콘셉트는 제품이 지니는 강력한 장점이 무엇인지 파악하여 제품의 가치를 한마디로 요약하는 것이다. 브랜드 콘셉트는 세상에 없는 무엇인가를 정의하는 것이다. 브랜드 콘셉트는 하나의 창조물을 만들어 내는 일종의 개념 역할을 하면서 그 창조물을 구체화할 수 있는 기준점이다. 쉽게 말해 제품, 디자인 등의 새로운 브랜드 구성 요소를 만들어 내기 위해서는 그 브랜드 구성 요소를 아우르는 핵심적 개념이 필요한데 그 핵심적 개념이 바로 브랜드 콘셉트이다. 대표적인 사례로 'MUJI'라는 브랜드를 소개한다. 이 브랜드의 콘셉트는 '브랜드 없는 브랜드'이다. 이러한 콘셉트를 기반으로 상품 어디에도 브랜드가 드러나는 일 없이 오직 품질과 심플한 디자인으로 승부를 거는 상품을 만들어 내는 것이다. 브랜드와 제품의 콘셉트를 설정할 때 반드시 고려해야 할 사항은 다음과 같다. 첫째, 제품/브랜드의 핵심 가치, 존재 이유, 미래 비전을 보여주는 아이덴티티가 콘셉트에 응축되어 있어야 한다. 콘셉트는 브랜드

마케팅 좀 아는 사람

아이덴티티의 핵심적인 사항이며 브랜드 전반을 관통하는 중심적인 생각이다. 둘째, 콘셉트는 제품/브랜드에 가장 잘 어울리는 디자인, 브랜드명, 커뮤니케이션을 하나로 가져갈 수 있는 방향성 역할을 할 수 있어야 한다. 셋째, 자사 브랜드와 제품이 가지고 있는 특징 중 경쟁 브랜드 및 제품과 차별화되거나 우위를 나타내는 것을 표현해야 한다. 즉 경쟁 우위를 가져야 한다. 넷째, 콘셉트는 철저히 고객의 관점에서 만들어져야 한다. 잘 만들어진 콘셉트는 소비자들에게 공감을 자아낼 수 있고 더 나아가서는 공유하고 싶은 마음이 들게 한다. 다섯째, 기존 제품과의 조화와 균형이 잘 이루어지고 있는지 확인해야 한다.

에이전시 AE의 콘셉트

에이전시에서 사용하는 콘셉트는 커뮤니케이션 콘셉트와 크리에이티브 콘셉트이다. 커뮤니케이션 콘셉트는 제품 또는 브랜드 콘셉트를 크리에이티브 콘셉트로 발전시키는 중간 과정이다. 커뮤니케이션 콘셉트는 커뮤니케이션을 통해 무엇을 말할지를 간결하게 표현한 커뮤니케이션 기획의 핵심이며 소비자에게 무엇을 말할 것인가라는 하나의 메시지다. 오늘날 소비자는 광고의 홍수 속에서 살고 있다. 간결하고 명확한 하나의 메시지가 아니라면 소비자의 기억에 각인되기 어렵다. 좋은 커뮤니케이션 콘셉트는 흔히 시장 자료

보다 소비자 경험에서 발견되는 경우가 많다. 따라서 에이전시 기획자는 소비자의 행동을 관찰하고 면접 조사를 통해서 인사이트를 얻고자 노력하는 것이다. 커뮤니케이션에서 '무엇을 말할 것인가(What to say)'가 커뮤니케이션 콘셉트라면, '어떻게 말할 것인가(How to say)'는 크리에이티브 콘셉트에 해당한다. 쉽게 설명 하기 위해 침대 광고로 유명한 2019년 '시몬스' 광고 를 소개한다. 이 광고의 커뮤니케이션 콘셉트는 '흔들 리지 않는 편안함'이다. 이 메시지를 어떻게 말할지인 크리에이티브 콘셉트는 '침대 없는 침대 광고'이다. 기 능을 강조했던 전작과는 달리 아무도 없는 해변에서 한적한 편안함을 즐기는 사람을 로고와 함께 보여주 면서 전달하고자 하는 메시지를 표현한 것이다. 크리 에이티브 콘셉트는 커뮤니케이션 콘셉트를 좀 더 구 체적으로 표현한 것으로 소비자 언어로 접근한다. 기 본적으로 상품을 누가 사용하는지, 누구에게 팔지, 어 떤 제품을 팔지, 언제 사용하는지, 어디서 사용하는지, 왜 사용하는지 등 6W의 질문에 대한 답을 통해서 아 이디어를 얻는다. 크리에이티브 콘셉트는 제품 또는 브랜드와 소비자의 연결 고리를 발견하는 데서 시작 한다. 제품 또는 브랜드가 소비자에게 가져다주는 혜 택에서 소비자와 연관성을 찾을 수 있다. 소비자 혜택 은 제품의 물리적 혜택뿐만 아니라 심리적, 상징적 혜

마케팅 좀 아는 사람

택까지 포함한다. 크리에이티브 콘셉트를 개발하거나 평가할 때 고려해야 할 사항은 다음과 같다. 첫째, 무엇보다 크리에이티브 콘셉트는 독특한 아이디어가 생명이다. 크리에이티브의 독창성은 다른 커뮤니케이션과 차별화를 가져다준다. 아이디어가 신선하고 뜻밖이며 비범할 때 창조적인 크리에이티브가 탄생되는 것이다. 둘째, 브랜드와 소비자를 연결하고 있는지, 크리에이티브 콘셉트와 소비자 니즈가 강한 연결 고리가 있는지 확인이 필요하다. 셋째, 훌륭한 크리에이티브 콘셉트는 간결하고 명확하다. 크리에이티브는 하나의 강력한 메시지에 집중해야 하고 설명이 필요 없어야 한다. 넷째, 소비자의 시선을 멈추게 할 만큼 흥미롭거나 사회적 이슈를 만들 수 있다면 크리에이티브의 효과는 증대될 수 있다. 다섯째, 독창성이나 임팩트에 집중하다 보면 거짓되거나 과장된 크리에이티브를 사용하는 경우가 있는데 주의해야 한다. 이로 인해 제품과 브랜드에 막대한 해를 끼칠 수 있기 때문이다.

Marketer Kim's Comment

마케팅 현업에서 업무를 하다 보면 콘셉트 도출에 대한 고민이 많다. 그래서 콘셉트가 무엇인지, 브랜드 콘셉트가 무엇이고 크리에이티브 콘셉트가 무엇인지, 그리고 어떠한 콘셉트가 훌륭한 것인지 묻는 질문이 많다. 브랜드 콘셉트가 명확하지 않고 제대로 도출되지 않은 경우에 아무리 훌륭한 크리에이티브도 그 목적을 달성하기 어렵기 때문이다. 앞서 설명한 내용들이 이론적 정의로 보이지만, 저 정도의 개념만 마케터가 가지고 있어도 기업 내부에서 업무를 하거나 에이전시와 업무하면서 어려움이 없을 것이다. 또한 마케터로서 콘셉트를 개발하거나 에이전시의 콘셉트 제안을 평가할 때 좋은 콘셉트를 선별할 수 있는 눈이 생길 것이다. 브랜드나 제품의 성공에 가장 큰 영향을 미치는 것이 브랜드 콘셉트를 정하는 것이다. 좋은 브랜드 콘셉트를 정하는 것과 더불어 이를 소비자에게 독특하고 명확하게 전달하고 유지하는 일 또한 중요하다는 것을 잊지 말아야 한다. 아울러 성공적인 마케팅을 위해서는 브랜드 콘셉트와 커뮤니케이션 콘셉트가 유기적으로 맞물려야 한다는 것과 강력한 브랜드 콘셉트와 크리에이티브 콘셉트는 부가적인 설명이 필요치 않다는 것을 꼭 기억하길 바란다. 디지털 시대에도 그리고 미래에도 마케팅은 콘셉트의 싸움이라고 확신한다.

#콘셉트 #제품콘셉트 #브랜드콘셉트
#커뮤니케이션콘셉트 #크리에이티브콘셉트 #whattosay
#howtosay #MUJI #시몬스 #콘셉트의싸움

마케팅의 꽃,
가격 전략은 무엇인가?

동남아 택배 시장은 이커머스 산업의 급성장에 따라 기존의 자국 택배회사뿐만 아니라 많은 외국계 회사들이 본격적으로 시장에 뛰어들고 있다. 시장 성숙도 측면에서 보면 동남아 택배 시장은 도입기 상황으로 많은 기업들이 치열하게 경쟁하고 있는 상황이다. 초기에는 서비스 차별화로 승부하던 시장이 중국계 택배사들의 공격적 진입으로 가격 경쟁으로 옮겨가기 시작했다. 동남아 최대 시장 중 하나인 태국에서 가장 큰 영향력을 가지고 있는 이커머스 S사와의 일화를 떠올려 보았다. 태국에서 사업 성장에 어려움을 겪던 어느 날 S사 담당자로부터 메일이 왔다. '귀사의 가격이 경쟁사에 비해 너무 높습니다. 따라서 2주 후 귀사로 할당하는 물량을 감소시킬 예정입니다.' 청천벽력 같은 메일을 받고 본사와 현지 사업팀은 비상상황에 빠졌다. 현지에서 가장 큰 고객사인 S사 물량이 빠졌을 때 사업에 미치는 영향은 상상을 초월하기 때문이었다. 고객사에는 일단 경쟁력 있는 가격을 다시 제시하기로 하고 어떤 경쟁사에서 이런 무시무시한 가격을 냈는지 시장에서 확인하기로 했다. 우리가 제시한 가격은 마진이 거의 없다고 생각했기 때문에 도대체 어떤 정신 나간 회사가 적자를 감수하고 그 이하로 가격을 제안했을까라는 의문이 들었다. 확인 결과 그러한 가격은 사실이었고 심지어 우리 가격보다 20% 더 쌌으며, 추가적으로 전해진 경쟁사 CEO 언론 인터뷰는 우리를 좌절하게 했다. 언론 인터뷰의 요지는 다음과 같았다. '우리는 추가적으로 가격을 더 낮출 의지가 있다. 자신 있으면 함께 경쟁하자.' 마치 시장 내 경쟁자에게 투자 여력과 역량이 되지 않으면 이쯤에서 철수하라는 선전포고와 같은 것이었다. 이때 나는 두 가지 생각을 했다. 첫째, 경쟁사에서 사업의 중장기 비전과 막대한 투자를 바탕으로 가격 전략을 통해 시장을 장악해 가고 있구나라는 것이다. 둘째, 여기서 버티지 못하는 경쟁자들은 퇴출될 것이고 시장 재편을 통해 마케팅 불변의 법칙 중 '이원성의 법칙'이 이야기하는 궁극적으로 2개의 업체만 살아남겠다는 생각을 하게 되었다. 이러한 상황은 가격 전략의 힘을 다시 한번 피부로 느끼는 계기가 되었다.

Marketer Kim's Focus

기업이 존속하고 발전하기 위해서는 궁극적으로 그 기업이 취급하는 상품과 서비스를 판매하여 이윤을 얻어야 한다. 마케팅에서 가격은 상품과 서비스의 효

마케팅 좀 아는 사람

용 및 가치로서 소비자에게 그 가치를 금액으로 표시한 것이다. 필립 코틀러(Philip Kotler)와 케빈 켈러(Kevin Keller)의 저서 『Marketing Management』에서 언급한 것처럼 기업은 보통 6단계를 거쳐 가격을 결정하게 된다. 1단계는 기업이 시장에 제공하는 제품이나 서비스의 가격을 통해서 얻고자 하는 목적 및 전략을 수립하는 것이다. 기업의 가격 설정 목적 및 전략에는 시장 지위 유지, 단기 이익의 극대화, 시장점유율 극대화 등이 있다. 2단계는 여러 가지 가격에 따른 수요를 예측해 본다. 가격이 높을수록 수요는 줄어드는 것이 일반적이나 가격 민감도에 따라 제품별로 가격과 수요의 관계는 다양하다. 3단계는 제품이나 서비스를 생산하는 데 사용하는 원가를 계산해 본다. 가격은 이렇게 산출된 원가에 이윤을 더한 값을 하한선으로 설정할 수 있으며 제품 및 서비스에 대한 수요 및 소비자의 지불 의사 등을 고려하여 상한선이 설정된다. 다만, 전략에 따라서는 설정된 가격이 하한선보다 내려가는 경우도 있으며 상한선보다 올라가는 경우도 있다. 4단계는 경쟁자 분석을 통해 경쟁자의 원가, 가격, 해당 가격에 대한 소비자의 반응 등을 고려한다. 기업이 가진 제품과 서비스가 경쟁사의 제품과 서비스보다 가치 있다고 생각하면 가격은 같거나 높게, 그렇지 않다면 인하를 고려하는 것이 일반적이다. 5단계, 가격을 설정하는 방법에는 목표수익률 가격 결정법, 가치 가격 결정법 등이 있다. 목표수익률 가격 결정법은 기업이 목표로 하는 투자수익률(ROI)을 달성할 수 있도록 가격을 설정하는 방법이다. 가치 가격 결정법은 비교적 낮은 가격으로 제품이나 서비스의 질을 떨어뜨리지 않으면서 충성 고객을 끌어들이는 가격 결정 방법이다. 6단계는 기업 내 다른 제품의 가격 정책과 마케팅 활동을 고려하여 가격을 최종적으로 설정하는 것이다. 이렇게 설정된 마케팅의 4P 중의 하나인 가격은 경영의 가장 중요한 의사결정의 하나이며, 상품/서비스의 가치가 되고 이윤을 만드는 시작점이다. 그럼 이제부터는 기업의 성장뿐만 아니라, 생존을 위해서 필수적인 활동인 가격 전략에 대해서 구체적으로 이야기해 보고자 한다. 가격 전략의 형태는 생산과 수요의 조건 차이에 따라 크게 저가 전략, 고가 전략, 할인 전략으로 구분하고 그 밖에 다양한 가격 전략이 사용된다.

시장 점유율 확보를 위한 저가 전략

기업의 제품이나 서비스가 수요의 가격 탄력성이 크고, 대량생산으로 생산 비용이 절감될 수 있는 경우에 취하는 전략이다. 이러한 저가 전략이 성공하기 위해서는 마케팅 전략과 일치하는 일관성 있는 저가 정책, 극도의 원가 관리, 평균 수준의 품질, 지속적인 시장 성장, 가격 경쟁력을 소구하는 마케팅 커뮤니케이션 활동이 필요하다. 시장 후발 주자로서 경쟁사들보다 낮은 가격을 책정하고 판매 및 시장 점유율을 확보하기 위해 의도적으로 저가로 진입하는 경우가 있고 시장이 성숙되어 제품 및 서비스로 차별화 포인트를 찾기 힘든 경우 저가 전략이 사용된다. 대표적인 사례가 국내 택배 가격, 배달 플랫폼 수수료, 증권사 수수료 등을 들 수 있다.

브랜드 가치가 기반이 된 고가 전략

기업의 제품이나 서비스가 수요의 가격탄력성이 적고, 소량 다품종 생산인 경우에 채용되는 전략이다. 이러한 고가 전략이 성공하기 위해서는 브랜드의 가치가 높아야 하고, 제품이나 서비스가 혁신적인 것이어야 하고, 지속 가능한 고품질이 필수적이고, 핵심 고객층의 성향에 집중된 마케팅 활동이 필요하다. 명품과 고급 제품처럼 싸면 안 팔리고 비싸면 오히려 잘 팔리는 상품에 쓰는 가격 전략이다. 이런 경우 고가 전략을 통해 핵심 고객층에게 특별한 사람이라는 자부심을 심어주어 구매에 영향을 주는 것이다. 명품 의류 브랜드와 카드사의 VIP 연회비 정책 등에서 흔하게 볼 수 있는 전략이다.

매출 확보를 위한 할인 전략

특정 제품 및 서비스에 대하여 한정된 기간 동안 제조원가보다 낮은 가격을 매겨 '싸다'는 인상을 고객에게 심어 주어 고객의 구매 동기를 자극하고, 제품 라인의 총매출액 증대를 꾀하는 전략이다. 과도한 할인 가격 전략은 기업의 수익성 악화를 야기하고 원가를 낮추기 위해 품질 저하를 불러온다. 아울러 장기적인 측면에서 기업의 브랜딩에 부정적인 영향을 주고 소비자 심리를 왜곡하여 가격 저항을 불러일으킨다. 대기업 의류 브랜드 중 심하게 이야기하면 일 년 내내 할인을 진행해 싸구려 브랜드라는 이미지가 형성되어 소비자에게 외면받은 사례가 굉장히 많다.

추가적으로 같은 제품 및 서비스라도 고객을 끌어들이기 위해 시간의 흐름을 두고 가격에 변화를 주는 전략도 있다. 스키밍 가격(Skimming Pricing) 전략은 처음에는 비싸게 팔다 나중에 싸게 파는 전략이다. 자신들만의 특허가 있거나 고급 브랜드 제품들과 같이 브랜드 가치가 높은 상품에 주로 쓰는 전략이다. 신제품 초기에는 가격 저항이 없는 소비자에게 우선 판매를 진행하고 적정한 기간이 지난 후에 가격을 내려 매출을 확대하는 전략이다. 반대로 침투 가격(Penetration Pricing) 전략은 시장에 우선 성공적으로 진입하는 것을 목표로 처음에는 낮은 가격으로 판매하다가 시간이 지나면서 차츰 가격을 올려서 받는 전략을 말한다. 치열한 경쟁을 벌이는 시장에 검증이 덜 된 상품을 출시하거나 보급률을 높여 업계 표준을 장악하고 싶을 때 사용한다. 또한 제품의 차별화가 심하지 않은 시장에서 최대한 빠르게 점유율을 높이기 위해서 주로 사용되는 전략이다. MS 오피스가 처음에는 싼 가격으로 제품을 제공한 후 가격을 올리는 것이 대표적이며 국내시장에서 쿠팡이 이커머스 시장 진입 시 엄청난 손실을 감수하면서도 로켓배송이라는 서비스를 트레이드 마크로 내걸며 시장에 성공적으로 안착한 사례가 있다. 아울러 종속 제품 가격(Captive Product Pricing) 전략이라고 하여 일단 제품을 싸게 판 후에 그 상품에 필요한 소모품이나 부품 등에서 마진을 취하는 전략도 있다. 프린터와 토너, 면도기와 면도날이 대표적인 사례다.

Marketer Kim's Comment

마케터 사이에서는 '시장 점유율을 100%로 만들기 위해서는 가격을 공짜로 하면 되고, 반대로 하기 위해서는 가격을 최대로 높이면 된다', '마케팅의 꽃은 가격 전략이다'라는 이야기를 많이 한다. 마케터에게 가격 전략은 마케팅 믹스 변수 중에서 가장 쉽고, 가장 빠르며, 가장 효과적으로 적용할 수 있어 굉장히 매력적인 카드이다. 마케터가 추가적인 판매와 시장 점유율 증대를 위해 가격 전략을 남용하는 것도 이러한 이유일 것이다. 저자의 경험으로 보면 가격 전략은 신중에 신중을 기해야 한다. 그렇다고 해서 한번 세워진 가격 전략을 영원히 변경하지 말라는 의미는 아니다. 전략은 유지하되 전술적인 측면에서 가격 정책을 사용하는 것은 언제든 환영한다. 하지만 전술 자체가 단기적인 수익성 향상을 위해 자주 사용될 경우 장기적인 관점에서 브랜드에 치명타를 입히는 경우가 많다. 현장에서는 가격 전략으로 인해 세일즈팀과 마케팅팀이 치열하게 대립하는 경우가 있다. 일반적으로 가격 전략을 세일즈팀이 주도하는 경우 저가 전략을 통해 매출 성장 위주로 가는 경우가 많고, 마케팅팀이 주도하는 가격 전략은 수익성 중심으로 가는 경우가 많다. 기업의 상황에 따라 다르기 때문에 어느 것이 맞고 틀리다고 볼 수는 없고, 저자가 이야기하고 싶은 사항은 세일즈팀과 마케팅팀이 견제와 균형을 통해 가격 전략이 수립될 때 성공하는 경우를 많이 보았다는 것이다. 마지막으로 가격 전략이 중요하긴 하나 마케팅의 전부는 아니며, 소비자는 브랜드의 가치를 구매한다는 것을 잊어서는 안 된다.

#Pricing #저가전략 #고가전략 #할인전략
#스키밍가격전략 #침투가격전략 #종속제품가격전략

한 해 농사를 좌우하는 마케팅 예산 수립은 어떻게 하는가?

Marketer Kim's Story

모든 마케터가 마찬가지겠지만 그동안 직장에서 마케팅 부서 예산을 수립하는 것은 한 해 농사를 좌우하는 아주 중요한 일이었다. 전 직장의 경우 본사에서 한국 지사의 전체 예산을 확정하고 한국 지사에서 마케팅팀에 배정된 전체 예산 금액이 정해지면, 마케팅팀의 각 기능의 리더들이 한자리에 모여 각각의 예정된 활동으로 예산을 배분하는 회의를 진행했다. 마케팅팀 내부에 있는 디지털, 홍보, 브랜드, 상품 개발, 프로모션 기능 모두 전년 대비 예산 상승의 요인이 있어 해마다 증액을 원하면 원했지 한 번도 감액을 요청하는 것을 본 적이 없었다. 늘 그렇지만 마케팅 예산 배분 관련 회의는 각 기능의 이해관계에 따라 첨예하게 대립했다. 논의가 격화되던 중 한 직원이 다음과 같은 이야기를 꺼냈다. "각자 내년도 업무 목표에 필요한 활동을 기반으로 예산을 수립하면 되는데 왜 전체 파이가 정해진 후 나눠먹기를 해야 하는 거죠? 이런 방법이라고 한다면 목표도 전면적으로 수정되어야 할 것입니다." 이러한 이의 제기는 마케팅 목표 설정과 마케팅 예산 수립 방법론에 문제가 있다는 것이다. 마케팅은 필연적으로 예산을 집행해야 결과를 만드는 구조이기에 마케팅 목표와 전략 그리고 예산이 밀접하게 연관되어 있다. 그 당시 나는 회의를 진행하면서 상향식 예산 설정 방법을 택해서 각각의 마케팅 활동에 따른 필요 예산을 책정한 후 전체 예산을 확정하게 되면 문제가 없을 텐데라는 생각을 했다. 지금 생각해 보면 그와 같은 생각은 마케팅팀 측면에서만 바라본 것이고 회사 차원의 관점이 부족했다. 마케팅의 궁극적인 목표가 기업의 이윤 창출을 리드하고 일조하는 것인데 과도한 마케팅 예산을 사용하여 마케팅팀의 목표는 달성한다고 하더라도 회사의 단기적인 매출과 이익 목표에 긍정적인 영향을 주지 못하는 경우도 있기 때문이다. 마케팅팀 예산 수립 방법에 대한 논의는 여전히 현장에서는 진행형이고 명확하게 정답이라고 이야기할 수 있는 것이 딱히 없어 보인다. 회사의 상황과 시장 상황에 따라 전략적인 판단이 필요하고, 마케터는 정해진 마케팅 예산 안에서 활동에 우선순위를 가지고 배분하는 것이 지금으로서는 최선일 것이라 생각해 본다.

마케팅 좀 아는 사람

마케터에게 "마케팅 예산 어떻게 수립하고 계시나요?"라는 질문을 던진다면, 신입 마케터인 경우 "파이낸스(Finance) 부서에서 확정해 주는 것 아닌가요?"라고 대답할 것이고, 조금 경험 있는 마케터라면 "매출 대비 10% 미만 수준으로 전체 예산을 수립하는 게 일반적입니다"라고 대답할 것이다. 사실 마케팅 예산을 수립하는 다양한 방법이 있기는 하지만 어떤 방법을 사용해도 비슷한 수준으로 맞춰지기 때문에 꼭 틀렸다고 말하기는 어렵다. 사업의 규모 및 산업에 따라 그리고 회사의 상황에 따라 다르겠지만 보통 마케팅 예산은 전체 매출액의 5~10% 안에서 결정되는 것이 일반적인 트렌드다. 마케터가 적정한 마케팅팀 예산을 수립하고 마케팅팀 내부에 예산을 배분하기 위해서는 제품과 서비스의 단기적 및 중장기적 목표를 고려해야 하고, 원가 상승에 미치는 요소를 점검해야 하며, 시장 상황 및 경쟁사 활동에 대한 고려가 필요하다. 언급한 3가지 고려 사항에 대해 좀 더 자세히 설명해 보고자 한다. 첫째, 제품 및 서비스의 단기적, 중장기적 목표를 고려해야 한다. 제품의 전략적 목표에 따라서 마케팅 활동의 방향과 그에 따른 예산 비중이 달라지기 때문이다. 즉각적인 효과를 목표로 운영하고자 한다면 가능한 한 높은 예산 책정을 목표로 하고, 장기적인 목표가 있다면 꾸준히 유지할 수 있는 예산을 설정해야 한다. 효과적으로 마케팅 예산을 책정하기 위해서는 명확하게 목표를 설정하는 것이 무엇보다 중요하다. 둘째, 마케팅 예산 수립 시 단순히 광고에 들어가는 커뮤니케이션 비용만을 측정하는 것이 아니라, 제품 및 서비스의 원가와 영업 이익, 인건비 등의 추이를 모두 분석해서 반영해야 한다. 제품의 가격을 구성하는 원가 상승 요인이 예측되는데 기존의 커뮤니케이션 비용을 그대로 사용하게 되면 제품 이익률에 영향을 미치게 되어 적자 손익이 발생할 수 있기 때문이다. 셋째, 시장 상황의 변화 및 경쟁사 활동에 대한 고려가 필요하다. 예를 들어 전체 시장 규모가 어떻게 변화하는지, 자사 제품 및 서비스의 시장 점유율은 어떻게 되는지, 주요 경쟁사의 마케팅 예산 규모는 어떤지, 경쟁사 가격 전략에 대한 모니터링 및 예측 등 종합적인 고려가 필요하다. 위와 같은 고려 사항을 바탕으로 기업에서 마케팅 예산 수립 시 사용하는 방법을 유형별로 정리하면 다음과 같고 기업의 상황 및 규모, 전략방향에 따라 예산 수립 방법을 선택하게 된다. 현업에서 마케터가 재무부서 및 경영관리 부서와 이야기하려면 이 정도의 방법론은 알고 있어야 도움이 된다.

마케팅 좀 아는 사람

매출이나 이익 대비 퍼센트의 개념으로 하향식으로 내려오는 경우이다. 매출의 일정 비율을 마케팅 예산으로 편성하는 매출액 비율 기준과 제품별로 이익의 일정 비율을 책정하는 이익 비율 기준이 있다. 현장에서 흔히 사용되는 방법으로 파이낸스 부서에서 사업 부서 단위 P&L[20]을 수립하고 매출액 또는 이익 기준 마케팅 전체 예산을 확정한 후 내려주면 그 예산을 마케팅 각 기능의 목표와 활동 계획에 맞게 예산을 배분하여 확정한다. 이 방법의 가장 큰 장점은 의사 결정권자 설득이 쉽고 마케팅 예산 수립 프로세스가 단순해진다는 것이다. 일반적으로 B2B 기업에서는 매출액 비율 기준이 많이 활용되고 B2C 기업에서는 매출액 비율 기준과 이익률 비율 기준을 혼용해서 수립하는 경우가 있다.

시장 점유율 대비 기준은 시장 점유율, 시장 환경 요소, 마케팅 전략적 목표를 활용하여 예산을 수립한다. 예를 들어 신제품 또는 시장 점유율이 낮은 제품에는 일정 수준의 시장 점유율 확보를 목표로 더 높은 비율의 마케팅 예산을 책정하고, 반대로 시장 점유율이 높고 진입 장벽이 높은 시장의 제품에는 시장 점유율 유

---

20 손실 및 이익을 말하는 것으로, 자본의 투하 및 인출 이외의 원인에 의하여 투하자본의 가치에 증가가 생긴 것을 이익이라 하고 그 감소가 생긴 때 이를 손실이라고 함

지가 목표이므로 적은 마케팅 예산을 책정하는 것이다. 보통 스타트업 기업에서 투자금을 유치하여 빠른 시장 침투 및 단기간에 시장 점유율 확보를 위해 마케팅 예산 비중을 높이는 경우가 있다.

마케팅 목표를 기반으로 한 예산 수립 방법, 목표 기준

상향식 방법으로 마케팅팀에서 달성하고자 하는 목표에 대한 활동 비용을 총합하여 예산을 수립하고 파이낸스 부서와 협의하는 방식이다. 이 방식을 위해서는 가장 먼저 마케팅팀 내 세분화된 기능에서 활용하는 커뮤니케이션 채널 예산과 그 밖의 비용을 세밀하게 검토하고 예산을 수립하는 것이 필요하다. 대기업이나 중견 기업에서 활용되는 경우가 있으며 마케팅팀의 복잡한 조직 구조에서 목표별, 브랜드별 구성에 따라 마케팅 예산이 수립된다. 현실적으로 이렇게 상향식으로 수립된 마케팅 예산이 수정 없이 반영되는 경우는 드물다. 파이낸스 부서에서 마케팅팀뿐만 아니라 다른 부서의 예산을 모두 취합한 후 부서별 증감액을 결정하게 된다. 최종적으로 수정된 마케팅 전체 예산을 바탕으로 마케팅팀 내부적으로 예산을 분배하는 작업을 다시 진행하고 확정하게 된다.

마케팅 좀 아는 사람

경쟁사 마케팅 활동을 고려한 예산 수립 방법, 경쟁사 대응 기준

마케터의 중요한 업무 중 하나가 경쟁사 활동 모니터링이다. 특히 경쟁사의 커뮤니케이션 활동과 비용은 세심하게 살펴봐야 하고 상황에 따라서는 실시간으로 대응하는 경우도 생긴다. 마케팅 예산 수립 방법에는 경쟁사 마케팅 예산 추정을 근거로 수립하는 방법도 있다. 경쟁사 커뮤니케이션 비용 추정은 에이전시에서 모니터링하는 KADD와 같은 자료가 일반적으로 사용된다. 이 자료를 기반으로 경쟁사와 자사의 커뮤니케이션 비용을 비교할 수 있고 이를 통해 경쟁사의 마케팅 비용을 추정하여 자사의 마케팅 예산을 유사 수준 또는 조금 더 공격적인 수준으로 수립할 수 있다. 경쟁사 대응 기준의 장점은 경쟁사 예산과의 객관적 비교를 통해서 진행하기에 의사 결정권자 승인이 쉽지만 마케팅 예산이 과하게 잡히는 경우도 있으니 주의해야 한다.

기업 예산을 고려한 수립 방법, 지출 가능액 기준

기업의 여러 재무적 우선순위에 있는 유관 부서의 예산 산정 후 남는 금액을 마케팅 예산으로 책정하는 방법이다. 마케팅 예산이 과소 책정될 수 있고, 마케팅 예산의 투자적 성격을 감안하면 중장기적으로 기업의 매출이나 이미지 확립에 타격이 있을 수 있다. 지속적인 적자를 보이는 중소기업이나 향후 투자 유치에 대한 불투명도가 높은 스타트업에서 많이 활용되는 방법이다. 회사의 상황에 따라 마케팅 활동 가능 여부와 활동들이 결정되기 때문에 마케터 입장에서 보면 이 방법이 가장 안 좋은 경우이다.

마케팅 업무를 20년 이상 진행하다 보니 다양한 네트워크가 생기게 되었다. 마케팅 예산이 많은 B2C 회사에서 근무하는 지인, 매출 규모가 큰 대기업 마케팅 부서에서 근무하는 지인, 규모가 작은 중소기업에서 마케팅 업무를 하는 지인, 스타트업 마케팅팀에서 근무하는 지인 등 다양한 마케터들과 교류하게 되었다. 이들과 이야기하면서 나오는 단골 푸념이 있는데 그것은 바로 마케팅 예산을 한 번이라도 풍족하게 써 봤으면 좋겠다는 것이다. 기업마다 마케팅팀에 주어지는 목표는 매년 높아지고 증가하는데 커뮤니케이션 채널의 다양화로 효용성은 떨어지고 마케팅 예산은 오히려 줄거나 동결되는 경우가 많기 때문에 이런 볼멘소리가 나오는 것이다. 어느 정도 성숙한 시장에서는 마케팅 예산이 더욱더 감소하는 경향을 보이는 것도 사실이다. 여기서 짚고 넘어가야 할 사항은 요즘과 같은 저성장 시대에서 어느 기업이든 마케팅 예산이 넉넉할 수는 없다는 것과 앞으로 더욱 그럴 것으로 예상된다는 것이다. 이런 상황에서 마케터가 고민해야 할 현실적인 사항은 마케팅 예산 수립 방법론보다는 주어진 예산하에서 마케팅 목표를 달성하기 위해 전략적으로 어떤 활동을 우선적으로 고려할지를 결정하고, 효과적으로 예산을 배분해 마케팅 효과를 극대화할지에 관한 것이다. 저자 경험상 마케팅 예산은 많을수록 좋은 것이 아닌 게 예산 사용에 대한 성과 창출이라는 부담감은 늘 존재하기 때문이다.

#마케팅예산 #비율기준 #시장점유율기준 #목표기준
#경쟁사대응기준 #지출가능액기준

디지털 시대,
마케팅 믹스는
어떻게 진화하고 있는가?

Marketer
Kim's
Story

마케팅팀에 결원이 생겨 신규 인력 채용을 위해 면접을 진행하고 있었다. 일반적인 면접에서는 신입의 경우 개인의 프로필과 학창 시절 경험과 관련된 사항이, 경력자라면 경력 관련 사항과 관련된 질문과 답이 오간다. 여기에 추가적으로 마케팅과 관련된 기본적인 지식들을 체크하는 경우가 있는데 이때 가장 많이 사용되는 질문이 마케팅 믹스와 마케팅 4P에 대한 것이다. 워낙 유명한 개념이다 보니 대부분의 후보자들이 잘 준비해 오는 것도 사실이다. 그날 면접에서도 여러 가지 질문과 답이 오고 가던 중 같이 면접에 들어간 한 직원이 다음과 같은 질문을 던졌다. "익히 들어서 알고 있겠지만 마케팅에 4P라는 개념이 있습니다. 본인을 브랜드라고 생각하고 마케팅 4P를 활용해서 어필해 볼 수 있을까요?" 순간 후보자의 얼굴은 당황한 기색이 역력했다. 마케팅 4P는 워낙 유명한 개념이라 일반인은 물론이고 마케팅팀에 지원할 후보자라면 개념을 충분히 설명할 수 있을 것이나 그것을 충분히 이

해하고 본인에게 적용하는 것은 쉽지 않을 것이라 생
각했다. 예상한 대로 후보자의 답변은 4P에 대한 설명
은 교과서적으로 잘 했으나 본인을 대입해 보라는 질
문에는 답을 하지 못했다. 마케팅에 새로운 개념과 이
론이 많이 나오고 있지만 아직도 마케팅 분야에서 4P
의 영향력은 크다. 일례로 아직도 많은 기업에서 마케
팅 조직이나 팀 이름이 그에 따라 구성되어 있는 것이
현실이다. 하지만 시대가 변하면서 마케팅의 이론도
진화하고 있어 4P와 관련된 질문이 이 후보자가 마케
팅에 최소한의 관심은 있는지 체크하는 것 외에 추가
적인 의미가 있을까 하고 생각했다.

Marketer
Kim's
Focus

마케팅 믹스(Marketing Mix)란 경영자 또는 마케터가
일정한 환경적 조건과 일정한 시점에서 여러 가지 형
태의 마케팅 수단을 적절하게 결합하거나 조화롭게
사용하는 것을 의미한다. 오늘날에는 사업 환경, 시장
환경, 미디어의 혁신적인 변화로 전통적인 마케팅 믹
스인 4P 개념을 단순하게 적용하는 것은 무리가 있다.
마케팅의 개념은 시대가 바뀌면서 진화를 거듭했고
필립 코틀러 교수는 지금까지의 마케팅을 Market 1.0
에서 시작하여 현재는 Market 5.0 단계로 총 5단계로
진화했다고 주장했다. 마케터라면 기본적으로 마케팅
믹스 정도는 알고 있어야 전략을 수립하거나 마케팅

활동을 진행할 때 도움이 되기 때문에 간략하게 소개해 보고자 한다.

표준화된 단순한 제품을 최대한 낮은 비용으로 생산하여 좀 더 많은 소비자들에게 제품을 구매할 수 있도록 하는 것으로, 제품 중심의 마케팅 시대라고 이야기할 수 있다. 1950년대는 미국의 경제 호황기였다. 중산층으로 진입하는 인구는 대규모로 늘어났고, 소비자들의 구매력은 충분해졌다. 그 결과 사람들은 더 좋은 집, 가전제품, 자동차를 원하게 되었고, 전통적인 제조업 기업들은 이러한 고객의 니즈를 만족시켜야 사업적으로 성공할 수 있었다. 따라서 모든 기업의 역량은 생산에 초점을 맞출 수밖에 없었고 대량 생산과 관련된 기술은 빠르게 보편화되었다. 마케팅 믹스라는 용어는 미시간 주립대학교의 교수 E. 제롬 맥카시(E. Jerome McCarthy)가 1960년에 처음 소개하였다. E. 제롬 맥카시 교수는 기업이 소비자를 만족시키기 위해서는 제품(Product), 가격(Pricing), 판매 촉진(Promotion), 유통(Place)을 조화롭게 활용해야 한다고 주장하였다. 4가지 구성요소에 대해 좀 더 자세히 설명해 보면 다음과 같다. Product(제품)는 단순히 제품을 생산하는 것 이외에 그 제품이 줄 수 있는 종합적인 혜택을 통칭하는 것으로 디자인, 로고, 상호, 제품 이미지 등을 폭넓게 포함한다. Price(가격)는 기업이 특정 물품의 가치를 가장 객관적이며 수치화된 지표로 나타내는 것이다. 이러한 가격은 마케팅의 궁극적인 목표인 매출과 이익 확대를 위해 중요한 요소로 다루기 시작했다. Promotion(판매 촉진)은 기업이 마케팅 목표 달성을 위하여 사용하는 광고, 판매, PR, 다이렉트 마케팅 등과 같은 수단으로 구매를 이끌어내는 다양한 유인 기법을 말한다. Place(유통)는 기업이 특정 물품의 판매를 촉진하기 위해서 활용하는 공간뿐만 아니라 고객과 접촉을 이루어지게 만드는 전체적인 유통 경로의 관리를 의미한다.

Market 2.0(1990년대, 소비자 중심)

소비자의 니즈에 따라 더욱 개선된 여러 종류의 제품이 등장하기 시작했다. 기업들은 시장에서 더 많이 팔기 위해 마케팅이 본격적으로 필요해졌고 경쟁 제품과 차별화를 위해 광고, 프로모션, 할인 등의 마케팅 활동을 적극적으로 활용하기 시작했다. 정보 기술의 발달로 소비자들의 다양한 욕구나 필요한 정보를 비교적 손쉽게 획득할 수 있게 됨에 따라 소비자들을 좀 더 세분화해 각 시장에 맞는 마케팅 믹스를 활용하는 시대가 시작되었다. 지금도 마케팅 현장에서 흔히 사용되고 있는 STP 전략을 실현할 수 있게 된 것이 이 시기의 특징이다. STP는 시장 세분화(Segmentation), 목표시장(Targeting),

포지셔닝(Positioning)의 첫 글자를 따서 조합한 마케팅 전략 용어이다. 시장 세분화란 고객을 이해하는 데에서 출발하는데 고객을 나이, 소득 수준, 성별, 라이프 스타일 등 여러 가지 기준을 가지고 시장을 세분화할 수 있을 만큼 분석하는 것이다. 목표 시장은 집중해야 할 시장과 고객을 선택하는 것으로 자사 브랜드의 역량과 시장의 매력도를 고려하여 선정한다. 마지막으로 포지셔닝은 목표로 삼은 고객들에게 자사의 제품이나 브랜드를 이미지로 인식시키기 위한 활동을 의미한다. 따라서 기업은 제품이나 브랜드의 개발과 더불어 STP 전략을 통해 전체 시장을 세분화하고 그 세분화된 시장에서 목표 고객을 설정한 후 그에 맞는 포지셔닝 활동을 진행해야 하는 것이다. Market 1.0 시대가 공급자 관점이었다면 Market 2.0 시대는 소비자 시점으로 4C 이론이 소개되었다. 4C 이론은 Customer Value(고객 가치), Cost(가격), Communication(소통), Convenience(유통의 편리성)로 구성되어 있다.

Market 3.0(2000년대, 인간 중심)

　　Market 2.0의 연속성상에서 그 개념을 확장시키는 시기라고 볼 수 있다. Market 3.0에서는 소비자의 욕구를 충족시키는 것을 넘어 고객에게 가치를 제공할 수 있는 것을 목표로 했다. Market 3.0의 등장 배경은 다음과 같다. 첫째, 20세기 말부터 진행된 정보통신기

마케팅 좀 아는 사람

술의 급격한 발전이다. 이를 통해 개인 간, 그룹 간 신속한 상호 작용이 가능해졌다. 둘째, 세계화의 진전이다. 이는 전 세계 모든 사람들이 밀접하게 연결돼 있는 경제체계를 만들어 냈다. 셋째, 과학, 예술, 지식, 문화 등의 분야에 종사하는 사람을 일컫는 '창의적 사회'의 질적 및 양적 성장이다. 창의적 사회에 속한 사람은 대부분 혁신적인 소비자일 뿐만 아니라 대개는 사회적 미디어를 활용해 다른 소비자를 연결해 주는 등 사회적 네트워크에 있어 핵심적인 역할을 수행하는 사람들이다. 이 시기에는 광고, PR, 프로모션만으로는 경쟁 제품과의 차별화를 이루기 어려워짐에 따라 브랜드의 중요성이 대두되었다. 또한 판매자와 구매자 양측이 함께 할 공동가치 창조의 관점이 중요한 이슈로 떠오르게 되었다. 기업과 소비자, 국가와 국가, 인간과 자연이 함께하는 공생 마케팅의 개념과 Market 1.0의 마케팅 믹스를 결합하여 또 하나의 4C(상품 Commodity, 비용Cost, 소통Communication, 유통 경로Channel)가 생겨났다. 코틀러 교수는 이 시기를 Market 3.0이라고 이야기하고 있다.

Market 4.0(2010년대, 관계 구축 중심)

Market 4.0 시기는 목표한 고객과 보다 가까운 관계를 맺고, 이를 통해 기업의 적정 매출 및 수익을 추구하는 시기이다. 디지털 기술 혁신으로 기업과 고객의 물리적 및 심리적 거리가 축소됨에 따라서 기업의 마케팅 활동이 고객과의 관계를 맺는 것이 되었고 새로운 기술 발전은 고객 관계 구축 및 유지를 위해 지속적으로 진화하였다. Market 4.0의 핵심은 디지털 전환(Digital Transformation)이다. 따라서 과거와는 다른 개념의 마케팅 퍼널(Marketing Funnel)이 필요해졌다. 기존에 주목, 흥미, 욕구, 기억, 구매에서 새로운 타입의 Funnel인 인지, 호감, 질문, 구매, 옹호로 변화했다. 이러한 시대에 각 기업은 새로운 타입의 퍼널이 적용된 고객 데이터 시스템 분석을 바탕으로 해당 기업에게 적합한 고객을 선별적으로 받아들이고 그들과 꾸준한 관계를 맺기 위한 비즈니스 구조를 가질 수 있도록 해야 했다. 코틀러 교수는 전통적인 판매 개념의 4P에서 디지털 시대에 맞는 새로운 마케팅 이론으로 상품화 개념의 4C(공동 창조 Co-creation, 통화 Currency, 공동체 활성화 Communal Activation, 대화 Conversation)를 주장했다. 기업이 만드는 제품은 신제품 개발 단계부터 소비자가 참여하여 공동 창조(Co-Creation)로, 가격은 환율처럼 가치가 수요와 공급에 따라 변하는 통화(Currency)로, 유통은 에어비앤비나 우버처럼 개인과 개인이 거래하는 공동체 활성화(Communal Activation)로, 판촉 활동은 기존의 일방적인 방식이 아닌 고객과의 대화(Conversation)로 변화한다는 것이 핵심이다.

마케팅 좀 아는 사람

Market 5.0(2020년대, 휴머니티를 지향한 기술 활용 중심)

Market 5.0은 언뜻 '인간 중심' Market 3.0의 가치와 비슷해 보일지 몰라도 실질적으로 훨씬 높은 난이도의 과제가 생긴 것을 알 수 있다. 왜냐하면 Market 4.0이 촉발한 디지털 시대로의 전환이라는 중요한 변화가 더해졌기 때문이다. 즉, 인공지능(AI), 증강/가상현실, 자연어 처리(NLP), 블록체인 등 디지털 기술이 본격화한 제품과 마케팅에 지극히 '인간적인', '인간을 위한' 모습까지 융합해야 하는 것이다. Market 5.0 시대, 마케터가 직면한 3가지 도전과제는 첫째, 세대 차이다. 베이비붐, X, Y, Z, 알파 세대는 사회문화적 환경과 경험이 각기 다르며, 제품과 서비스에 대한 선호도 역시 각기 다르다. 둘째, 부의 양극화다. 직업, 이데올로기, 라이프 스타일, 시장까지 다양한 측면에서 중간층이 사라지고 있다. 셋째, 디지털 격차다. 인터넷 접근성이 상당 수준 올라오면서 디지털화에 대한 두려움과 불안함을 호소하는 사람도 크게 늘었다. 필립 코틀러 교수는 이러한 세 가지 과제를 해결하는 데 기여하고 경쟁 우위를 강화할 수 있도록 돕는 기술의 가치를 강조한다. 구체적으로 고객 여정 내내 가치를 창출, 전달, 제공, 강화하기 위해 인간을 모방한 기술을 직용하는 것이 Market 5.0의 핵심이라고 이야기한다. Market 5.0시대 성공적인 마케팅의 원칙은 데이터 기반 마케팅과 재빠른 대응을 뜻하는 애자일 마케팅(Agile

Marketing)²¹이다. 데이터 기반 마케팅은 빅데이터를 지속적으로 수집하고 분석을 통해 유의미한 정보를 추출하는 과정이 반드시 필요하며, 데이터를 기반으로 한 소비자 행동 분석과 미래 수요 예측을 활용한 의사결정이 무엇보다 중요하다. 애자일 마케팅에서는 예상하지 못한 다양한 변수와 급변하는 시장의 흐름을 막을 수 없다면 누구보다 빠르고 유연하게 대응하는 능력이 중요하다고 설명한다.

Marketer Kim's Comment

마케팅 믹스는 기술 혁신과 사회 트렌드에 따라 지속적으로 진화했다. 오늘날 기업은 사물 인터넷(IoT), 클라우드 컴퓨팅, 인공지능(AI), 빅데이터 솔루션 등 정보통신기술(ICT)을 플랫폼으로 활용하여 기존 전통적인 운영 방식을 혁신하고 자사의 제품 및 서비스 등을 혁신해야 하는 필수적인 시기에 놓이게 되었다. 이제 기업과 마케터는 생존하기 위해서 디지털 환경에 맞는 새로운 마케팅 믹스를 활용해야 한다. 초연결, 초지능 사회에서 마케터의 역할과 기능도 변화하고 있다. 새로운 환경에서 고객의 온라인과 오프라인의 상호 보완과 융합을 위해 어떠한 마케팅을 수행해야 하는지, 어떠한 맞춤형 콘텐츠 및 편의를 제공해야 하는지 고민해야 한다. B2C 마케팅은 물론이고 B2B 마케

---

21 시장 변화에 빠르고 민첩하게 반응하고 고객의 요구에 유연하게 대처하는 마케팅

마케팅 좀 아는 사람

팅에서도 디지털의 중요성이 커지고 있다. 최근의 트렌드는 고객은 영업사원의 정보 전달보다 디지털 미디어로부터 확인한 정보를 점점 더 중요하게 생각하고 있으며 실시간 거래 분석, 고객 특성 분석을 통한 맞춤형 DB 마케팅이 대세로 자리 잡고 있다. 미래의 마케팅 믹스 수립에서 디지털이라는 시스템적인 요소에 고객과의 상호 소통과 참여가 더해질 때 비로소 진정한 고객과의 공감이 이루어지고 궁극적으로 회사의 이익에 기여하게 됨을 잊지 말아야 한다. 마지막으로 마케터라면 디지털 관련된 트렌드 캐칭이나 지속적인 학습은 이제 필수가 되었고, 어떻게 디지털을 활용하여 고객과 긴밀한 관계를 유지하고 강화해야 할지 고민해야 한다. 진정한 마케터라면 더이상 4P가 아닌 새로운 마케팅 믹스를 적극적으로 받아들이는 자세가 필요하다.

#마케팅믹스 #4P #필립코틀러 #Funnel #STP
#4C #Market1.0 #Market2.0 #Market3.0
#Market4.0 #Market5.0 #4C #Digitaltransformation
#데이터기반마케팅 #애자일마케팅

'마케팅 불변의 법칙'은
디지털 전환 시대에도
유효한가?

매년 연말 진행되는 마케팅팀의 중장기 전략 및 실행 계획을 논의하는 자리였다. 시장 현황, 경쟁사 분석, 당사의 사업 전략 등을 리뷰하고 마케팅 전략을 수립하기 위해 팀원들과 브레인스토밍을 진행하고 있었다. "우리 회사는 국내 시장에서는 압도적인 시장 점유율을 보유하고 있습니다. 굳이 추가적인 국내 마케팅이 필요할까요? 반면에 해외 시장에서는 신생 회사라고 보는 게 맞습니다. 글로벌 마케팅이 시급합니다." 팀원 한 명의 의견이 있었고 다양한 의견 교환을 거쳐 모두 동의하게 되었으며 이에 따라서 마케팅 전략도 국내와 해외를 나누어서 진행해야 한다는 것에 의견이 모아졌다. 국내의 경우는 압도적 1위 사업자로서 100% 인지도를 보유하고 있지만 소비자 인식에서는 올드한 이미지를 가지고 있어 이 인식을 바꿔야 할 필요가 있었다. 해외의 경우는 이미지는 말할 것도 없고 존재 자체가 고객 인식에 없기 때문에 인지도 확보가 시급한 과제로 생각됐다. 이러한 상황 인식 및 전략 방향성이 정해지면서 마

마케팅 좀 아는 사람

케팅팀에서 추진해야 할 단기적 실행 계획과 중장기 전략을 정리하는 것으로 하고 회의를 마쳤다. 중장기 전략 미팅이 끝나고 자리에 돌아왔을 때 파티션에 붙어 있는 마케팅 불변의 법칙 리스트를 보면서 지금 이 상황을 마케팅 불변의 법칙에 대입하고 계획 수립에 활용하면 좋겠다는 생각을 하게 되었다. 국내는 마케팅 불변의 법칙 중 리더십의 법칙이 적용되어 시장 1위 사업자의 지위를 누리고 있으나 마케팅은 제품이 아니라 인식의 싸움이라는 인식의 법칙을 차용하여 소비자들의 인식을 새롭게 하기 위한 중장기 전략을 세워야겠다고 생각했다. 해외는 마케팅 불변의 법칙 중 집중의 법칙이 준용되어 모든 마케팅 활동을 인지도 확장에 집중시켜 소비자의 머릿속에 회사 이름을 각인시키는 것을 전략으로 정리하면 되겠다고 생각했다. 직장 생활하면서 마케팅 불변의 법칙을 출력하여 항상 가까운 곳에 두고 활용했던 기억이 참 많았다. 최근에 다양한 실용서에서 난무하고 있는 무슨 무슨 법칙이 아닌 진정한 혜안이 있고 오랜 세월 검증된 마케팅 불변의 법칙에 늘 고마운 마음을 가지고 있다.

Marketer Kim's Focus

알 리스(Al Ries)와 잭 트라우트(Jack Trout)의 저서인 『마케팅 불변의 법칙』은 너무도 유명한 책이다. 마케팅을 하겠다고 마음먹었다면 누구나 한 번쯤은 들어보거나 읽어봤을 것이고, 마케터가 아니더라도 이 책을 찾는 사람은 수없이 많다. 아직 읽어보지 않았다면 꼭 한 번은 읽어보라고 추천한다. 이 책이 마케터에게 필수 도서처럼 된 이유는 이 책을 통해서 마케팅의 전체적인 틀을 잡을 수 있고 마케팅 현장에서 일어나는 일을 이론적으로 설명할 수 있기 때문이다. 대략적으로라도 아래 언급하는 마케팅 불변의 법칙을 이해하면 현장에서 업무를 진행하거나 마케팅 전략을 수립하고자 할 때, 적어도 기획서 작성 시 요긴하게 사용될 수 있다. 두 저자가 주장한 총 22가지의 법칙을 요약하면 다음과 같다.

1. 리더십의 법칙 : 뛰어난 두 번째가 되기보다는 최초가 되는 편이 낫다.
2. 영역의 법칙 : 어느 영역에서 최초가 될 수 없다면, 최초가 될 수 있는 새로운 영역을 개척해라.
3. 기억의 법칙 : 시장에서 최초가 되기보다는 기억 속에서 최초가 되는 편이 낫다.
4. 인식의 법칙 : 마케팅은 제품의 싸움이 아니라 인식의 싸움이다.
5. 집중의 법칙 : 마케팅에서 가장 강력한 개념은 소비자의 기억 속에 하나의 단어를 심고 그것을 소유하는 것이다.

마케팅 좀 아는 사람

6. 독점의 법칙 : 소비자의 마음속에 심은 단어를 두 회사가 동시에 소유할 수 없다.

7. 사다리의 법칙 : 사다리의 어떤 디딤대를 차지하고 있느냐에 따라 구사할 전략은 달라진다.

8. 이원성의 법칙 : 장기적으로 볼 때 모든 시장은 두 마리 말이 달리는 경주다.

9. 반대의 법칙 : 당신이 2위 자리를 겨냥하고 있다면, 당신의 전략은 리더 브랜드에 의해 정해진다.

10. 분할의 법칙 : 시간이 지나면서 영역은 나뉘어 둘 또는 그 이상이 된다.

11. 조망의 법칙 : 마케팅 효과는 오랜 시간에 걸쳐 발효된다.

12. 라인 확장의 법칙 : 회사 내부에는 브랜드의 자산을 확장시키려는 거역하기 힘든 압력이 존재한다.

13. 희생의 법칙 : 무언가를 얻기 위해서는 무언가를 포기해야 한다.

14. 속성의 법칙 : 어떤 속성이든 반대되면서 효과적인 또 다른 속성이 존재하기 마련이다.

15. 정직의 법칙 : 스스로 부정적인 면을 인정하면 소비자는 긍정적인 평가를 내려줄 것이다.

16. 단일의 법칙 : 어떤 상황에서든 하나의 단일 행동만이 실제적인 결과를 창출한다.

17. 예측 불가의 법칙 : 경쟁자의 계획을 예측하지 못하

면 미래를 예측할 수 없다.

18. 성공의 법칙 : 많은 경우 성공은 자만심을 낳고 자만심은 실패를 낳는다.

19. 실패의 법칙 : 실패는 예상되고 또 받아들여져야 한다.

20. 과장의 법칙 : 상황은 언론에 나타난 것과 정반대인 경우가 많다.

21. 가속의 법칙 : 성공적인 마케팅 프로그램은 유행이 아닌 트렌드를 기반으로 한다.

22. 재원의 법칙 : 충분한 자금 없이 아이디어는 실행에 옮겨질 수 없다.

이 책을 읽으면서 주의해야 할 사항은 마케팅 불변의 법칙이 모든 상황에 통용되는 것이 아니며 마케터가 상황에 따라 해석을 달리할 필요가 있는 경우가 있다는 것이다. 마케팅 불변의 법칙이 오늘날의 현실 및 시장 경쟁 상황과는 동떨어졌다고 느낄 수도 있고 어쩌면 당연한 이야기로 생각될 수도 있는데 그럼 이러한 마케팅 불변의 법칙이 기업의 마케팅 활동에서 마케터가 어떻게 사용하고 있는지 몇 가지 예를 들어 본다.

마케팅 좀 아는 사람

사례 1.

신규 제품 론칭

시 전략 수립

　시장 분석을 바탕으로 신규 제품의 마케팅 전략을 수립할 때 영역의 법칙, 기억의 법칙, 인식의 법칙이 유용하게 사용된다. 이미 시장을 선점하고 있는 경쟁사 제품이 있다면 새로운 영역을 개척하는 것으로 전략을 수립할 수 있고, 경쟁사와 차별화되는 메시지와 제품 특성을 통해 목표 고객의 머릿속에 각인시키는 방법을 고려할 수 있으며, 같은 기능의 제품이라도 소비자의 인식 속에 다르게 포지셔닝하는 전략을 취하는 것도 생각해 볼 수 있다. 에이전시에서 신규 브랜드 론칭을 위한 경쟁 프레젠테이션 상황에서 단골 메뉴처럼 등장하는 것이 마케팅 불변의 법칙 중에 인식의 법칙과 집중의 법칙이다. 독특한 크리에이티브 콘셉트를 통해서 경쟁사 브랜드와 차별화되는 인식을 선점하고 하나의 단어를 소비자의 머릿속에 심겠다는 이야기와 주요 Communication Vehicle에 집중하겠다는 것은 이제 더이상 새롭지도 않은 마케팅의 정설처럼 받아들여지고 있다.

사례 2.

경쟁 심화

환경에서 매출

확대

　경쟁 강도가 높은 시장 환경에서 매출을 확대하기 위해서는 영역의 법익, 이원성의 법칙, 라인 확장의 법칙 등을 염두에 두어야 한다. 경쟁이 치열한 시장에서 어떻게 새로운 영역인 소위 블루오션을 찾을지에 대한 고민이 필요하며, 경쟁이 치열한 시장도 결국 시장의 성숙도가 진행되면서 선두 사업자 위주로(2~3개) 시장이 재편된다는 것도 기억해 둘 필요가 있다. 아울러 시장 경쟁이 심화됨에 따라 좀 더 세분화된 고객군에 접근하거나 새로운 영역으로의 라인 확장의 유혹을 받기도 하는데 이는 자사가 가지고 있는 핵심 역량을 고려하여 전략을 수립해야 한다. 기업 현장에서 많은 마케터들의 고민은 성장 정체 상황을 어떻게 타파해 나아갈 것인가이다. 이럴 때 영역의 법칙과 라인 확장의 법칙을 고민해 보게 된다. 새로운 신규 시장과 목표 고객군을 찾아서 시장을 개척하는 방법이 있고 라인 확장의 법칙을 준용하여 제품이나 서비스의 라인업을 확장하는 경우도 많다.

사례 3.
커뮤니케이션
핵심 메시지
선정

수립된 마케팅 전략과 연계된 커뮤니케이션 메시지를 선정하고자 할 때 쉽게 범할 수 있는 오류는 너무 많은 내용을 목표 고객에 전달하고자 하는 것이다. 이럴 때 집중의 법칙, 희생의 법칙을 염두에 두어야 한다. 소비자는 마케터가 기대하는 것만큼 메시지를 받아들이지 않는다. 그들의 머릿속에는 단 하나의 메시지 또는 기억만이 존재한다. 마케팅하면서 가장 많이 들었던 이야기가 '선택과 집중'이라는 것을 잊어서는 안 된다. 예를 들어 TV 광고나 인쇄 광고를 제작할 때 마케터가 너무 많은 메시지를 담으려고 하는 경우가 있다. 마케터 입장에서 보면 제품의 모든 특징들이 꼭 필요해 보이고 글이나 이미지로 모두 표현되어야 한다고 생각하는 경우가 많다. 하지만 시간과 공간의 제약으로 그렇게 하는 것은 불가능하고 하더라도 소비자들은 기억하지 못한다. 커뮤니케이션 메시지와 헤드라인 및 바디 카피를 선정할 때도 마케팅 불변의 법칙이 적용된다.

사례 4.
마케팅 전략
방향성 수립

마케팅 전략을 수립하는 경우 조망의 법칙, 이원성의 법칙, 희생의 법칙을 참고할 수 있다. 마케팅에 대한 효과 자체가 중장기적 관점으로 평가되어야 한다는 점과 시장 경쟁 상황을 예측할 때 이원성의 법칙을 고려해야 하며, 중장기 주요 목표를 달성하기 위해 희생해야 할 목표와 활동이 있기 때문이다. 이 중 이원성의 법칙을 예로 들어 보면 다음과 같다. 기업의 마케터가 전략을 수립할 때 시장을 분석하고 예측하는 것은 중요한 활동이다. 우리가 알고 있는 대부분의 시장은 초기에 많은 브랜드가 난립하다가 경쟁력이 떨어지는 브랜드는 도태되고 3개의 브랜드만 의미 있는 브랜드로 남게 된다. 그 후 시간이 흘러 궁극적으로 2개의 브랜드로 고착화된다는 이원성의 법칙을 참고하게 되면 자사의 브랜드가 현재 시장 단계에서 어떤 전략을 취해야 하는지 고민의 방향을 좁혀갈 수 있을 것이다.

기업을 경영하다 보면 소비자 불만 이슈, 노사관계 이슈, 제품 결함 이슈, 하청 업체 이슈 등으로 위기를 맞게 되는 경우가 있다. 이럴 때 가장 먼저 언론이나 SNS에 이슈가 오르내리고, 초기 단계에서 어떻게 대응하는지에 따라 사업에 치명타를 입는 경우가 있다. 세간에 잘 알려진 도요타 급발진 이슈, 남양유업 대리점 갑질 사태 등은 이러한 위기관리 실패 사례로 자주 거론된다. 위기 상황에서도 마케팅 불변의 법칙 중 성공의 법칙과 정직의 법칙이 적용된다. 성공적인 사업을 진행했던 기업이 자만심을 갖게 되어 위기 대응을 부적절하게 또는 미온적으로 할 때 필연적으로 실패를 경험한다. 반면에 이런 상황에서 정직하게 부정적인 면을 인정하고 적극적으로 대처하는 경우는 위기를 기회로 삼을 수 있다. 1982년 미국 일리노이주에서 타이레놀 독극물 사건이 발생했을 때 적극적으로 사건을 소비자에게 알리고 제품 회수를 진행했다. 이로 인해 소비자들의 신뢰를 얻어 몇 달 만에 시장 점유율을 회복하고 회사 이미지도 대폭 개선한 사례가 있다. 위기 상황에서 정직의 법칙이 적용된 것이다.

Marketer Kim's Comment

『마케팅 불변의 법칙』이 30년 전에 저술되었음을 감안하면 굉장한 혜안이라고 볼 수 있다. 앞서 강조했듯이 저자의 경험으로 보면 이 법칙을 참고하여 마케팅 전략을 수립하면 나름 탄탄한 전략으로 거듭날 수 있고 시장의 현상을 이해하는 데도 많은 도움이 된다. 예나 지금이나 수많은 마케터가 마케팅 전략을 수립하고 실행하면서 차별화하기 위해, 소비자의 인식 영역에서 최초가 되기 위해, 핵심적인 메시지를 전달하기 위해 노력하는 것에는 변함이 없다. 여러분도 마케팅 전략을 수립하거나 기획서를 작성할 때 바이블처럼 마케팅 불변의 법칙을 참고하여 머릿속에 떠도는 생각들이 정리되는 경험을 해볼 수 있기를 바란다. 끝으로 이 책에 나오는 유명한 구절인 '마케팅은 제품이 아니라 인식의 싸움이다. 마케팅은 그런 인식을 다루는 과정이다'와 '현명한 마케터는 소비자가 생각하는 방식으로 사고할 줄 아는 능력을 갖고 있다'라는 이야기를 다시 한번 곱씹어 본다.

#마케팅불변의법칙 #잭트라우트 #알리스 #22가지법칙
#마케팅바이블 #인식의싸움 #선택과집중

브랜드 확장의 유혹,
어떻게 대처해야 하는가?

오랜만에 정시에 퇴근해서 약속 장소로 가기 위해 엘리베이터를 타고 1층으로 내려가고 있었다. 엘리베이터에는 다른 부서의 워킹맘으로 보이는 직원이 2명 타고 있었고, 그들은 야근을 위해 저녁을 먹으러 가는 중으로 보였다. "오늘도 또 야근이네. 애들 저녁은 어떻게 할 거야?" 이렇게 한 직원이 물었더니 "응, 난 오늘 애들 치킨 시켜 줄 거야. 그것도 브랜드 치킨으로! 새로 나온 ○○맛은 별로더라고 그래서 그냥 오리지널로… 하하하"라고 옆에 있던 직원이 대답하는 것을 들었다. 짧은 시간이었지만 우연히 들었던 이 대화가 약속 장소로 가는 내내 머릿속에 떠나지 않았고 급기야는 마케팅적으로 해석해 보는 데까지 이르렀다. 가장 먼저 지금 이들이 이야기하는 브랜드 치킨이라는 것이 어떤 의미일까 생각해 보았다. 우선 워킹맘으로서 아이들의 저녁을 챙겨주지 못하는 미안한 마음을, 그냥 치킨이 아닌 브랜드 치킨을 주문해서 어느 정도 상쇄하고자 했던 의도로 해석할 수 있다. 그럼 여기서 말하는 브랜드 치킨이란 무엇인가? 사람들에게 널리 알려졌고 맛과 품질, 위생의 안전성을 갖추고 있다고 생각되는 치킨 브랜드의 의미일 것이다. 브랜드라고 하면 이렇듯 무형의 가치로 사람들의 머릿속에 인식되는 것이다. 소비자는 이 브랜드 가치로 인해서 조금 비싸더라도 기꺼이 비용을 지불한다는 것을 일상생활에서 확인한 순간이었다. 아울러 한 직원이 언급한 '새로 나온 ○○맛'은 브랜드 치킨 메뉴에서 크게 보면 라인 확장을 했다는 것이다. 소비자 선택의 폭을 넓혀 매출을 확대하고자 하는 마케터의 결정이었을 것이라 추측했다. 하지만, 새롭게 출시한 메뉴가 맛이 없다고 하니 신규 메뉴의 실패가 혹시 오리지널 메뉴(브랜드)에 영향을 주지 않을까 오지랖 넓게 걱정해 보았다. 더 나아가 내가 브랜드 담당자라고 한다면 야심 차게 출시한 신규 메뉴에 대해서 어떠한 추가 활동을 하고, 그래도 시장에서 반응이 좋지 않을 때 어떤 의사 결정을 할까라는 고민도 했다. 생각이 여기까지 미치자 해당 치킨 브랜드 마케팅 담당자가 사내에서 겪을 어려움이 머릿속에서 그려지기도 했다. 무심코 들었던 엘리베이터 안의 대화가 브랜드 확장은 대표적인 마케팅 전략의 하나이기는 하지만 활용 측면에서는 마케터에게 늘 고민되는 일이라는 것을 다시 한번 확인시켜주는 경험이 되었다. 나는 지금도 대중교통이나 엘리베이터를 탈 때면 사람들의 대화를 흘려 듣지 않으면서 마케팅 전략과 활동으로 연관시켜 보는 좋은지 나쁜지 모르는 직업병이 있다.

일상생활에서도 많이 쓰이는 브랜드는 제품과 서비스의 표시와 상징에 관해 통칭하는 단어이다. 우리나라에서 일반 사람들에게 브랜드라고 하면 '상표'라고 인식되거나 제품에 붙는 표시 정도로 취급되어 협의의 의미로만 생각하는 경우가 있다. 이는 정확한 의미가 아니고 위에서 이야기했듯이 브랜드는 포괄적인 의미를 지닌다. 또한 브랜드는 무형의 가치를 지닌 재산으로 평가되어 라이선싱을 통해 로열티를 받거나, 기업의 매수 또는 합병 시 브랜드에 상당한 대가를 지불해야 하는 자산으로 인식되고 있다. 브랜드는 기본적으로 상품 생애 주기를 따르게 되는데, 출시가 되어 서서히 성장하여 강력한 브랜드 파워를 갖는 경우가 있다. 이럴 때 마케터는 브랜드의 자산을 확장시켜 보자는 생각을 하게 된다. 마케터가 이러한 생각을 하는 이유는 브랜드 확장을 통해서 시장에서 기존 브랜드가 노화 및 식상하게 될 수 있는 현상을 방지하고, 신제품 출시에 따른 초기 비용 및 신규 브랜드 개발 비용, 광고비 등을 절감할 수 있을 뿐만 아니라, 확장 제품이 소비자로부터 호의적인 평가를 받게 되면 기존

마케팅 좀 아는 사람

브랜드의 이미지를 강화시켜 기존 제품의 매출에도 기여할 수 있기 때문이다. 그러나 브랜드 확장 전략은 위험성도 많다. 확장 제품이 성공하였더라도 기존 제품의 고객이 확장 제품으로 전환되어 기존 브랜드의 시장을 잠식하는 소위 자사 브랜드끼리 '카니발라이제이션(Cannibalization)' 결과를 가져올 수 있으며, 유사성이 떨어지는 제품군으로 무리한 확장을 한 경우에는 기존 브랜드의 정체성(Identity)을 약화시켜 시장에서의 경쟁력 상실은 물론, 결국 브랜드 자산의 손실을 가져올 수도 있기 때문이다. 따라서 성공적인 브랜드 확장을 위해서는 기업의 내부적인 상황과 시장의 변화, 소비자의 특성 등을 고려한 브랜드 운영 전략이 필요하며, 확장 제품에 대한 지속적인 브랜드 관리가 필요하다.

기존 제품 유형을 다양화한, 라인 확장(Vertical Extension)

특정 제품 범주 내에서 단일 브랜드하에 생산되던 기존의 제품 유형을 다양화함으로써 소비자들에게 선택의 폭을 넓혀 줌과 동시에 구매의 용이성을 제공하는 것을 브랜드 라인 확장이라고 한다. 기존 제품을 개선한 신제품에 브랜드를 확장 적용하여 사용하는 것으로, 가격이나 핵심 목표 고객, 기술 수준에 따라 확장하는 수직적 확장이다. 라인 확장의 예는 불닭볶음면과 까르보 불닭볶음면, 비비고 왕교자와 뉴 비비고 왕교자, 그랜저와 뉴그랜저, 진라면 매운맛과 순한맛, 훼스탈과 훼스탈 포르테, 박카스 D와 박카스 F 등을 예로 들 수 있다. 무분별한 라인 확장은 소비자들의 제품 선택을 어렵게 할 뿐만 아니라 원가 증가 및 관리 효율성마저 저하시킬 우려가 있다. 또한 강력한 혁신을 이룬 제품이 기존 라인 브랜드에 귀속될 경우 소비자들은 그 제품을 상당히 이질적인 것으로 인식하기 때문에 후속 라인 확장 시에는 제품 혁신의 정도가 이전보다 상회해야 하는 부담을 안게 된다. 라인 확장의 대표적인 실패 사례로 두꺼운 옷감, 내구성 좋은, 야생적인, 가성비 좋은 이미지를 가진 '리바이스' 브랜드가 '리바이스 테일러드 클래식'이라는 고급 브랜드를 론칭하여 실패한 것과 여성 향수 전문 업체인 '샤넬'이 남성용 향수를 출시했다가 소비자 인식의 괴리로 실패한 사례, '100% 천연 암반수' 하이트와 '100% 보리 맥주' 콘셉트로 새로 출시한 하이트 프라임의 콘셉트 불일치로 인한 실패 사례가 있다.

마케팅 좀 아는 사람

동일 브랜드명을
다른
카테고리에서
사용한,
카테고리
확장(Horizontal
Extension)

다른 카테고리의 신규 제품에 기존의 브랜드명을 사용하는 것으로 수평적 확장이라고도 이야기한다. 카테고리 확장은 유사 제품으로 카테고리를 확대하여 새로운 제품군으로 확장하는 방식이다. 주의해야 할 것은 일반적으로 두 제품 상호 간의 유사성과 관련성이 낮을 경우 실패할 가능성이 높다는 것이다. 카테고리 확장의 예로 식물나라 샴푸와 식물나라 화장품, Kakao 채팅과 Kakao 페이 및 택시, 쿠팡과 쿠팡 eats, 후지 필름과 후지 디지털카메라, 스타일 난다의 의류 브랜드와 코스메틱 브랜드 등이 있다. 대표적인 실패 사례로 제품 상호 간의 유사성이 떨어지는 세계적인 치약 브랜드 콜게이트의 냉동 스파게티 키친 앙트레, 제품 상호 간 콘셉트의 충돌이 발생한 인한 귀뚜라미 보일러의 귀뚜라미 에어컨 등이 있다.

Marketer
Kim's
Comment

마케팅의 대가인 알 리스와 잭 트라우트는 『포지셔닝』이라는 저서에서 브랜드 확장에 관해 회의적인 시각을 피력했다. 성공한 브랜드는 차별화되고 특별해야 하며 시장에서 독특한 위치를 구축해야 하는데 브랜드 확장은 일반적으로 이러한 기준을 충족시키지 못하고 설상가상으로 실패할 경우는 모 브랜드를 망칠 수 있기 때문이다. 반면에 브랜드 확장 지지자들은 앞의 주장에 대해 다음과 같은 세 가지 경우에는 성공할 가능성이 크다고 주장한다. 첫째, 혼다의 오토바이 엔진 기술과 소형 자동차의 효율적 엔진, 만도의 에어컨 기술과 김치냉장고의 기술력처럼 기술 전이성이 있을 경우, 둘째 질레트 면도기와 질레트 면도크림처럼 제품의 성격은 다르지만 상호 보완성이 있는 경우, 셋째 브랜드가 가지는 고유의 콘셉트에 일관성이 있는 경우이며 대표적인 사례는 삼성전자와 삼성건설, 몽블랑 만년필과 지갑을 들 수 있다. 마케터의 입장에서 보면 브랜드 확장의 시점에 많은 고려를 하게 되는 것이 사실이다. 알 리스와 잭 트라우트의 저서 『마케팅 불변의 법칙』의 주장 내용처럼 기업 내부적으로 성공적인 브랜드 론칭 후 브랜드 확장에 대한 압력은 지속될 것이고 쉽게 억제하기 힘들다. 따라서 브랜드 확장을 결정하고 이것이 성공했을 때는 더할 나위 없이 좋겠지만 실패 확률을 극복하기 위해서 다음과 같은 사항을 고려하기를 추천한다. 모 브랜드에 영향을 주는 브랜드 퇴출에 대한 빠른 의사결정 계획 수립, 이질적인 제품으로의 확장을 바로 진행하기보다는 중간 성격의 확장 단계를 통해 소비자가 느끼는 인지부조화 현상 최소화, 브랜드가 가진 이미지가 한번 깨지면 큰 피해를 입을 수 있는 경우 브랜드 확장보다는 개별 브랜드 전략을 활용하는 것이다. 새로운 시장을 개척해 성공한 기업과 브랜드가 저지르는 가장 일반적인

마케팅 좀 아는 사람

실수는 신규 브랜드 확장에 섣불리 뛰어드는 것이니 마케터는 신중하게 의사 결정을 해야 한다. 시장에 무수히 많은 실패 사례가 있음에도 불구하고 브랜드 확장의 유혹은 쉽게 뿌리치기 어렵다.

#브랜드확장 #라인확장 #카테고리확장
#카니발라이제이션 #브랜드 #라인확장의법칙

귀찮지만 해야만 하는
마케팅 평가는 어떤 것인가?

Marketer
Kim's
Story

매년 4분기가 되면 마케터들은 예산과 관련해서 삭감 소식이 있지나 않을까 전전긍긍이다. 3분기까지의 회사 실적에 따라 한 해 계획을 맞추기 위해 비용이나 원가적인 요소를 타이트하게 관리하기 위해 삭감하는 경우가 많기 때문이다. 아니나 다를까 경영관리팀에서 연락이 왔다. "회사가 비상 경영 상황이라 비용을 줄여야 합니다. 4분기에 마케팅팀에서 계획하고 있는 예산 중에서 지금 무조건 하지 않으면 안 되는 활동 외에는 다 중단해 주세요." 4분기 활동을 준비 중이었던 마케터에게는 청천벽력과 같은 소리다. 그런데 가만히 생각해 보면 회사 내에서 마케팅 활동을 바라보는 시각을 고스란히 느낄 수 있는 사안인 것이다. 좀 심하게 말하면 마케팅은 해도 되고 안 해도 되는 활동이라고 생각할 수도 있다는 것이다. 마케팅팀은 한 해 계획을 가지고 예산을 집행하고 있었고 4분기에 해야 할 일들이 많이 예정되어 있었기에 상황은 더욱 심각해진다. 마케팅 활동을 상황에 따라서 없애거나 감축시

마케팅 좀 아는 사람

키면 커뮤니케이션의 일관성이 없어지고 기존에 투자했던 마케팅 활동의 효과도 반감되고 만다. 이는 마치 증기기관차 논리와 같아서 상황이 좋아져 나중에 다시 마케팅 활동을 시작하고자 할 때 더 많은 비용과 노력이 필요하게 된다. 이럴 때 가장 적절하게 대응할 수 있는 방법은 바로 4분기에 준비된 마케팅 활동을 못하게 되었을 경우 매출이나 이익에 미치는 영향을 수치로 보여주면서 당당하게 대응해야 하는데, 실무에서는 그러지 못하는 경우가 대부분이다. 마케팅 효과를 정량적으로 보여주는 것에 대한 어려움은 아마 마케팅을 업으로 삼고 있는 사람들 대부분이 느끼는 고민일 것이다. 마케팅 활동을 어떻게 정량화하고 관리할 수 있느냐의 문제는 지금 이 순간에도 마케터가 풀어야 할 가장 큰 숙제처럼 느껴진다.

Marketer Kim's Focus

마케터는 그럴듯한 이름과는 달리 회사 내부적으로는 예산 사용에 대한 타당성을 입증하기 위해 곤란한 경험을 많이 하게 된다. 또한 마케터들이 예산 타당성을 입증하기 위해 고군분투하고 있음에도 회사는 계속해서 더 적은 예산과 자원으로 더 많은 성과를 성과 창출을 요구한다. 경영이 악화되거나 경기가 안 좋을수록 회사에서는 마케팅 활동에 대해 회의적인 시각이 팽배해진다. 경영 환경이 나빠지면 마케팅 예산은 삭감 1순위 후보가 되는 경험을 실제로 많이 했다. 따라서 현업에서는 하반기 경영 악화로 인한 마케팅 예산 삭감 가능성이 늘 존재하기 때문에 상반기에 집중해서 예산을 사용하는 코미디 같은 상황도 벌어진다. 특히, 브랜드 인지도와 이미지를 제고하는 마케팅 활동은 그 효과를 측정하는 기준이 모호하고 장기적이며, 단기적 매출 상승으로 직결되기 어렵기 때문에 더욱더 어려운 상황에 직면한다. 그렇다면 이런 상황에서 어떻게 하면 마케팅 활동의 당위성을 설명할지 고민하게 된다. 이때 바로 필요한 것이 마케팅을 객관적인 수치로 평가하고 관리하는 것이다. 여기서는 『마케팅 평가 바이블』(마크 제프리, 전략 시티, 2015)이란 책에서 제시한 15가지 방법을 소개한다.

1. 브랜드 인지도 : 브랜드 마케팅 효과를 측정할 때 사용되는 비재무적 평가 지표로 제품이나 서비스에 대한 고객의 기억 여부(최초 상기도 Top of mind[22], 비보조 인지도 Unaided awareness[23], 보조 인지도 Aided awareness[24])

2. 시험 사용(Test Drive) : 제품이나 서비스 경험 기회를 제공한 후 거래 전환율로 측정

---

22 소비자가 여러 가지 경쟁 브랜드 중 맨 처음 떠올리는 브랜드를 말하며, 시장 점유율을 추정할 수 있는 지표
23 브랜드들에 대한 단서를 주지 않은 상태에서 응답자가 머릿속에 떠오르는 브랜드들을 응답한 비율
24 특정 브랜드의 이름을 알려준 뒤 이전에도 알고 있었는지를 측정하는 것

마케팅 좀 아는 사람

3. 고객 이탈률 : 고객의 충성도를 확인할 수 있는 지표로 이탈 고객들의 비율을 30일/90일/1년 단위로 분석하여 각 상황에 맞는 마케팅 활동 계획을 수립

4. 고객만족도 : '이 상품을 친구나 동료에게 추천하겠습니까?'라는 질문으로 측정하여 브랜딩과 고객 충성도의 연관성 확인

5. 오퍼 수락률(Take Rate) : 오퍼를 수락한 고객수에서 전체 접촉 고객수를 나눈 비율

6. 이익 : 매출에서 원가를 제외하고 남는 금액

7. 순현재가치(NPV) : 단순히 이익을 계산하는 차원을 넘어 현금흐름과 시간 가치, 이자율까지 고려하여 산정하고 인프라, 마케팅, 기업가치 투자를 위한 의사결정 시 사용(NPV = PV-Cost)

8. 내부수익률(IRR) : 마케팅 활동을 통해 얻은 현금 창출 수익률로 순현재 가치 값을 0으로 만드는 이자율 R을 의미. ROI(Return on investment)의 경우 시간의 개념이 포함되지 않음

9. 회수기간 : 마케팅 투자 비용을 회수하는 데 걸리는 기간으로, 수익과 투자 비용이 같아지기까지 걸리는 시간을 의미

10. 고객생애가치 : 고객으로부터 얻는 이익을 현재가치로 환산한 것으로 고객별 순현재가치를 의미

　　A. 고수익 고객은 경쟁사로의 이탈 방지를 위해 고

객 관리에 집중

    B. 중간 가치 고객은 고수익 고객으로 이동할 수 있도록 상향 판매와 교차 판매에 집중

    C. 저가치 고객은 투입되는 마케팅 비용을 줄여야 하고 심각할 경우 디마케팅 고려 필요

11. 클릭당 비용(CPC, Cost Per Click) : 디지털 마케팅을 평가하는 필수 지표로 클릭당 비용

12. 거래 전환율(TCR, Transaction Conversion Rate) : 클릭한 후 실제로 구매한 고객의 비율로 디지털 마케팅의 결과를 재무적으로 평가하는 데 의의

13. 광고 수익률(ROAS, Return on AD dollars spent) : 순수입을 비용으로 나눈 비율이며 검색엔진 마케팅 성과를 측정하는 데 주로 사용

14. 사이트 이탈률(Bounce Rate) : 사이트를 방문한 고객 중 접속 후 5초 내에 이탈하는 비율

15. 입소문(소셜미디어 도달률, Word of Mouth) : 인터넷상에서 지인들에게 추천하는 입소문을 측정하는 지표로 직접 클릭수와 추천에 의한 클릭수를 합한 값에서 직접 클릭수로 나눈 값

위의 평가 방법 중 1~10번은 전통적인 마케팅 평가 지표이다. 이 중 1~5번은 비재무적 지표로 이를 활용하여 브랜딩 효과, 고객 충성도, 마케팅 활동 비교, 마

케팅 캠페인 성과 등을 확인할 수 있다. 1번 브랜드 인지도는 신규 제품/서비스를 론칭하거나 새로운 캠페인을 진행할 때 성과를 평가하는 방법으로 많이 사용한다. 2번 시험 사용은 샘플링 프로모션[25]을 통해서 제품 구매로 이어지는 전환율 등을 대표적인 예로 생각할 수 있다. 3번 고객 이탈률은 B2B 기업에서 많이 사용된다. 각각의 기간별로 고객 이탈률을 확인하여 단계에 따라 새로운 혜택이나 가격 제안을 통해 충성도를 향상시키는 노력을 하고 있다. 4번 고객 만족도는 제품에 대한 고객 만족도 여부와 충성도를 체크하는 지표로서 대부분의 기업에서 모니터링하고 있다. 5번 오퍼 수락률은 B2B 기업에서 대량의 DB를 가지고 신규 고객을 유치하는 경우 할인 제안을 통해 얼마나 많은 고객수를 획득했는지 그리고 얼마나 매출로 전환시켰는지 등에서 사용하고 있다. 6~9번은 마케터가 알아야 할 재무지표로 이를 활용해서 수요 창출 및 신제품 출시 등의 마케팅에 활용 가능하다. 이러한 평가지표를 가지고 회사 내부 재무팀과 협의를 진행한다면 투자 및 예산 편성에 커다란 도움을 받을 수 있다. 마케터가 마케팅 활동의 이익, 내부수익률, 순현재가치, 투자에 대한 회수 기간을 자신 있게 설명할 수 있

---

25 불특정 다수 또는 목표 고객군에게 신제품 홍보를 위해 테스트용 제품을 전달해 관심을 유발하는 기법

다면 최고의 마케터라고 불릴 것이다. 개인적으로 이 부분에 대한 공부를 지속적으로 진행하라고 추천하고 싶다. 10번은 기업의 입장에서 고객을 평가하는 방법으로서 B2B 기업에서는 매우 중요하게 생각하는 지표이다. 이 평가 지표는 모든 고객을 똑같은 고객으로 생각하는 것은 재앙에 가깝다는 것을 여실히 보여준다. 각 고객 단계마다 회사에 기여하는 수익이 다르기 때문이다. 상위 8%의 고객사가 나머지 92% 고객사보다 중요하며 그에 맞는 마케팅 전략을 세워야 한다는 것이 기본적이 콘셉트다. 이런 분류를 통해서 고수익 고객과 저수익 고객으로 나누고 각 단계별로 맞춤형 마케팅 활동이 실행돼야 한다. 예를 들어 신규 고객 유입을 위한 프로모션 및 다이렉트 마케팅 활동, 기존 고객의 매출 확대를 위한 교차 판매, 기존 고객 중 매출이 떨어지는 고객에 대한 관계 강화를 위해 업셀링[26] 활동 또는 디마케팅, 이탈 고객 재유치를 위한 가격 또는 추가 서비스 제안 등 다양한 마케팅 기법이 있고 실제로 B2B 마케터로서 가장 심혈을 기울여야 하는 지표이기도 하다. 11~15번은 일반적인 디지털 미디어 지표로서 마케팅 평가에 활용되고 있다. 이 밖에 디지털 미디어 평가 지표로는 사용자가 사이트 내 웹 페이지를 열람한 횟수인 PV(Page View), 일정 기간 동

---

26 같은 고객이 이전에 구매한 상품보다 더 비싼 상품을 사도록 유도하는 판매 방법

마케팅 좀 아는 사람

안 사이트에 중복되지 않고 방문한 수치인 UV(Unique Visitors), SNS 콘텐츠 전환율 등이 있다. 현장에서 저자가 경험한 주요한 지표는 브랜드 인지도, 고객 생애 가치, 클릭당 비용, 거래 전환율, 내부 수익률 등으로 마케팅 활동 평가에 유용하게 사용했다.

Marketer Kim's Comment

마케팅 활동의 평가는 마케팅 내 다른 분야보다 발전이 더딘 건 사실이다. 하지만 앞서 설명했듯이 마케터들이 고생은 고생대로 하고 제대로 대접받지 못하는 현실은 아마도 이러한 부분이 제대로 경영진에게 설명되지 않기 때문일 것이다. 재무적인 분석은 필요 없다고 생각하는 마케터가 의외로 많다. 그저 멋지고 통통 튀는 아이디어가 마케팅의 전부라고 잘못 생각하는 것이다. 경영학의 대가 피터 드러커 교수는 '측정할 수 없으면 관리할 수도 없다'라고 주장했다. 마케팅 역시 마찬가지다. 어렵다고 포기하지 말고 마케팅 활동을 평가할 수 있는 부분에 좀 더 집중하고 재무적 평가에 익숙해지도록 노력하라고 말하고 싶다. 언제까지 정성적인 결과를 가지고 마케팅이 회사의 장기적 이익에 도움이 될 것이라고 이야기할 것인가? 저성장 시대에 마케팅 활동이 정량적으로 표현되지 않는다면 기업 내부에서 마케팅이 더이상 실질적 가치가 없는 활동으로 인식되기 쉽다. '마케팅 평가' 피할 수 없다면 부딪쳐야 한다.

#마케팅평가 #마케팅예산 #마케팅평가바이블
#마크제프리 #재무적평가지표 #비재무적평가지표
#디지털미디어지표 #고객생애가치 #고수익고객
#저수익고객 #피터드러커

Marketer Kim's Insight 1

1　마케팅이란 소비자와 브랜드의 관계를 증진시키기 위한 일련의 모든 활동을 의미하며 이를 통한 이윤 창출의 목적을 달성시키는 것이다. "마케팅이란 도대체 무엇인가?"라는 질문에 대해서 마케터 본인의 언어로 정리해서 머릿속에 넣어 둘 필요가 있다.

2　기업의 마케팅 부서는 전략 기획팀, 브랜드 커뮤니케이션팀, 프라이싱팀, 상품개발팀, 디지털 마케팅팀, 프로모션팀 등으로 구성되고, 이외에 사회공헌활동팀 및 홍보팀이 같은 부서에 있거나 별도로 있는 경우가 있다. 규모가 작은 기업에서는 이 모든 일들을 몇 명의 담당자가 하게 되는 경우도 있다.

3　에이전시에서 마케터라 불리는 AE(Account Executive)는 외부적으로 기업의 마케터와 콘택트하고, 내부적으로는 유관 부서의 조율과 결과물에 대한 기획 방향을 제시한다. 규율에 얽매이는 것을 싫어하는 성향이거나 새로움에 대한 열정과 호기심이 있다면 과감하게 AE에 도전해 보라고 추천하고 싶다.

　　　　　　　　　　　　　　　　　　　　　마케팅 좀 아는 사람

4 B2C 마케팅에서는 B2B 마케팅에서 강조했던 매출과 이익에 대한 기여 활동이 강조되고, B2B 마케팅에서는 B2C마케팅에서 강조되었던 브랜딩 활동이 강조되는 것을 보면 이제 더이상 마케팅을 B2B와 B2C로 나누는 것은 무의미하며 마케팅의 본질에 충실해야 하는 시대가 온 것으로 보인다.

5 기업에서 진행하는 PR 활동은 마케팅 목표를 달성하기 위한 마케팅 PR, CEO 활용 기업 이미지 제고를 위한 CEO PR, 위기를 대외적으로 통제하고자 하는 위기관리 PR 등 크게 3가지 형태로 분류될 수 있다. 과거 홍보의 목적은 정보의 단순한 전달이었지만, 상호 커뮤니케이션을 통한 정보의 개방, 공유, 참여를 핵심으로 하는 것이 바로 디지털 시대 기업의 홍보 활동이다.

6 마케팅은 콘셉트 싸움이라고 이야기한다. 제대로 설정된 콘셉트로 인해 평범한 브랜드가 빅히트를 칠 수도 있고, 훌륭한 기능과 특성을 가진 제품이지만 콘셉트 설정 실패로 시장에서 안타깝게 사라지는 것을 많이 보았다. 콘셉트는 모든 요소를 유기적으로 연결할 수 있는 핵심 단어이다. 강력한 브랜드 콘셉트와 크리에이티브 콘셉트는 부가적인 설명이 필요 없다.

7 저가 전략은 시장이 성숙되어 제품 및 서비스로 차별화 포인트를 찾기 힘든 경우 사용된다. 고가 전략은 기업의 제품이나 서비스가 수요의 가격탄력성이 작고, 소량 다품종 생산인 경우에 채용되는 전략이다. 할인 전략은 한정된 기간 동안 제조원가보다 낮은 가격을 매겨 고객의 구

매 동기를 자극하는 전략이다. 추가적으로 같은 제품 및 서비스라도 고객을 끌어들이기 위해 시간의 흐름을 두고 가격에 변화를 주는 스키밍 가격(Skimming Pricing)과 침투 가격(Penetration Pricing) 전략이 있다.

8 마케팅팀 예산을 수립하기 위한 3가지 고려 사항이 있다. 첫째, 제품 및 서비스의 단기적, 중장기적 목표를 고려해야 한다. 둘째, 단순히 커뮤니케이션 비용만을 측정하는 것이 아닌 제품 및 서비스의 원가와 영업 이익, 인건비 등의 추이를 모두 분석해서 반영해야 한다. 셋째, 시장 상황의 변화 및 경쟁사 활동에 대한 고려가 필요하다. 기업에서 마케팅 예산 수립 시 사용하는 방법은 비율 기준, 시장 점유율 기준, 상향식 방법 기준, 경쟁사 대응 기준, 지출 가능액 기준이 있다.

9 성공적인 디지털 마케팅을 위해 필요한 총 4가지 핵심 사항은 다음과 같다. 첫째, 차별화된 콘텐츠를 생성하기 위해 디지털 스토리텔링이 중요하다. 둘째, 말하고자 하는 주제를 미디어에 맞게 전략적 변경이 필요하다. 셋째, 콘텐츠를 활용할 디지털 미디어 통합 관리를 통해 효과를 극대화해야 한다. 넷째, 스마트 기기 사용 확대로 모바일 온리 전략을 세워야 한다.

10 오늘날 사업 환경, 시장 환경, 미디어의 혁신적인 변화로 전통적인 마케팅 믹스인 4P 개념을 단순하게 적용하는 것은 무리가 있다. 필립 코틀러 교수는 지금까지의 마케팅을 제품 중심의 Market 1.0(1960년대), 소비자 중심의 Market 2.0(1990년대), 인간 중심의 Market 3.0(2000년대), 디지털 기반 관계 구축 중심의 Market 4.0(2010년대), 휴머니티를 지향한 기술

활용시대 Market 5.0(2020년대)으로 진화해 왔다고 주장한다.

11 알 리스와 잭 트라우트의 저서인 『마케팅 불변의 법칙』을 참고하여 마케팅 전략을 수립하면 탄탄한 전략으로 거듭날 수 있고 시장의 현상을 이해하는 데도 많은 도움이 된다. 예나 지금이나 수많은 마케터가 마케팅 전략을 수립하고 실행하면서 경쟁사와 차별화하기 위해, 소비자의 인식 영역에서 최초가 되기 위해, 핵심적인 메시지를 전달하기 위해 노력하는 것에는 변함이 없다.

12 라인 확장은 단일 브랜드하에 생산되던 기존의 제품 유형을 다양화함으로써 소비자들에게 선택의 폭을 넓혀 주는 것이고, 카테고리 확장은 다른 카테고리의 신규 제품에 기존의 브랜드명을 사용하는 것으로 수평적 확장이라고도 이야기한다. 브랜드 확장의 실패 확률을 극복하기 위해 모 브랜드에 영향을 주는 브랜드 퇴출에 대한 빠른 의사결정 계획 수립, 이질적인 제품으로의 확장을 바로 진행하기보다는 중간 성격의 확장을 통해 소비자 인지부조화 현상 최소화, 브랜드가 가진 이미지가 한번 깨지면 큰 피해를 입을 수 있는 경우 브랜드 확장보다는 개별 브랜드 전략을 활용하는 것이 바람직하다.

13 마케팅을 객관적인 수치로 평가하고 관리하는 것은 중요하다. 경영학의 대가 피터 드러커는 '측정할 수 없으면 관리할 수도 없다'라고 주장했다. 진정한 마케터라면 어렵다고 포기하지 말고 마케팅 활동을 평가할 수 있는 부분에 좀 더 집중하고 재무적 평가에 익숙해지도록 노력해야 한다.

디지털 전환 시대,
마케터가
알아야 할
최소한의 것들

영어가 전부가 아닌
글로벌 마케팅은 무엇인가?

글로벌 사업의 실적 및 이슈 사항을 점검하기 위해 매달 열리는 화상 회의를 하고 있었다. 경영진의 기대와 달리 글로벌 사업의 성과가 나오지 않아 질문과 질책이 이어졌다. 국내 사업적 마인드가 가득한 참석자 한 명이 글로벌 사업과 글로벌 마케팅을 제대로 이해하지 못하는 질문을 했다. "국내 성공 사례를 참고해서 사업 전략과 마케팅 방향을 정했고 그대로 적용했는데 왜 성과가 나지 않는 건가요? 도대체 뭐가 문제인가요?" 이 질문에 현지에서 나온 답변은 울분에 차 보였다. "현지의 상황은 많이 다릅니다. 진짜 너무 어렵고 힘드니 직접 와서 한번 보시고 판단해 주시기 바랍니다." 아마도 해외에서 근무하는 주재원은 이럴 때 속으로 '네가 와서 해보든가?'라는 말을 하고 있지 않을까 상상해 보았고, 지금 저런 질문을 하는 사람은 외국에 나가서 사업이나 마케팅을 해본 경험이 있을까라고 생각해 보았다. 이런 회의를 여러 번 겪으면서 느끼는 것은 인종, 종교, 언어, 규제, 경제력, 인프라 등 모든 것이 다른 해외 사업을 국내와 같은 잣대로 평가하거나 비교하는 게 맞냐는 것이다. 몇몇 초대기업을 제외하고 국내 대부분의 기업은 이제야 본격적인 글로벌화를 추진하고 있어 M&A[1]를 통해 해외에 진출하지 않은 경우라면 사업의 성과가 단기적으로 나오기 힘든 구조다. 또한 해외에 진출한 사업이 어느 정도 기간을 통해 기본적인 인프라가 갖춰져야 수익성이 개선되는 사업이라면 더욱더 인내심을 가지고 기다려줘야 하는데 경영 현장에서는 쉽지 않은 것이 현실이다. 경영자 입장에서 보면 사업의 성장 속도가 더디고 국내에서는 당연하다고 생각한 것이 현지에서 제대로 작동하지 않으니 답답할 노릇이다. 보통 이런 일이 일어나는 경우는 기업 내부에서는 모두가 글로벌을 외치지만 구성원 및 경영진이 진정으로 글로벌의 의미를 이해하지 못할 때이다.

Marketer Kim's Focus

최근 국내 대기업을 중심으로 '글로벌'이라는 단어가 화두다. 어려운 경영 환경에서 기업이 살아남기 위해서는, 세계적인 우수 인재를 모으고, 생산원가를 줄이기 위해 기업에 유리한 나라 또는 지역에 생산기지를 구축하고, 경쟁력 있는 원자재를 확보하기 위해 글

---

1 기업의 인수(Acquisition)와 합병(Merger)을 뜻하는 것으로 기업의 '인수'란 한 기업이 다른 기업의 주식이나 자산을 취득하면서 경영권을 획득하는 것이며, '합병'이란 두 개 이상의 기업들이 법률적으로 합쳐지는 것을 말함

로벌 차원의 소싱을 진행하여 기업의 경쟁력을 확보해야 한다. 글로벌 마케팅을 논하기에 앞서 글로벌을 추구하는 기업의 정의부터 이야기해 본다. 세계를 무대로 활약하는 기업을 수출 기업, 국제기업, 세계 기업, 글로벌 기업으로 구분할 수 있다. 수출 기업은 자국에 본사를 두고 수출을 해서 매출을 올리는 기업이며, 국제기업은 자국은 물론 해외에서도 지사를 두어 활약하는 기업이고, 세계 기업은 자국보다 해외를 위주로 경영을 하는 기업이며, 글로벌 기업은 세계를 하나로 여기고 전 지구적인 시각에서 경영하는 기업이라고 할 수 있다. 현장에서 이러한 기업의 유형에 대해 혼용하는 경우가 생각보다 많다. 국내 대기업을 중심으로 글로벌 경영을 외치게 된 까닭은 국내 시장이 포화되어 신성장 동력을 찾기 힘들어지고 경쟁 자체가 세계 시장에서 이루어지고 있으며 자원, 자금, 인재 활용 등에서 훨씬 더 경쟁력이 있기 때문이다. 정보화 및 세계화의 가속화로 기업환경이 변화하고 기업의 경영 활동 범위가 글로벌 시장으로 확장됨에 따라 마케팅도 이제 단순히 자국 내에서 진행하던 마케팅 시대는 지나가고 글로벌 마케팅이 대세를 이루게 되었다. 여기서는 국내 기업의 마케팅 담당자가 글로벌 마케팅을 진행할 때 고려해야 할 사항을 설명한다.

마케팅 좀 아는 사람

글로벌 환경에 맞는 인력과 매트릭스 조직 구축

글로벌 마케팅을 하고자 한다면 너무도 당연하지만 가장 기본적으로 갖춰야 할 것이 영어를 할 줄 아는 마케터 확보이다. 하지만 국내에 이러한 마케터 풀이 넓지 않아 어려움이 따르는 것도 사실이다. 국내 기업에서 아무리 뛰어난 마케터라도 영어를 할 줄 모르면 글로벌 마케팅을 진행하기에는 여러 가지 제약이 따른다. 글로벌에서 실시간으로 진행되는 마케팅 활동을 한국어로 번역해서 보고받거나 실행한다면 그만큼 경쟁력이 없을 수밖에 없다. 영어는 단순히 언어가 아니라 글로벌 경험이나 다른 문화에 대한 이해의 영역도 있기 때문에 더더욱 중요하다. 그다음 갖춰야 할 것이 글로벌 관점의 조직 구성이다. 한국 본사에서 글로벌을 담당하는 마케팅 조직을 가져가는 것은 당연하고 각각의 지역에 더 나아가서는 주요 나라에 마케팅 담당 인력을 두는 것이 본사의 전략 전달과 현지에서 실행력을 높일 수 있다. 글로벌 마케팅 초기에 마케팅을 담당하는 인력이 현지에서 확보되지 않아 마케팅에 전문성이 없는 재무 인력이 겸업하는 경우가 많은데 이럴 경우 마케팅 활동이 제대로 이루어지지 않는 것은 불 보듯 뻔하다. 조직적인 측면에서 현지 마케팅 인력에 대한 평가 및 인사의 권한도 본사 마케팅에서 현지 Country Head와 공동으로 가져가는 매트릭스[2] 구조가 되어야 현지에서 마케팅 본연의 업무를 전략에 맞춰 실행하는 데 무리가 없어진다. 저자가 근무했던 글로벌 기업 한국 마케팅팀의 경우 본사 마케팅팀에 또 다른 보고 라인이 있어 개별 국가의 상황으로 인해 마케팅 활동을 중단한다거나 위축되는 경우가 크게 발생되지 않았던 경험이 있다.

글로벌 파트너를 통한 디지털 미디어 위주의 마케팅 커뮤니케이션 활동

글로벌 마케팅을 진행하게 될 때 글로벌 에이전시와의 파트너십을 추천하고 싶다. 개별 국가에서 별도의 에이전시를 사용했을 때 비용 면에서 이득일 수 있지만 전략의 일관성 및 실행 측면에서 보면 글로벌 에이전시와의 파트너십이 훨씬 더 효과적이다. 예를 들어 각 나라별로 마케터의 수준이 다를 수 있고 현지에서 개별적으로 에이전시를 선정했을 때 글로벌 관점에서 수립된 전략 수행이 제대로 되지 않고 퀄리티 또한 떨어지는 경우가 많기 때문이다. 글로벌 에이전시와 함께 전략을 수립하고 전 세계 모든 국가에서 일관된 전략과 커뮤니케이션이 실행될 때 글로벌 마케팅 효과는 극대화된다. 글로벌 마케팅 활동을 하기 위해 쉽게 접근할 수 있는 커뮤니케이션 방법으로 전 세계적인 커버리지를 갖는 미디어를 활용한다거나 각 업

---

2 프로젝트 조직과 기능식 조직을 절충한 조직 형태로 구성원 개인을 원래의 종적 계열과 함께 횡적 또는 프로젝트 팀의 일원으로서 임무를 수행하게 하는 조직 형태

계에서 영향력이 있는 대규모 박람회 참여, 각 국가의 언론을 활용한 PR 활동이 주로 사용된다. CNN 등과 같은 전 세계를 커버하는 미디어는 상당히 비싸서 대규모 기업이 아니고서는 활용할 엄두가 나지 않을 것이다. 따라서 디지털화가 가속화되는 오늘날에는 디지털 미디어가 글로벌 마케팅을 하기에는 주력 미디어가 아닐까 생각한다. 비용 효율성은 둘째 치고라도 디지털 미디어의 특성상 세부적인 목표 고객 타기팅이 된다는 것이 가장 큰 장점이다. 최근 각광받고 있는 소셜미디어 마케팅(페이스북, 인스타그램, 링크드 인 등)을 활용하면 전 세계 소비자와 실시간으로 커뮤니케이션을 강화할 수 있으며 굳이 비용 부담이 되는 전통적인 미디어를 사용하지 않고도 빠르게 기업의 인지도를 확대할 수 있을 것이라 생각한다.

현지화를 가미한 표준화 전략

글로벌 마케팅은 전 세계의 특정한 다수 시장을 목표로 진행하는 것이기에 상품, 가격, 서비스, 커뮤니케이션 등의 마케팅 요소를 표준화해서 제공하는 것이 좋다. 이를 통해 글로벌 측면에서 전략과 이미지에 통일성을 기할 수 있기 때문이다. 다만, 해외에서의 마케팅 활동은 국내 마케팅에 비해 복잡성, 다양성, 위험성이 존재하므로 글로벌 마케팅을 위해 현지화 노력을 게을리하지 말아야 한다. 각 나라의 정치, 경제, 문화, 법률적인 환경

요인을 분석하고, 글로벌 시각에서 경영 다각화, 시장 다변화, 경영 리스크 분산 등을 고려해야 한다. 이를 바탕으로 각 나라의 특성에 적응할 수 있도록 마케팅 믹스를 통합 및 조정하는 전략이 필요하다. 일례로 일본 기업들이 기술력과 업무 효율성을 기반으로 글로벌 시장에 진출하지만 현지의 문화와 특성을 고려하지 않고 자국의 매뉴얼을 고집하여 실패하는 경우를 많이 보았다.

시장 상황에 맞는 단계적인 마케팅 활동 실행

글로벌 마케팅을 추진함에서 기본적인 단계인 인지도 확보, 이미지 확립, 선호도 및 충성도 향상이라는 단계를 꼭 염두에 두어야 한다. 국내 몇몇 대기업을 제외하고는 글로벌 시장에서 인지도가 있는 국내 기업은 그리 많지 않다. 소위 듣보잡 브랜드이다. 저자의 경험에 따르면 해외 주재원들에게서 들려오는 가장 큰 장애물은 세일즈를 하기 위한 기본적인 인지도가 너무 부족하기에 어려움이 많다는 것이다. 인지도가 형성되지도 않았는데 이미지 확립이나 선호도를 향상시키기 위한 낭비적인 마케팅 활동을 하는 우를 범하지 말아야 한다. 따라서 글로벌 마케팅 진행 시 마케팅 커뮤니케이션의 기본적인 패턴인 가장 먼저 인지도를 올리고 난 후 이미지 및 선호도 향상에 초점을 맞춰서 진행하는 것이 좋다.

마케팅 좀 아는 사람

기업 현장에 있다 보면 국내 마케팅과 글로벌 마케팅이 무엇이 다른지에 대한 질문을 많이 받는다. 기본적으로 진행하는 마케팅 행위는 큰 차이가 없다. 글로벌 마케터는 글로벌 시장(지역별/국가별)에 대한 조사와 분석을 진행하고 이를 통해서 목표로 하는 글로벌 고객에게 제공할 고객 가치를 창조하고 글로벌 시장에서 경쟁력을 갖춘 제품과 서비스를 만들어 글로벌 시장에서 판매하기 위해 진행하는 모든 업무를 한다는 것을 고려한다면 시장만 바뀌어 있다고 보면 된다. 글로벌 마케터가 가장 어려워하는 부분은 기본적인 마케팅 프로세스가 아니라 국내와는 다른 현지 문화, 고객의 특성, 법률관계 등이다. 같은 마케팅 활동과 캠페인을 진행하더라도 국내와 해외에서 성과가 차이 나는 이유는 바로 이것 때문이다. 여기서 마케터가 꼭 기억해야 할 것은 해외 문화와 시장의 다름을 인정하는 것이다. 왜 한국에서는 당연한 것들이 글로벌 현지에서는 이루어지지 않는지 국내의 잣대를 가지고 평가하는 순간 글로벌 마케팅은 절대 성공하지 못한다. 여기에 추가로 최고 경영진이 글로벌 사업과 마케팅을 장기적인 관점에서 봐야 한다는 것이 글로벌 마케팅 성공의 중요한 요소이다. 글로벌 마케팅이 영어가 전부라고 생각하면 크게 잘못된 생각이다.

#글로벌마케팅 #필립코틀러 #글로벌인력 #매트릭스조직
#표준화 #현지화 #글로벌문화 #글로벌파트너

신규 마케팅팀은
어떤 일부터 해야 하는가?

Marketer
Kim's
Story

회사의 글로벌 비전에 맞춰 마케팅팀이 새로 생기고 글로벌 마케팅을 처음으로 시작하기 위해 마케팅 중장기 전략을 발표하는 회의였다. 왜 한국인끼리 하는 회의에 영어로 작성했냐는 소리를 들어가면서까지 글로벌 마케팅의 의지를 보여주고 싶었다. 주요 경영진이 모두 참석한 그날 미팅에서 발표하고자 했던 내용은 2가지였다. 향후 글로벌 기업이 되기 위해 이제 국내보다는 글로벌 시장에서 인지도와 이미지를 쌓아 나아가야 한다는 것과 함께 접근성 및 비용 효율성이 뛰어난 디지털 미디어를 가지고 시작해 보겠다는 것이 요지였다. 발표가 끝나고 주요 경영진 한 명이 피드백을 주었다. "우리 회사는 마케팅이 필요 없는 회사입니다. 인지도, 이미지 이런 거 다 필요 없어요. 가격을 조금이라도 싸게 주면 영업이 되는데 마케팅이 뭔 필요가 있나요? 마케팅팀은 사업에 진정으로 도움을 줄 수 있는 방향으로 중장기 전략을 다시 고민해야 합니다." 이야기가 끝나자 참석자 모두 숙연해졌고, 지

　　　　　　　　　　　　　　　마케팅 좀 아는 사람

금 당장 피부로 와닿지 않는 마케팅 업무로 더이상 논의할 필요가 없다는 분위기가 형성되어 허무하게 다음 주제로 넘어가고 말았다. 마케팅 담당자로서 하고 싶었던 '반은 맞고 반은 틀리다'라고 말하지 못한 것이 두고두고 후회로 남는다. 마케팅은 단기적으로만 볼 것이 아니라 중장기적인 측면에서 봐야 하고, 글로벌에서 사업하는 데 가장 큰 어려움이 시장에서 인지도가 없어 영업 제안사 풀에 들어갈 수도 없다는 현장의 의견이 많다는 것이다. 마케팅이 사업적으로 도움이 되는 방향으로 전략을 수립해야 하는 것은 맞다. 다만, 순서가 있는데 그 당시에 주요 경영진이 그 부분에 대해서 간과하지 않았나라는 생각이 들었다. 신규 마케팅팀이 자리를 잡기 위해서는 여러 가지 장애물을 극복해야 하는데 가장 어렵고 힘든 것은 경영진의 마케팅에 대한 선입견임을 다시 한번 실감하는 계기가 되었다.

Marketer Kim's Focus

저자는 본의 아니게 마케팅팀이 새로 셋업되는 상황을 여러 번 경험했다. 기업 내 조직에서 마케팅팀이라는 조직이 아예 없는 경우, 세일즈 또는 유관 부서 산하에 제한적 기능만 하고 있는 경우, 마케팅팀이라는 독립된 조직이 있으나 업무가 제한적인 경우를 통틀어 신규 마케팅팀을 셋업하는 환경으로 보고 각각의 상황에서 어떻게 마케팅팀의 역할을 세팅하고 확대해야 하는지 이야기해 보고자 한다.

사례 1.
'우리 회사는
마케팅팀이
필요 없어!'

이런 회사의 특징은 마케팅팀이라는 조직은 없지만 영업팀, 재무팀 심지어 인사팀에서 마케팅이라는 업무를 전문적이지 않게 나눠서 하고 있다는 것이다. 주로 소규모 조직이나 전통적인 B2B 사업 조직에서 많이 발견되는 유형이다. 마케팅팀이라는 조직이 없다 보니 신규 마케팅팀에서 가장 우선적으로 해야 할 일은 회사 내에서 마케팅팀이 가져가야 할 R&R(Role and Responsibilities)를 정의하는 것이다. 이 역할을 정의할 때 단순히 부서 내부뿐만 아니라 유관 부서와도 긴밀히 협의하여 서로 합의된 역할을 가져가야 하며 가장 중요한 것은 의사 결정권자의 이해와 동의가 중요하다. 조직에서 마케팅팀이 신규로 생기면 자칫 이런저런 잡다한 업무(각 부서에서 하기 꺼려 하는)를 진행하게 되든지 신규 조직의 인원 및 역량과는 상관없이 마케팅이라는 이름에서 생각할 수 있는 모든 과도한 업무를 부여받을 수 있다. 상상하건대 어느 기업이든 신규 마케팅팀 생성 시 많은 인력을 가져가기는 쉽지 않다. 따라서 인원에 맞는 R&R 정립이 필요하고 업무의 우선순위를 정해야 한다. 이런 상황에서 가장 먼저 접근할 수 있는 것이 기업의 아이덴티티 또는 상품의 비주얼 아이덴티티를 통일성 있게 가져가는 작업을 시작해 보면 좋다. 예를 들어 글로벌 기업의 한국 사무소라고 해도 마케팅팀이 없는 경우 브랜딩 가이드에 따른 제작물을 만들지 않는 경우가 대부분이다. 글로벌 기업도 그럴진대 중소기업의 경우는 더욱더 일관성과 통일성 없이 진행될 것은 불 보듯이 뻔하다. 그 후 어느 정도 이미지적인 아이덴티티가 확보된 상황에서 마케팅 활동의 영역을 확장시키는 방법이 있고, 산업에 따라서 실질적으로 영업에 도움이 될 수 있는 마케팅의 방향과 글로벌 마케팅 활동을 고민할 수 있다. 멋진 디자인과 그럴듯한 커뮤니케이션도 실질적으로 사업을 진행하는 데 전혀 도움이 되지 않는다면 내부적으로 마케팅팀의 존속 여부에 대한 논란은 지속적으로 있을 수밖에 없다.

사례 2. '마케팅은 유관부서를 서포트 하는 것이야!'

마케팅이라는 말은 비즈니스에서 가장 흔하게 사용되는 말인 동시에 또 그 전문성에 비해 조직 내에서 마케팅팀의 존재를 가볍게 여기는 경우가 꽤 있다. 마케팅팀이 있기는 하나 유관 조직이나 관련이 없는 부서 산하에 있는 경우는 첫 번째 사례보다 더 심각할 수 있다. 일단 어느 부서 산하에 있느냐에 따라 마케팅팀의 활동 분야가 많이 달라진다. 세일즈 산하에 있는 경우는 주로 영업을 활성화하기 위한 지원 역할을 하게 된다. 이런 경우 대부분은 마케터라기보다는 마케팅 커뮤니케이션 스페셜리스트라는 직함으로 직원 2~3명이 근무한다. 고객사 판촉 홍보를 위한 프로모션 진행, 판촉물 제작, 영업 제안서 작업 등 철저히 영업을 돕기 위한 활동으로 업무가 한정된다. 홍보가 강한 회사의 산하에 마케팅팀이 있는 경우도 있으나 이 경우 마케팅 스페셜리스트가 하는 업무는 제작물 관리 및 개발 등으로 이것도 진정한 마케팅 업무로 보기 어렵다. 마케팅은 홍보의 상위 개념인데 홍보 부서 산하에 마케팅팀을 넣는다는 것 자체가 회사가 마케팅에 대한 의지가 없음을 보여주는 반증이다. 더 나아가 마케팅과 전혀 상관없는 부서에 속해 있는 경우도 있는데 이럴 때 마케팅 부서의 존재감은 제로에 가깝다. 심지어 부서장의 KPI에 아예 마케팅팀 항목이 들어가 있지 않는 경우도 있으니 더이상의 언급이 필요 없을 것 같다. 이런 경우 최종 결정권자 및 업무 승인권자가 마케팅 전문가가 아니다 보니 새로운 업무를 진행하거나 마케팅의 기본적인 업무를 진행함에서 아주 큰 장애물로 다가온다. 이 상황에서 역할을 강화할 때 가장 먼저 진행해야 할 사항은 마케팅팀의 역할을 새롭게 정의하고 업무 확장을 시도하는 것과 가급적 빨리 별도의 조직으로 독립할 수 있는 방향을 찾아보는 것이다. 마케팅 본연의 업무를 하기 위한 인력 충원과 함께 존재

마케팅 좀 아는 사람

감을 보일 수 있는 몇몇 대규모 프로젝트(브랜딩 교체, 신규 제작물, 디지털 캠페인 등)를 통해서 마케팅팀의 업무 성과를 사내에 보여주는 것도 좋은 방법이다.

사례 3.
'마케팅팀은
멋진 비주얼만
만들면 되는 거
아니야!'

　이 유형은 마케팅팀이라는 이름으로 조직은 있으나 대부분 마케팅 커뮤니케이션 업무에 한정되어 있는 경우다. 브랜드를 관리하고 사내 제작물을 만들거나 내외부 커뮤니케이션을 위한 영상을 만드는 정도의 팀으로 여겨진다. 광고를 마케팅팀의 일차적 업무로 보는 것은 지엽적인 시각이다. 광고는 브랜딩을 위한 수단일 뿐이며, 마케팅팀은 신제품 개발, 품질관리, 가격 책정, 패키징, 유통, 고객 경험 등 고객과 관련된 전반적인 프로세스를 실행하고 관리할 수 있는 역량을 가져야 한다. 마케팅팀이 앞서 이야기한 것처럼 마케팅 커뮤니케이션으로 한정적인 역할을 하는 경우 어느 순간 비용 부서라는 낙인이 찍혀 소리 소문 없이 사라질 운명에 처할 수 있다. 특히 B2B 사업의 경우 실제적으로 세일즈에 영향을 줄 수 있는, 사업의 성과에 의미 있는 역할을 할 수 있는 방향으로 마케팅의 영역을 넓히는 게 꼭 필요하다. 예를 들어 디지털을 통한 신규 고객 유치 캠페인, 세일즈팀과 함께하는 이탈 고객 재유치 캠페인, 고객 관계 강화 이벤트 등 단순히 비용을 사용하는 부서가 아닌 매출을 일으키는 데 직접적인 영향을 주는 활동을 고민해야 한다. 한 가지 추가적으로 조언을 하자면 마케팅을 통해 세일즈를 일으키기 위해서 마케터는 데이터베이스 마케팅에 기본적으로 관심을 가져야 한다. 따라서 조직 구성도 브랜딩이나 크리에이티브를 하는 인력과 더불어 숫자나 통계에 익숙하며 업을 이해하는 내부 직원이나 외부 경력직을 필수적으로 충원해야 할 것이다.

*Marketer
Kim's
Comment*

마케팅팀이 본연의 역할을 하기 위해 언급한 3가지 상황 모두 팀과 마케터로서 헤쳐나가기 쉽지 않은 것은 사실이다. 여기에 경영진과 유관 부서에서 마케팅의 역할과 의미를 간과하거나 경시할 경우 더욱더 어려운 것이 현실이다. 그렇지만 이런 어려운 상황에서도 마케팅팀이 살아남기 위해서는 다음과 같은 3가지 항목을 꼭 명심했으면 좋겠다. 첫째, 일상적인 마케팅 업무 이외에 연간 프로젝트성 업무를 통해 결과를 적극적으로 내외부에 공유해야 한다. 특히 이 부분에 있어서는 경영진과의 커뮤니케이션이 중요하다. 마케팅팀의 역할과 활동으로 회사에 변화가 있었다는 사실을 충분히 인지시키고 공감을 얻어내야 한다. 둘째, 매해 새로운 영역으로 업무 확장성을 가져가는 것이 좋다. 예를 들어 초기에는 마케팅 커뮤니케이션 업무를 중심으로 성과를 보이다 중장기 비전으로는 마케팅을

마케팅 좀 아는 사람

통한 매출 확대를 목표로 확장하는 방법, 초기에는 국내에 한정된 마케팅을 진행한 후 이를 바탕으로 중장기적으로는 글로벌로 확장시키는 것이 있을 수 있다. 셋째, 디지털 영역은 아직까지는 마케팅의 영역으로 조직 내에서 간주되는 경우가 많으니 향후 조직의 주요 방향성을 디지털 기반으로 가져가는 것이 좋다. 디지털 전환 시대에 조직 내 디지털 영역을 선점하는 순간 마케팅팀의 위상이 많이 달라질 것이라 생각한다. 기존 마케팅팀에서 성과를 내는 것보다 신규 마케팅팀에서 성과를 내기가 오히려 쉽고 기회가 많다는 것을 기억했으면 한다.

#신규마케팅팀 #마케팅팀R&R #마케팅채널확장
#비주얼 #크리에이티브 #마케팅커뮤니케이션
#DB마케팅 #세일즈캠페인 #디지털기반마케팅

마케터를 춤추게 하는
KPI 설정 방법은 무엇인가?

Marketer
Kim's
Story

기업에서 매년 KPI를 설정하는 시기가 되면 마케터는 고민에 빠진다. 기본적으로 회사의 재무적 사업 지표들은 톱다운(Top Down) 형식으로 내려온다. 하지만 그 외에 마케팅 기능별 KPI는 목표 달성을 위해 가중치를 고려하여 설정해야 하는데 여간 번거롭고 고민되는 일이 아니다. 조직에서 마케팅팀이 새로 생기고 처음으로 KPI를 수립하던 때가 가끔 생각난다. KPI 항목을 만들어 보자고 했을 때 팀원들이 다양한 이야기를 쏟아냈다. "수많은 지표 중에 어떤 것을 넣어야 하나요?", "유관 부서 KPI를 참고하려고 해도 마케팅팀과는 상황이 많이 달라서 별 도움이 안 돼요", "타 산업의 마케팅팀 KPI를 참고하려고 했지만 우리 상황과는 많이 다르네요", "나중에 평가를 하게 될 텐데 좀 더 손쉽게 달성할 수 있는 지표를 넣어야 하지 않나요?", "신규로 만들어진 팀이라 현재 상황에서 마케팅 활동을 정량화할 수 있는 것이 많지 않네요" 등이다. 정상적이라면 마케팅 목표와 연계되고 집중해야

마케팅 좀 아는 사람

할 활동을 선정해야 하고 선정된 항목에 가중치를 부여해서 최종 확정하는 것이 맞다. 하지만 당시 신규 조직이라 마케팅 활동에 대한 조사가 예정되어 있지 않았고 함께 일하는 에이전시도 없는 상황이라 정량적인 KPI를 수립하기에는 어려움이 많았다. 그런데도 회사에서 요구하는 최소한의 KPI 항목 개수가 정해져 있어 울며 겨자 먹기로 항목을 채워야만 했다. 최종적으로 선정된 마케팅 KPI는 정성적인 KPI 위주로 선정되었고 더 솔직히 말하면 달성 가능한 수준의 KPI 위주로 확정했다. 지금 생각해 보면 마케터로서 참 부끄러운 일이긴 하지만 KPI 설정은 여전히 고민이 되는 부분이기도 하다. 마케팅 현장에서 이런저런 사유로 KPI와 실제로 하는 활동과는 차이가 많다는 것은 공공연한 사실이다. KPI가 마케팅 활동을 평가하고 점검할 수 있는 기준이 되어야 하는데 현장에서는 단지 고과를 위해 사용되고 있다는 것이 아쉬울 때가 많았다. 당시 나는 KPI만 제대로 세울 수 있다면 직원 스스로 본인의 업무를 체크할 수 있는 기준이 될 텐데라는 생각을 많이 했지만 현실은 그렇게 녹록지 않았다.

Marketer Kim's Focus

회사 빛 소식생활에는 항상 성취해야 할 목표가 주어진다. 각 조직마다 매출 달성, 운영 최적화, 이익 극대화, 불량 최소화, 고객만족도 개선, 생산성 향상, 고객 클레임 최소화 등의 목표를 수립하고 그것을 달성하기 위해 조직 구성원이 움직인다. KPI(Key Performance Indicator)는 이러한 목표를 달성하기 위해 핵심적으로 관리할 요소에 대한 성과 지표를 의미한다. 마케터 역시 기업의 상황에 맞게 마케팅 목표와 전략을 수립하게 되고 TV 및 인쇄와 같은 전통 미디어에서부터 인플루언서 마케팅, 소셜 미디어와 같은 디지털 미디어까지 다양한 채널을 통한 활동 계획을 수립한다. 그리고 이를 평가할 수 있는 정성적 및 정량적 KPI 역시 설정하게 되는데, 마케팅 활동이 목표를 달성하기 위한 방향대로 효과를 냈는지 측정하는 것은 점점 더 중요한 이슈가 되고 있다. 각종 캠페인과 프로모션의 효과를 측정하지 않고 소비자에게 잘 전달되었는지를 확인할 방법이 없으므로 KPI가 중시되는 것은 어찌 보면 당연하다. 현대 경영학의 아버지 피터 드러커 교수는 효과적인 목표 설정 기법으로 'SMART'를 제안하였다. SMART는 구체적이고(Specific), 측정 가능해야 하며(Measurable), 행동으로 옮겨져야 하고(Action-oriented), 현실적이어야 하며(Realistic), 시기를 특정할 수 있어야 한다(Timely) 는 것을 나타낸다. 다양한 지표를 가지고 마케팅팀의 KPI를 수립하는 방법 중에 저자가 현장에서 사용했던 구성은 다음과 같다. 첫 번째 방법은 지표를 크게 내부 평가와 외부 평가로 구분하는 것이다. 내부 평가 지표에는 예를 들

마케팅 좀 아는 사람

어 신제품 출시 개수 및 매출 기여도 등과 같은 혁신 성과와 매출 및 이익의 재무 성과로 구성하고, 외부 평가 지표는 경쟁사 대비 품질 만족도, 시장 점유율, PR 점유율(Share of Ink) 등과 고객과 관련한 인지도, 만족도 등으로 구성했다. 두 번째 방법은 평가 항목을 시장 트렌드 캐칭, 마케팅 조직 역량 강화, 신규 고객 마케팅, 기존 고객 마케팅, 내부 마케팅, 서비스 관련 지표로 나누어서 수립하기도 했다.

이제 현장에서 마케팅 KPI를 수립할 때 주의해야 할 사항을 이야기해 보고자 한다.

첫째, 측정 가능한 성과를 종합적으로 살펴볼 수 있게 구성해야 한다. 예들 들어 B2B 비즈니스에서 신규 고객사 발굴 및 매출액, 제안 영업 건수 및 매출, 마케팅 비용 대비 매출 등 다양한 기준이 존재할 수 있다. 그런데 단순히 수주된 신규 고객 수만을 KPI로 하거나 혹은 신규 고객 매출 실적 한 가지만 KPI로 설정할 경우 문제가 발생한다. 만약 신규 고객 수만을 KPI로 설정할 경우 고객사의 매출 기여도를 생각하지 않고 고객 수 확대만을 진행하는 상황이 발생할 수 있고, 신규 고객 매출만을 KPI로 설정하게 될 경우 향후 성장의 밑거름이 될 잠재 고객군 확대 없이 소수의 매출이 큰 고객에게 집중된 활동으로 이어질 수 있다. 따라서 성과를 종합적으로 판단할 수 있게 몇 가지 지표를 함께 고려하는 것이 중요하다.

둘째, KPI는 마케팅 고유의 미션에 기반하여 업무를 대표해야 한다. 마케팅팀의 미션은 시장을 이해하고 제품 및 서비스를 기획해서 소비자에게 알리고 유통 채널에서 잘 팔리게 프로모션하는 것으로 간단하게 정리할 수 있다. 하지만 기업의 경영 환경 악화로 인해 KPI를 비용 절감 건 수 및 금액에만 초점을 맞추게 된다면 마케팅 활동의 초점이 비용 절감으로 강조되면서 오히려 기본적인 마케팅 미션인 인지도, 매출, 시장 점유율 등의 지표가 하락하는 경우도 발생하게 된다.

셋째, 마케팅 목표와 KPI에 괴리가 생기지 않도록 주의해야 한다. 마케팅팀의 목표가 브랜드 인지도 확대에 있는데 실질적인 마케팅 활동은 매출 확대 활동에 집중된 KPI를 가지고 있다면 잘못된 KPI를 수립한 것이다. 반대의 경우도 마찬가지로 마케팅의 목표는 단기적인 매출 확대에 두고 있는데 브랜드 인지도 확대를 위해 기업 PR 광고를 통한 인지도 상승 KPI를 가지고 있다면 문제가 발생한다.

마케팅 좀 아는 사람

넷째, 마케팅 KPI 운영에서 전술적 유연성을 확보할 필요가 있다. 기업의 관리 용이성을 위해 정량적으로 설정된 KPI가 담당자의 노력이나 의지와 무관하게 시장 및 경쟁 환경 변화가 발생될 경우 수정할 수 있는 유연함이 있어야 한다. 마케팅 KPI 역시 수단이다. 수단이 목적을 지배해서는 안 된다. 목적은 성과이고, 성과에 대한 기여도를 객관적으로 측정하기 위해 선택한 도구가 KPI이다. 도구가 성과라는 목표를 집어삼키지 않도록 해야 한다.

Marketer
Kim's
Comment

KPI가 명확하게 수립되지 않고 비즈니스 또는 마케팅을 한다는 것은 직관적 또는 검증되지 않은 선입견을 바탕으로 잘못된 의사 결정을 할 확률이 높다. 면밀하게 검토하여 수립된 KPI는 현재 상황 분석과 미래 예측을 돕고 다양한 평가 지표를 한눈에 파악하여 전략적 의사 결정을 할 수 있도록 돕는다. 다만 KPI 지표 수립 시 지나치게 많이 설정하는 것은 결코 바람직하지 않다. 마케팅은 특히 선택과 집중을 통해 한정된 예산을 효율적으로 사용하여 목표를 달성해야 한다. 비즈니스 목표와 일치하고 전략적으로 설정된 마케팅 KPI는 마케터에게 업무의 우선순위를 알려주고 동기부여가 가능하다. 아울러 지나치게 KPI가 많다는 것은 자칫 마케터가 업무의 우선순위를 제대로 파악하고 있지 않다는 결론을 내릴 수도 있다. 지표는 많을수록 좋은 것이 아니라 마케팅 활동을 제대로 파악할 수 있게 적절한 항목으로 구성하는 것이 핵심이다. 끝으로, 마케팅 활동의 모든 것을 수치화하는 것은 불가능하다. 하지만 디지털 시대에 확실히 변화하고 있는 것 중 하나가 시간이 지날수록 정량화할 수 있는 항목이 늘어나고 있다는 점이다. 마케팅 KPI를 제대로 설정해서 지표의 늪에 빠지지 않고 모든 구성원을 하나의 목표로 향해 움직이고 동기부여될 수 있게 하는 도구로 활용되기를 바란다.

#KPI #내부평가 #외부평가 #SMART #정성적KPI
#정량적KPI #동기부여 #전술적유연성 #업무우선순위

마케팅 좀 아는 사람

마케팅 캠페인의
A to Z는 무엇인가?

Marketer
Kim's
Story

국내 기업에서 마케팅팀의 역할이 명확하게 확립되지 않은 경우 다양한 유관 부서에서 마케팅 커뮤니케이션과 관련된 활동을 하는 경우가 많다. 그날은 전사 차원에서 중요한 대규모 마케팅 캠페인을 위해 유관 부서와 미팅을 소집했다. 회의 참가자는 사내 커뮤니케이션 담당팀, 홍보팀, 마케팅팀이었다. 캠페인에 대한 주도권이 마케팅팀에 있어서 그런지 회의에 모인 유관 부서 사람들의 표정은 시작부터 그리 좋지 않았다. "이번에 마케팅팀에서 진행하고 있는 캠페인에 IMC 차원에서 협조를 부탁드리고자 이렇게 참석을 요청드렸습니다. 저희가 대외 커뮤니케이션 콘셉트를 개발했고 그와 더불어 내부 직원들을 위한 커뮤니케이션과 언론 홍보를 요청하고자 합니다. 아시다시피 캠페인 기간 동안 내외부에 통합적인 메시지를 전달해야 이번 캠페인의 효과가 극대화되기 때문입니다." 이렇게 마케팅팀에서 이야기하고 나서 돌아온 유관 부서의 반응은 냉랭했고 마케팅 담당자로서 참으로 안타까운 마음이 들었다. "우리 부서에서 준비하고 있는 콘텐츠 스케줄이 있어 여유가 없습니다", "언론 홍보는 이번에 다른 방향의 인터뷰나 보도자료를 기획하고 있어 참여하기 힘듭니다." 사전에 충분한 시간을 두고 공지를 했고 협조를 부탁했음에도 불구하고 이런 상황이 발생하게 된다는 것을 이해할 수 없었다. 각 부서의 사일로 현상은 차치하더라도 IMC라는 의미를 유관 부서에서 충분히 이해하고 있는지 의심스러웠다. 또한 회사 차원에서 많은 비용을 투자하여 진행하는 캠페인에 협조하지 않는다는 것은 어찌 보면 회사의 전략 방향과 어긋난 행동으로도 볼 수 있다. 전 직장 글로벌 기업 마케팅팀에서는 내부 커뮤니케이션과 홍보의 영역까지 포괄하고 있었기 때문에 이런 상황이 발생되지 않아던 터라 당황했던 기억이 있다. 성공적인 마케팅 캠페인을 위해서는 내부적으로 마케팅의 일부 기능을 하고 있는 유관 부서와 외부적으로는 에이전시와 긴밀한 협업이 필수적인 요소라는 것을 그간의 경험을 통해서 알게 되었다.

Marketer
Kim's
Focus

마케팅팀의 활동 중 내외부로 잘 알려진 것이 캠페인이다. 캠페인이란 특정 기간 동안 마케팅 목표를 달성하기 위해 이루어지는 다양한 활동을 가리킨다. 예를 들어 인지도를 향상시키는 캠페인, 이미지를 정립

마케팅 좀 아는 사람

하거나 개선하는 캠페인, 세일즈 확대를 위한 캠페인 등이 있을 수 있다. 기업에서는 보통 단기적으로 마케팅 활동을 집중하여 소기의 성과를 달성하기 위한 캠페인을 진행하는 경우가 많으나, 기업의 비전과 연결된 캠페인은 중장기적으로 끌고 가는 경우도 있다. 이러한 마케팅 캠페인 진행 시 고려해야 할 것이 마케팅에서 자주 쓰는 말인 통합 마케팅 커뮤니케이션(IMC, Integrated Marketing Communication)이다. 통합 마케팅 커뮤니케이션이란 외부 환경과 소비자 데이터에 입각하여 목표 고객에 대해 브랜드를 통합적인 메시지로 전달하는 방법이다. 광고, 프로모션, PR 등 다양한 커뮤니케이션 수단들의 전략적인 역할을 비교 검토하고, 명료성과 일관성을 높여 최대의 커뮤니케이션 효과를 목표로 한다. 여기서는 각 캠페인의 종류를 설명하기보다는 훌륭한 캠페인이 만들어지기까지 어떠한 과정을 거치며 에이전시와는 어떻게 협력하게 되는지 단계별로 알아보고자 한다.

Step 1.

캠페인 수립 전

준비 사항

    연초에 마케팅 부서에서는 일상적인 수명 업무를 제외하고 올 한 해 중점적으로 추진해야 할 캠페인 또는 프로젝트를 기획한다. 이러한 캠페인은 회사의 사업 전략과 연계되어 마케팅팀에서 추진해야 할 중점 과제라고도 볼 수 있다. 캠페인 계획을 수립하기 위해서는 다양한 고려가 필요하다. 첫째, 기업의 사업 전략을 최우선적으로 고려해야 한다. 예를 들어 올해 사업적으로 중점을 두어야 할 제품이 있을 수 있고, 글로벌 시장에서 전략 국가로 지정된 국가가 있을 수도 있으며, 크게는 매출 성장 위주 또는 수익성 위주 사업 전략 방향이 있을 수 있다. 둘째, 마케팅 예산을 고려하여 선택과 집중을 해야 한다. 기업의 마케팅 예산은 제한적이므로, 연간 계약에 의해 나가는 고정비성 비용을 제외하고 남아 있는 예산을 가지고 우선순위에 따라 각각의 캠페인 예산을 배분해야 한다. 셋째, 마케팅 캠페인 진행에 대한 유관 부서 니즈 사항 파악 및 의견 조율이 필요하다. 예를 들어 경영관리팀과 예산 규모에 대한 협의, 세일즈팀의 니즈 사항 파악이 선행되지 않으면 진행 과정에서 어려움이 많고 소위 '마케터들만 성공했다고 좋아하는 캠페인'이 되기 쉽다.

**Step 2.
캠페인 계획
수립**

사업 전략 고려, 예산 확보, 유관 부서와의 조율이 완료되었다면 본격적으로 캠페인 계획을 수립해야 한다. 가장 먼저 캠페인 목표를 달성하기 위한 목표 고객을 설정해야 한다. B2B 비즈니에서는 목표 고객이 명확하게 규정되지만, B2C 비즈니에서는 목표 고객군이 방대하고 불명확할 수 있다. 예를 들어 B2C 비즈니스에서 목표 고객군을 대한민국 30대 남자와 같이 설정하는 것은 하늘을 향해 총을 쏘는 것과 같이 무의미한 타기팅이 된다. 서울시 강남 3구에 거주하고 월 평균 소득이 천만 원 이상이고 두 자녀를 둔 가장처럼 자사의 제품이나 서비스가 목표로 하는 고객군을 가능한 한 세분해서 형상화하는 것이 중요하다. 목표 고객 설정에 따라 향후 커뮤니케이션 콘셉트, 커뮤니케이션 미디어, 크리에이티브 콘셉트 등이 달라질 수 있으므로 이 부분은 심혈을 기울이는 것이 좋다. 마케팅 목표 고객과 커뮤니케이션 목표 고객은 보통 같은 경우가 많으나 상황에 따라서는 커뮤니케이션 목표 고객은 좀 더 세분화될 수 있다. 목표 고객군이 설정된 후 캠페인의 목표를 설정한다. 보통 캠페인의 목표는 정량적, 정성적으로 설정 가능하나 세일즈 캠페인을 예로 든다면 신규 고객 ○○○명 확보, 신규 고객 수주 금액 ○○○억 원 달성 등 측정할 수 있는 정량적 목표를 세워야 한다. 브랜딩 캠페인의 경우는 이번 캠페인을 통해 인지도를 몇 % 끌어올릴 것인지, 목표 고객 중 얼마나 많은 사람들에게 몇 회 이상 도달할 것인지 등을 설정해야 한다. 목표 설정 후 캠페인 기간을 정해야 하는데 제품이나 서비스의 특징에 따라 신규 고객 확대가 용이한 기간이 있고, 전략적으로 매출이 감소하는 기간을 선정하여 진행하는 경우가 있다. 기간 설정은 사전에 유관 부서와 충분한 협의 후 진행되어야 마케팅 캠페인 효과를 극대화할 수 있다. 마지막으로 이 캠페인의 준비 및 실행 단계까지 주요 마일스톤을 정리하여 각각의 단계에서 체크해야 할 사항을 정리해 두어야 한다.

Step 3.

에이전시 협의

이제 수립된 캠페인 목표, 목표 고객, 기간, 예산을 가지고 어떻게 타깃 고객에게 접근할 것인지 방법을 찾아야 한다. 어떤 메시지 및 크리에이티브 콘셉트를 가지고 접근할 것인지, 어떤 미디어를 사용하고, 어떤 이벤트를 진행할지와 같은 실행 계획이 수립되어야 한다. 이 단계부터 에이전시와 협업이 본격적으로 시작된다. 늘 이야기하지만 훌륭한 캠페인의 시작은 제대로 된 클라이언트 브리핑에서부터 시작된다. 클라이언트 브리핑을 바탕으로 종합 광고 에이전시처럼 원스톱(One Stop) 제안을 해주는 경우도 있고 개별적인 에이전시들을 클라이언트가 모두 콘택트하여 캠페인 계획을 수립하는 경우도 있다. 전자는 캠페인의 일관성 측면에서 장점이 있고, 후자는 크리에이티브 독창성 및 금액적인 측면에서 장점이 있는 것이 일반적이다. 에이전시에서 제안한 안을 바탕으로 몇 차례 클라이언트 피드백이 더해져 커뮤니케이션 플랜 및 제작물이 완성되고 최종적으로 캠페인 준비가 완료된다. 이 단계에서는 특히 어떤 Communication Vehicle을 통해 어떻게 효과적으로 목표를 달성할지 고민해야 한다. 오프라인 광고, 온라인 광고, 프로모션, PR, 이벤트 등 사용 가능한 모든 Vehicle을 고려하여 주어진 예산을 효과적으로 분배해야 한다.

Step 4.
캠페인 실행 및 리뷰

최근에는 디지털 마케팅을 기반으로 한 캠페인 진행이 주로 진행되어, 실행하면서 효과에 따라 제작물 및 미디어 집행 계획도 변경되는 경우가 많다. 캠페인을 실행하면서 무엇보다도 중요한 사항은 주기적인 체크를 통해서 계획에 따라 실행되고 있는지, 타깃 고객들의 반응은 어떠한지, 비용은 제대로 쓰이고 있는지 체크하는 것이다. 마케팅 현장에서 간과하는 경우가 종종 있는데 캠페인이 끝나고 성과를 리뷰하는 시간은 꼭 필요하다. 목표 대비 달성률, 초과 달성 또는 미달 사유, 캠페인 성과와 반성, 고객들의 반응 등을 정리해 두어야 향후 다른 캠페인을 진행할 때 참고가 될 수 있다. 아울러 이번 캠페인을 통해 얻은 데이터베이스(DB)나 결과물의 활용 방안도 함께 논의하는 것이 좋다.

Marketer
Kim's
Comment

저자의 경험에 의하면 마케팅 캠페인의 성공 열쇠는 세 가지라고 생각한다. 첫째, 통합 마케팅 관점에서 캠페인이 추진되어야 한다. 여기서 가장 중요한 사항은 일관성과 추진력이다. 모든 Vehicle에서 내보내는 메시지가 일관성을 띠고 지속적으로 실행되어야 목표 고객은 커뮤니케이션하고자 하는 메시지를 기억할 수 있을 것이다. 기억해야 할 사항은 목표 고객은 생각보다 기업의 커뮤니케이션에 관심이 없다는 것이며, 그 이유는 다양한 제품 및 서비스 커뮤니케이션에 노출되어 있어 간섭효과가 발생하기 때문이다. 경쟁이 심해지고 커뮤니케이션 채널이 다양화됨에 따라 기업은 통합 마케팅 커뮤니케이션을 선택하지 않으면 경쟁에서 살아남을 수 없게 되었다. 둘째, 계획 수립 단계에서부터 주도면밀하게 추진되어야 한다. 정확한 목표 아래서 연결된 모든 활동들이 톱니바퀴처럼 굴러가지 않는다면 캠페인의 성공은 기대할 수 없다. 셋째, 마케터의 관심과 의지이다. 캠페인 전 과정을 관리하고 추진해야 하는 마케터가 업무 대부분을 에이전시에 맡긴다면 그 캠페인의 성공 여부는 불 보듯 뻔할 것이다. 이런 세 가지 사항이 제대로 어우러졌을 때 마케팅 캠페인이 목표로 했던 성과를 이룰 수 있다. 매년 적어도 한 번은 캠페인 활동을 통해 마케팅팀의 존재감을 나타낼 필요가 있다.

#마케팅캠페인 #IMC #통합마케팅커뮤니케이션
#사업전략 #비즈니스목표 #커뮤니케이션목표

마케팅 좀 아는 사람

고개를 끄덕이게 하는 마케팅 기획서는 어떻게 쓰는가?

*Marketer
Kim's
Story*

저자가 근무하던 국내 대기업에 신규 마케팅팀이 만들어지고 1년 동안 어떤 목표와 업무를 할 것인지 그리고 중장기적으로 목표와 전략이 무엇인지 등을 보고해야 하는 상황이 생겼다. 기획서를 작성하기 위해서 기존 유관 부서에서 만들었던 사업 계획 보고서와 연간 계획서를 검토해 보았지만 마케팅 업무를 표현하고 전략과 계획을 넣기에는 아무래도 차이가 나는 점이 많았다. 더욱이 새로운 팀이고 거기에 마케팅팀이라면 기획서도 기존의 틀을 깨는 방식으로 임팩트를 주고 싶었다. 그래서 팀원들을 회의에 소집해 내가 가진 콘텐츠에 대한 생각과 작성해야 할 기획서의 큰 흐름을 설명해 주었다. 이때 사용했던 기획서 양식이 바로 저자가 J Walter Thompson Korea 재직 시 사용했던 Thompson Total Branding 이었다. 현재의 상황을 체크하고 분석히며 향후 나아가야 할 방향/목표가 무엇인지 명시하고, 목표를 달성하기 위해 어떠한 활동을 할 것인지, 마지막으로 계획했던 활동이 잘 진행되고 있는지 확인하는 것까지 흐름에 따라 정리할 수 있는 기획서 툴이었다. 에이전시 경험이 없던 팀원들 입장에서는 쉽지 않은 과정이었지만 모두가 참여하여 마침내 보고서가 완성되었을 때, 회사 내부는 물론이고 그룹사 마케팅 담당자들로부터 잘 만든 기획서라고 칭찬을 받았다. 목표했던 신규 마케팅팀을 차별화하고 부각하는 데 성공한 것이다. 우리 팀의 기획서를 보고 그룹사 마케팅 담당자가 한 말을 아직도 기억한다. "기획서를 참 잘 만들었네요. 혹시 이 기획서를 누가 작성한 건가요? 외부에서 만들어 준 건 아니죠?" 이런 반응이 나왔다는 것은 이 기획서가 기업의 일반적인 마케팅 기획서와 차별화되어 있고, 세계적인 에이전시에서 개발한 툴을 활용하였기에 논리에 비약이 없고 흐름이 자연스러웠기 때문이라고 생각한다.

Marketer Kim's Focus

저자가 근무했던 J Walter Thompson(JWT)이라는 외국계 종합 광고 에이전시는 1864년에 뉴욕에서 설립된 세계에서 가장 오래된 광고 에이전시이다. 이 회사를 약 6년간 재직하며 외국계 기업 및 국내 대기업의 다양한 제품을 담당하면서 얻었던 경험이 지금의 마케터로서 성장하는 데 커다란 도움이 되었다. 하지만 무엇보다도 저자에게 큰 도움이 된 것은 해외에 나가서 JWT에서 자랑하는 TTB(Thompson Total Branding) 교

마케팅 좀 아는 사람

육을 받을 수 있었던 것과 사내 강사로서 활동했던 경험이었다. TTB는 브랜딩을 위한 전반적인 기획서 툴이고 JWT는 광고주 경쟁 비딩 시 이 툴을 사용하여 프레젠테이션을 진행하였다. 현업에서 느꼈던 이 툴의 가장 큰 강점은 논리의 비약이 없다는 것과 자연스러운 흐름을 가지고 주장하고자 하는 결론으로 이야기를 몰아갈 수 있다는 것이다. 시장을 분석하고 기획서를 만드는 것은 마케터로서 항상 어렵게 느끼는 일이다. 이럴 때 이 툴을 생각하면서 기획서의 흐름을 참고했던 기억이 많다. TTB는 기업의 마케터가 연간 계획 및 중장기 계획을 작성할 때 무리 없이 사용하고 참고할 수 있기 때문에 저자가 이해한 방식으로 간략하게 소개한다. TTB의 큰 축은 총 5가지로(Where are we now?, Why are we here?, Where could we be?, How can we get there?, Are we getting there?) 구성되어 있고 구체적인 내용은 아래와 같다.

Where are we now?

브랜딩 캠페인 기획서를 준비할 때 가장 먼저 진행해야 할 사항은 현재 상황 파악이다. 여기서는 시장 환경, 목표 고객, 경쟁사, 자사 브랜드(기업)의 현재 상황을 팩트 위주로 요약해 보는 것이다. 시장의 전체 크기, 시장 점유율(Market Share), 주요한 트렌드가 무엇인지, 핵심 고객들의 특징은 무엇인지, 경쟁사 주요 활동은 무엇인지, 자사 브랜드의 핵심은 무엇인지, 현재 어떤 포지셔닝을 하고 있는지 등을 세세하게 살펴본다. 이 장에서 사용될 수 있는 정보는 시장 및 소비자 조사 자료, 인터넷을 통해 수집된 정보, 기업의 내부 자료 등이 있을 수 있다. 마지막 부분에 각각의 섹터에서 얻은 핵심 정보 등을 요약해 두는 것이 다음 단계로 넘어갈 때 논리의 흐름을 자연스럽게 연결할 수 있다.

Why are we here?

전 단계에서 현재 상황에 대한 전체적인 검토가 있었다면 이 단계에서는 상황을 분석하는 것이 주된 포인트다. 시장, 경쟁사, 고객, 자사 브랜드에 대한 정보를 바탕으로 분석을 통하여 핵심 사유, 강약점 및 인사이트를 찾아내는 것이 이 단계의 역할이다. 이 단계에서 찾아낸 인사이트는 다음 단계에서 브랜드 또는 커뮤니케이션의 핵심 콘셉트를 도출하는 데 결정적인 역할을 하므로 어떤 단계보다도 많은 고민이 필요하다. 예를 들어 마케팅에서 흔히 사용되는 SWOT 분석을 통해 제품과 서비스의 장단점, 시장 기회 요인, 위협 요인을 찾는 것도 이 단계에서 활용이 가능하다.

Where could we be?

앞서 시장 상황과 분석을 통해 핵심 인사이트를 찾아낸 후에 향후 브랜드 또는 커뮤니케이션이 지향해야 할 방향성을 설정하는 단계이다. 방향성을 설정함에서 검토해야 할 것은 고객 편익(Customer Benefit)과 자사 브랜드가 제공할 수 있는 제안(Brand Offer)의 교집합 찾기다. 이러한 콘셉트를 심플한 워딩으로 표현한 것이 브랜드 비전(Brand Vision)으로 사용되고 이러한 비전을 좀 더 알기 쉽게 문장으로 구체적으로 표현한 것이 브랜드 미션(Brand Mission)이다. 이 부분은 진행하고자 하는 캠페인의 핵심 콘셉트로 누구든지 들었을 때 수긍이 되는 단어와 임팩트 있는 이미지로 표현되어야 한다. 보통 경쟁 비딩 상황에서는 이 슬라이드가 소위 '위닝 슬라이드'가 되는 경우가 많다. 아무리 뒷부분에 독특한 아이디어를 담은 활동들이 많아도 듣는 사람이 이 콘셉트에 동의하지 않을 경우 좋은 결과를 예상하기 어렵기 때문이다. 아울러 이 단계에서 달성하고자 하는 단기적 및 중장기적 목표를 언급하기도 한다.

How can we get there?

이제 설정된 브랜드 비전과 브랜드 미션을 바탕으로 어떤 활동을 통해서 목표를 달성할지에 대한 구체적인 계획을 기술하는 단계이다. 단기적인 계획이 될 수도 있지만 중장기 계획도 함께 언급할 수 있으니 그 부분은 기획서의 성격에 따라 선택하면 된다. 커뮤니케이션 전략과 전술은 무엇인지, 어떤 커뮤니케이션 미디어를 활용할 것인지, 예산은 어느 정도 필요한지 등의 세부적인 계획을 구체적으로 보여준다. TTB에서는 이 단계에서 각 미디어에서 활용하게 될 구체적인 크리에이티브 콘셉트와 시안을 발표한다. 크리에이티브 제안을 통해 브랜드 비전과 미션이 어떤 커뮤니케이션 메시지를 가지고 목표 고객에게 접근하는지 쉽게 설명할 수 있기 때문이다.

Are we getting there?

캠페인을 진행하면서 마케터가 간과하기 쉬운 것이 마일스톤별로 계획했던 캠페인이 목표 달성을 위해 잘 실행되고 있는지 확인하는 과정이다. 이 부분이 중요한 이유는 목표 고객의 실제 반응에 따라서 때로는 캠페인 기간 동안에 전술을 수정할 수도 있고, 상황에 따라서는 중간 점검 과정에서 제작물을 변경하거나 교체하기도 하기 때문이다. 디지털 미디어가 주요 매체로 각광받는 최근 트렌드를 고려하면 이 단계에 심혈을 기울여 마케터가 민첩하게 반응해야 할 것이다. 마지막으로 이 단계에서 체크해야 할 가장 중요한 사항은 목표로 했던 결과가 실제로 이루어졌는지 조사나 커뮤니케이션 집행 결과를 확인하는 것이다.

Marketer Kim's Comment

세상에는 다양한 기획서 툴이 있다. 따라서 저자가 소개한 이 브랜딩 툴이 정답이라고 이야기하고 싶지는 않다. 현업에서 업무를 하다 보면 때에 따라서 기획서 흐름상 추가되고 뛰어넘고 수정해야 할 단계도 생

마케팅 좀 아는 사람

기는 경우가 있다. 다만 설득하고자 하는 사람들을 본인이 생각하는 논리로 이끄는 흐름과 방법을 이해했으면 한다. J Walter Thompson에서 사용하는 TTB는 오랜 기간 검증된 브랜딩 툴이지만 보는 사람에 따라서는 상식적인 것으로 생각할 수도 있다. 하지만 저자의 경험에 따르면 마케터로서 기획서의 큰 흐름을 잡고 핵심 인사이트와 콘셉트를 끌어내는 데 아주 적합한 툴이라고 생각된다. 일 년에 한 번쯤은 이러한 툴을 사용하여 담당하고 있는 브랜드 또는 기업의 브랜딩 전략을 검토해 보길 꼭 추천하고 싶다. 마케팅 기획서 툴 한 가지 정도는 확실히 이해하고 있어야 수많은 기획서 작성 부담에서 벗어날 수 있다.

#JWT #마케팅기획서 #TTB #기획서툴 #브랜딩전략
#브랜드비전 #브랜드미션 #브랜드오퍼 #고객베네핏

대충 쓰면 내가 고생하는 클라이언트 브리프는 어떻게 작성하는가?

Marketer Kim's Story

저자가 다니던 회사에 새로운 마케팅팀이 생기고 회사와 그룹에서는 기대를 많이 하게 되었다. 그도 그럴 것이 그간 마케팅팀이 생기고 없어지기를 몇 번 반복했고, 마케팅팀은 필요 없다는 생각이 팽배했다가 다시 생겨난 부서이기 때문이다. 직원 4명과 함께 시작한 마케팅팀에 주어진 첫 업무는 2년을 끌어왔던 회사 홍보 영상과 홍보 브로슈어를 끝마치는 것이었다. 이 일을 전문성 없는 부서에서 진행하다 보니 내부적으로는 계속 승인이 되지 않았고, 에이전시는 에이전시 나름대로 2년간 수많은 시안 제작으로 지친 상황이었다. 이미 계약도 되어 있고 일부 금액은 선지급되어 새로운 에이전시를 선정해서 진행하기도 어려운 상황이었다. 에이전시를 만나기 전 어떻게 하면 이들에게 이번에는 꼭 끝내겠다는 의지를 보여줄 수 있을까를 생각했다. 또한 전문성 없이 마케팅을 하던 사람들과 다르다는 것을 어떻게 보여줄 수 있을까도 고민했다. 생각 끝에 이번에 다시 시작하는 홍보 영상 및 홍

마케팅 좀 아는 사람

보 브로슈어의 클라이언트 브리핑을 공들여 작성해서 발표해 보자는 결론을 내렸다. 미팅을 소집하고 회의장에 들어오는 에이전시의 얼굴에는 적대감마저 느껴질 정도로 냉랭했다. 회사 내부의 변화로 마케팅팀이 생겼고 이번에는 홍보 영상과 홍보 브로슈어를 끝내려고 한다고 말했을 때까지 그들은 그간의 문제점과 프로젝트 장기화로 인해 입은 손해를 이야기하며 정말 이번에는 끝낼 수 있는지 반문했다. 나는 그간의 사정은 다 전해 들었고 이번에 우리 마케팅팀을 믿어달라고 이야기하며 클라이언트 브리핑을 시작했다. 이 프로젝트의 배경이 무엇인지, 어떤 핵심 서비스를 강조해야 하는지, 우리 회사의 가치 제안(Value Proposition)은 무엇인지, 목표 고객과 사업 목표가 무엇인지 등을 자세하게 설명했다. 에이전시 담당자들의 얼굴이 조금씩 변하면서 흥미를 보이기 시작했다. "이런 브리핑을 지금껏 받아본 적이 없었습니다. 이번에는 어떻게든 될 것 같다는 생각이 드네요"라며 의견을 이야기하기 시작했다. 2년 동안 아무런 정보와 방향성 없이 끌려다녔던 에이전시의 모습을 상상해 보니 측은하기까지 했다. 이 프로젝트는 6개월 만에 종료되었고, 대표이사 시사회를 마치면서 칭찬을 많이 받았다. 이 프로젝트를 하면서 전문성 없는 마케터가 방향성 없이 에이전시와 일을 하게 되면 어떻게 되는지와 클라이언트 브리핑이 얼마나 중요한지 다시 한번 느꼈다.

Marketer
Kim's
Focus

마케팅팀은 일반적으로 에이전시와 협업하는 경우가 많아 그 협업의 결과에 따라 업무의 성과가 크게 좌우된다. 내부적으로 마케팅 전략 방향이 결정되면 에이전시와 협업이 진행되는데 일정 규모 이상의 캠페인일 경우 경쟁 비딩을 하기도 하지만 소규모 캠페인의 경우는 기존 에이전시와 바로 진행하게 된다. 다만이 두 가지 경우 모두 클라이언트 브리핑을 에이전시에게 하게 되는데 얼마나 정확하고 인사이트 있는 정보를 전달하느냐에 따라 결과물이 달라질 수 있음을 유념했으면 한다. 그럼 실무 차원에서 어떻게 캠페인에 대한 클라이언트 브리핑을 작성하는지 예를 들어설명해 보고자 한다.

1. 캠페인
배경 및 시장
상황(Background
and Market
overview)

캠페인을 시작하게 된 비즈니스적 상황과 마케팅전략의 배경을 설명하는 것으로 외부적인 환경 변화, 시장 트렌드, 경쟁 상황, 기회 요인, 위협 요인 등을 자세하게 서술하여 제공한다. 에이전시는 기업 내부 및경쟁 상황에 대해 정확히 모르고 있기 때문에 이러한배경 설명은 향후 캠페인 계획 수립 및 실행에서 중요한 정보가 될 수 있다. 에이전시가 상황을 정확히 인지하지 못하는 경우 그야말로 보기에만 좋고 기업의 실

마케팅 좀 아는 사람

질적인 전략 방향과 어긋난 크리에이티브와 실행 계획이 나올 수 있음을 명심했으면 좋겠다.

2. 브랜드, 제품, 서비스 개요(Brand/ Product/Service Outline)

캠페인을 통해 마케팅하고 싶은 제품 또는 서비스의 특징, 소비자 편익을 자세히 설명해 주는 것도 중요하다. 제품/서비스의 여러 가지 특징이 있고 이것을 상세하게 설명하는 것은 향후 외부 에이전시에서 크리에이티브 콘셉트를 잡는 과정에서 단초 역할을 하게 된다. 소비자들에게 임팩트를 줄 수 있는 제품/서비스의 특징을 극대화하는 것은 크리에이티브의 몫이다. 단 사업적인 입장에서 보면 모든 특징 하나하나가 중요해 보일 수 있지만 고객들은 마케터의 기대와는 다르게 핵심적인 특징과 메시지만 인식한다는 것을 알아야 한다.

3. 가치 제안(Value Proposition)

Value Proposition이란, '가치 제안'의 의미로 자사의 제품이나 서비스가 소비자에게 제공되는 모든 가치를 명확하게 표현한 것을 의미한다. 가치 제안은 고객의 구매동기를 자극할 수 있는 경쟁전략의 핵심이며, 목표 고객의 혜택, 경쟁사 가치 제안 대비 우월성 등을 포함하는 게 바람직하다. 쉽게 말해서 왜 자사의 제품이나 서비스를 고객이 사용해야 되는지에 대한 주장을 간략하게 요약해 놓은 진술서 같은 것이며, 이를 통해 자사 제품이나 서비스가 경쟁 업체보다 좋다는 확신을 주어야 한다.

4. 목표 고객 및 고객 인사이트(Target audience and insight)

캠페인을 통해서 비즈니스 적으로 목표하고 있는 고객군을 명확하고 세분화해서 설명해야 한다. 리서치를 통해서 발견한 핵심 고객 군의 인사이트도 첨부하는 경우가 있다. 일반적으로 비즈니스 니즈에 따라 핵심 목표 그룹과 확장 목표 그룹으로 나누어 설정하기도 한다. 이러한 비즈니스 목표 그룹을 바탕으로 에이전시에서는 커뮤니케이션 목표 그룹을 의인화하여 크리에이티브 콘셉트를 개발하게 된다.

5. 사업 및 커뮤니케이션 목표(Business objectives / Communication objectives)

캠페인을 통해 달성하고 싶은 사업적 목표를 정량적 및 정성적 측면에서 기술하며 목표는 SMART(Specific Measurable Action Realistic Timely) 원칙으로 수립해야 한다. 또한 이러한 사업적 목표와 연계된 커뮤니케이션 목표를 언급해야 한다. 이를 기반으로 에이전시에서는 각각의 Communication Vehicle마다 별도의 목표를 수립하는 것이 일반적이다. 예를 들어 광고를 통해서 달성하고자 하는 노출 목표가 있고, 프로모션 활동으로 얻을 수 있는 직접적인 참여자 목표가 있고, PR 활동을 통해 목표로 하는 미디어 커버리지가 있어 이러한 모든 Communication Vehicle의 목표 달성을

마케팅 좀 아는 사람

통해서 해당 캠페인의 비즈니스 및 커뮤니케이션 목표가 궁극적으로 달성되는 것이다.

6. 목표 고객이 캠페인을 받아들일 수 있는 근거(RTB/ Reasons to believe)

목표 고객에게 왜 자사의 제품/서비스를 선택해야 하는지에 대한 이유를 기술한다. 자사의 어떤 역량이, 제품/서비스의 어떤 특징이 선택의 이유가 될 수가 있는지 고민해서 기술해야 한다. 예를 들어 첨단 기술력과 경쟁력 있는 가격 제안이 될 수도 있고 무형적인 요소인 브랜드 이미지 또는 가치가 될 수도 있다. 고객들은 본인이 이러한 제품/서비스를 선택해야 하는 이유가 있어야 구매로 이어질 수 있다는 것을 기억해야 한다. 커뮤니케이션 실행 시에서는 이러한 근거를 카피로 표현하거나 시각적으로 표현하여 목표 고객에게 전달하는 핵심 메시지를 강화한다.

7. 고려 사항(What is the requirement that the campaign must consider?)

캠페인을 커뮤니케이션하기 위해 계획하고 실행할 때 고려해야 할 사항을 이야기한다. 예를 들어 기업이 가진 고유의 브랜딩 가이드라인 준수, 모기업과의 연계성, 필수적인 제작물의 형태 등을 에이전시에 사전에 고지하여 커뮤니케이션 계획 수립 시 고려할 수 있도록 해야 한다. 이를 통해서 올바른 커뮤니케이션 방향성이 수립되고 지속적인 수정을 사전에 방지할 수 있어 전체적인 스케줄 변경을 피할 수 있다.

8. 사용 가능한 커뮤니케이션 채널(Possible communication vehicles)

기업이 가진 기본적인 커뮤니케이션 채널 소개와 캠페인에서 사용돼야 할 필수적인 채널을 표시한다. 이는 크리에이티브(Creative) 개발과도 연관성이 있어 각각의 채널에 맞게 콘텐츠를 변경 또는 변형하여 사용할 수 있게 해야 한다.

9. 예산(Budget)

캠페인에 사용할 수 있는 전체적인 금액이다. 여기에는 제작비와 미디어 집행 비용, 에이전시 커미션 등이 모두 포함되어 있다. 클라이언트가 전체 금액을 미리 알려주면 커뮤니케이션 계획 수립 시 적절하게 안배하는 것은 에이전시의 가장 큰 업무이다. 때로는 커뮤니케이션 목표만 알려주고 에이전시를 통해 목표 달성을 위한 커뮤니케이션 예산 제안을 받는 경우도 있으니 참고했으면 한다.

10. 주요 일정(Timeline)

기업에서 선정한 캠페인 기간과 제작 관련 일정을 에이전시에 전달한다. 이를 기반으로 에이전시는 사전 준비 일정 및 캠페인 세부 일정 등을 수립한다. 한 가지 꼭 기억했으면 하는 사항은 캠페인 진행 시 사후 평가를 간과하는 경우가 없도록 주의해야 한다. 캠페인에 대한 정확한 성과 평가 및 향후 캠페인을 위한 참고 사항으로 잘한 점과 미흡했던 점을 정리해 두는 것은 꼭 필요한 과정이니 일정 수립은 필수적이다.

마케팅 좀 아는 사람

클라이언트 브리핑이 얼마나 정성스럽고 인사이트 있게 작성되었느냐에 따라 캠페인의 성과가 크게 좌우된다. 마케팅에서 흔히 사용되고 이 책에서도 언급하는 'Garbage in, Garbage out'이라는 말이 있는데 이는 의미 없고 잘못된 클라이언트 브리핑은 에이전시의 결과물에 그대로 반영된다는 뜻이다. 몇몇 마케터는 캠페인의 계획과 수립은 에이전시가 전담하고 본인은 피드백과 평가만 하면 된다고 잘못 생각하는 경우가 있는데, 클라이언트가 함께 고민하고 상호 피드백 과정을 얼마나 세심하게 거치느냐에 따라 캠페인 실행의 질과 결과가 달라진다는 것을 잊지 말았으면 한다. 마케터는 에이전시의 능력과 결과물을 탓하기에 앞서 마케터 본인이 해야 할 일에 대해 고민해야 한다. 에이전시를 닦달해서 성과를 내는 마케터는 한계가 있다.

#클라이언트브리브 #가치제안 #비즈니스목표 #RTB
#고객인사이트 #예산 #타임라인 #에이전시

마케터의 로망,
TV 광고는
어떻게 탄생하는가?

Marketer
Kim's
Story

에이전시의 숙명 중 하나가 경쟁 비딩이다. 업계에서
는 같은 의미로 경쟁 피티와 경쟁 프레젠테이션라는 말
도 쓰고 있다. 여느 기업과 마찬가지로 에이전시도 기본
적으로 고객사 영업이 되어야 수익이 발생하는 구조이
다. 그래도 신규 고객사를 수주하기 위해 들어가는 경쟁
비딩은 부담이 덜한데, 기존 고객사를 수성해야 하는 상
황이 되면 분위기가 엄숙해진다. 광고 에이전시 AE 생
활을 시작하고 운이 좋아서 회사 내에서 매출이 가장 큰
고객사인 외국계 생명보험회사를 담당한 적이 있었다.
고객사 마케팅 담당자와의 관계는 좋았으나, 계약 만료
를 앞두고 어김없이 경쟁 비딩이 진행되었다. 상대는 광
고 업계에서 유명한 2개 회사가 초대되어 긴장감이 더
욱 고조되었다. 그때는 젊고 체력도 좋아서 며칠을 야근
해도 다음날 별문제 없었기에 "우리가 그 유명한 에이
전시를 이길 수 있는 유일한 방법은 그들보다 좀 더 많
은 시간을 고객사에 대해서 고민하는 것뿐이다"라고 팀
원과 이야기하며 기획서를 계속해서 수정 및 보완했다.

아울러 경쟁 비딩의 승패를 좌우하는 크리에이티브 콘셉트와 TV 광고 스토리보드 개발에 온 심혈을 기울였다. 이 과정에서 크리에이티브 팀과의 마찰은 비일비재했다. 에이전시 기획자가 생각하는 콘셉트가 제대로 반영되지 않은 경우, 제작팀이 제시한 크리에이티브 아이디어가 그다지 새롭지 않은 경우 등 여러 가지 상황이 있었다. 회사 차원에서 꼭 이겨야 되는 승부였기에 회의는 많아졌고 기획팀과 제작팀 사이의 심각한(?) 논쟁도 있었지만 결국 기획자가 만족하는 TV 광고 아이디어로 의견이 좁혀졌다. 당시 나는 에이전시 기획자의 역량 중 가장 중요한 역량이 밤을 새워 아이디어를 짜내는 제작팀을 설득하고 달래서 원하는 방향의 콘셉트와 아이디어로 유도하는 것이 아닐까라고 생각하기도 했다. 준비했던 모든 사람들의 간절함이 통했을까? 우리 회사는 재계약에 성공했고 대행을 1년 더 연장할 수 있었다. 에이전시 생활을 하면서 가장 큰 비딩 승리였었고 3개월간의 지난한 제작 기간을 통해 만든 TV 광고가 처음으로 전파를 타던 날을 지금도 생생하게 기억하고 있다.

Marketer Kim's Focus 마케팅을 하고 싶어 하는 젊은 사람들이 가장 동경하는 것이 연예인, 스포츠 스타, 모델 등과 함께 TV 광고 촬영을 하는 것이 아닐까 싶다. 만약 촬영을 해외에서 한다면 마케팅을 동경하는 사람들의 꿈이 완

벽하게 실현되는 것이라고 생각된다. 하지만 한 편의 TV 광고가 나오기까지는 많은 과정이 필요하고 수많은 사람과의 협업이 필요한 아주 고단한 일이기도 하다. 미디어 인터뷰에서 저 광고 본인이 만들었다고 말하는 사람을 보면 저자는 그 말을 절대 믿지 않는다. TV 광고 개발은 절대 혼자 할 수 있는 작업이 아니기 때문이다. 한 편의 광고가 탄생하기까지 기업의 마케터가 해야 하는 일, 에이전시가 해야 하는 일, 감독이 해야 하는 일, 기업의 마케터와 에이전시가 함께 진행해야 할 일이 있는데, 그러한 과정을 마일스톤별로 설명해 보고자 한다.

(기업)
TV 광고
준비의 시작,
캠페인 전략
수립

기업의 마케터는 회사 전략 방향과 연결된 마케팅 전략을 수립한다. 수립된 마케팅 전략 안에서 목표를 달성하기 위해 필요한 캠페인 계획과 예산을 수립하게 된다. 캠페인 계획 수립 시 다양한 미디어를 고려하게 되는데 그중 하나의 미디어를 TV로 고려하게 되면 다음과 같은 일련의 과정을 통해 한 편의 TV 광고가 탄생하게 된다.

마케팅 좀 아는 사람

(기업)

TV 광고의

방향성을

좌우하는,

클라이언트

브리핑

　　TV 광고를 제작하고 집행하기 위해서는 3~4개의 에이전시를 초청해 경쟁 비딩을 하는 것이 일반적이다. 전체 캠페인 예산이 어느 정도냐에 따라 대형 에이전시를 초대할지, 중소형 에이전시를 초대할지 마케터가 결정하면 된다. 초청 에이전시 후보가 결정되었다면 이제 기업의 마케터가 에이전시를 대상으로 클라이언트 브리핑을 진행하게 된다. 이 브리핑에서 캠페인의 배경, 목표, 제품/서비스의 특징, 고려 사항, 예산, 일정 등을 소개하는 게 일반적이다.

(에이전시)

크리에이티브의

방향성을

설정하는,

기획 브리핑

　　클라이언트 브리핑을 받았던 내용을 기반으로 에이전시 기획팀은 내부 제작팀과 미디어팀에 브리핑을 진행한다. 기본적인 캠페인 제반 설명과 더불어 에이전시 AE가 생각하는 커뮤니케이션 전략 방향, 기획 콘셉트를 설명한다. 제작팀과 협의하면서 변경이 있을 수 있지만 기획팀의 브리핑 내용이 향후 개발될 크리에이티브 콘셉트의 지향점과 논의의 기준이 되므로 충분히 고민해서 작성해야 한다. 저자의 경험으로 봤을 때 제작팀이 가장 싫어하는 기획 브리핑은 클라이언트 브리핑 내용을 그대로 생각 없이 전하는 것이다.

기획팀 브리핑을 바탕으로 제작팀은 크리에이티브 콘셉트 및 핵심 메시지 개발을 시작한다. 이때 제작팀 내부에서 치열하게 아이디어를 고민하고 논의하며 수많은 아이디어가 나왔다 사라지는 것을 목격하곤 한다. 제작팀에서 최종적으로 선정된 후보 안이 나오면 기획팀과의 미팅을 하게 된다. 이 시점에서 제작팀과 기획팀의 신경전이 정점에 달하므로 논의할 때 감정이 상하지 않도록 조심해야 한다. 서로 의견 교환을 통해 마지막으로 선정된 안을 바탕으로 제작팀은 스토리보드 작업에 들어간다. 에이전시 AE 시절을 떠올려보면 스토리보드 작업은 늘 발표 당일 새벽에 마무리되던 게 신기하기만 하다.

(기업, 에이전시)

**승패를
좌우하는
TV 광고
스토리보드,
커뮤니케이션
계획 발표**

이제 결전의 날이 밝았다. 이번 비딩에 참가했던 에이전시들이 그동안 준비한 것을 발표하는 날이다. 보통 20분 정도의 발표 시간과 10분 정도의 Q&A 시간이 에이전시별로 주어진다. 기업의 마케터는 이때 실무 평가자로 참여하여 항목별로 에이전시 발표 내용을 평가하게 된다. 보통 에이전시의 발표 내용은 커뮤니케이션 전략 방향, 제작물 콘셉트 및 스토리보드, 미디어 플랜 순으로 이루어진다. 평가가 끝나고 기업의 마케터는 1~2일 내에 최종 후보 에이전시 1~2개 사를 선정하여 통보하게 된다.

마케팅 좀 아는 사람

(기업, 에이전시)

TV 광고 승인의

마지막 관문,

경영진 발표

최종 후보사로 선정된 에이전시는 마지막으로 기업의 경영진을 대상으로 발표를 진행한다. 기업 캠페인의 경우 TV 광고를 포함해 많은 예산을 사용하게 되므로 에이전시 및 TV 광고 콘셉트 선정에 대표이사까지 관여하는 경우가 많다. 개인적으로는 이때 대표이사를 포함한 주요 경영진 모두가 참여하여 의사 결정을 진행해야 한다고 생각한다. 이 단계에서 최종적으로 1개 에이전시가 선택되고 그 에이전시가 제시한 TV 광고 대안 중 하나가 제작이 결정된다. 마케터 입장에서 보면 이 단계에서 일단 방향성에 대한 경영진 합의가 완료되었기에 향후 진행될 업무의 부담감이 조금은 사라질 수 있다. 하지만 이 단계에서 주요 경영진이 참석하지 않고 제작이 진행되었을 때 중간 또는 마지막 과정에서 모든 것이 수포로 돌아가고 처음부터 다시 시작하게 되는 어려움을 경험할 수도 있으니 주의해야 한다.

(에이전시)

본격적인 제작

과정의 시작,

PPM, 촬영,

녹음, 편집

선정된 스토리보드를 바탕으로 이제 PPM(Pre-Production Meeting)을 진행할 차례이다. 이때는 스토리보드 형태가 아니라 세세한 촬영 콘티가 나오고 모델, 의상, 촬영 장소, 소품, 일정 등 촬영에 들어가기 전 모든 사항을 협의 및 점검하게 된다. 얼마나 PPM을 꼼꼼히 하느냐에 따라 결과물이 나왔을 때 마케터와 에이전시 사이에

이견이 줄어든다. PPM이 끝나면 이제 본격적인 촬영이 진행된다. 촬영 장소가 국내인지 해외인지에 따라서 촬영 기간은 많이 달라지고, 촬영 완료 후에는 본격적으로 후반 작업에 들어간다. 영상을 편집하고 CG(Computer Graphics) 작업을 하며 성우 녹음도 병행한다. 촬영, 편집, 녹음 등에 마케터가 참여하여 큰 틀에서 문제가 없도록 사전에 조율하는 것도 중요한 역할이다.

(기업, 에이전시)
TV 광고 디테일 향상을 위한 마지막 기회, 1차 실무진 시사회

완성된 TV 광고를 처음으로 보는 시점이다. 일반인은 차이를 모를 수도 있지만 감독이 생각하는 방향에 따라 촬영해 두었던 컷과 BGM(Background Music) 대안을 활용하여 A안, B안, C안이 나오는 경우가 많다. 기업의 마케터들은 시사회를 통해 세세한 수정 사항을 이야기하며 감독과 의견을 교환한다. 예를 들어 몇몇 장면을 다른 컷으로 교체해 달라든지, BGM을 좀 다른 분위기로 바꿔 보자든지, 자막 변경 등을 이야기한다. 이렇게 수정된 최종안 후보들이 경영진 시사회에 올라간다.

(기업, 에이전시)
그간의 노력을 결론짓는, 경영진 시사회

TV 광고 경영진 시사회에는 대표이사를 비롯한 주요 의사 결정권자가 모두 참여한다. 마케터와 에이전시 모두 그간의 고생을 칭찬으로 보상받거나 커다란 수정이 발생하여 추가 촬영을 해야 하는 기로의 순간

마케팅 좀 아는 사람

이다. 보통 한 번에 끝나는 경우는 많지 않은데 경영진 시사회에서 몇 가지 자잘한 수정으로 승인되게 되면, 이제 미디어 집행을 위한 모든 준비가 완료된 것으로 생각해도 된다.

(에이전시)
마지막까지
최선의 노력을,
미디어 집행

일련의 과정을 통해 완성된 TV 소재를 방송과 디지털 채널에 집행하는 것이다. 이미 미디어 플랜을 통해 목표로 하는 타깃 고객에게 얼마나 자주 그리고 몇 회 이상 노출할지 계획을 수립했기에 그 목표를 달성하기 위해 효율적인 미디어를 선택해서 집행하면 된다. 미디어별로 소재 전달 마감일이 상이할 수 있으니 에이전시 미디어팀과 유기적으로 협의해야 한다. TV 광고를 준비하다 보면 필연적으로 다양한 버전이 만들어질 수 있다. 실수로 최종 버전이 아닌 소재가 전달되지 않도록 주의해야 한다.

Marketer
Kim's
Comment

위에서 설명한 과정은 특별히 제작 진행 중에 문제가 없을 때이고, 만약 중간에 경영진의 의사 결정 방향이 변경되어서 콘셉트가 바뀌면 원점으로 돌아가 다시 진행하는 상황이 발생한다. 보통 TV 광고를 제작하는 데 걸리는 기간은 아무리 빨라도 2개월 정도는 걸리는데 상황에 따라서는 6개월까지 걸리기도 한다. 마케팅을 업으로 삼고 있는 마케터와 에이전시는 새로운 TV 광고가 처음 전파를 타는 날 그간의 노력이 보상받는 듯한 전율을 느끼는 경우가 많다. 다시 한 번 이야기하고 싶은 사항은 위에 언급한 과정에서 마케터와 에이전시가 얼마나 관심을 갖고 협업하느냐에 따라 TV 광고의 질은 확실히 달라질 수 있다는 것을 꼭 기억하길 바란다. TV 광고의 성패는 개인의 역량이 아니라 철저히 팀워크에 따라 좌우된다.

#TV광고 #TVC #클라이언트브리핑 #콘셉트 #PPM
#촬영녹음편집 #경영진시사 #미디어집행

마케팅 좀 아는 사람

공유하고 싶은
바이럴 콘텐츠의 비밀은
무엇인가?

글로벌 기업 한국 지사에 입사하고 얼마 되지 않은 날이었다. 가끔 커뮤니케이션하던 본사 마케팅팀에서 보낸 메일 한 통이 도착했다. 메일을 열어보니 간단한 링크와 함께 이 광고 영상을 어느 나라에서 만들었냐는 긴급한 질문이 있었다. 메일에서 느껴지는 분위기는 사뭇 진지했다. 본사와 커뮤니케이션 없이 국가 자체적으로 광고를 만들었다는 것에 대해 약간은 불편한 기색이 있어 보였고 문제의 국가가 누구인지 빨리 자수하라는 뉘앙스가 풍겼다. 영상에 나오는 주인공들이 동양인이라 서양인 입장에서는 국가를 파악하기 어려웠기에 한국에만 보낸 것이 아니라 중국, 일본, 대만의 담당자에게도 함께 보냈다. 당연히 한국 지사에서는 그런 영상을 만들지 않았기에 아니라고 대답했고 다른 국가도 모두 아니라는 대답을 보냈다. 영상이 워낙 폭발적으로 퍼져나가고 있어 본사는 약간은 당황스러워하는 모습을 보이며 좀 더 확인해 달라는 답장이 왔다. 그도 그럴 것이 당시 온라인 채널에서의 바이럴에 대한 정책과 활동이 회사 내에 전무했기 때문이다. 수소문 끝에 확인한 결과는 이랬다. 이 영상은 온라인상에서 D사 키스 광고로 유명한 콘텐츠였다. 외국에 있는 연인에게 키스를 배달한다는 기발한 아이디어, 자연스럽고 영화 같은 연출, 실감 나는 배우들의 연기로 전 세계인에게 극찬을 받고 있었다. 이 영상은 한국인 이재진 감독의 작품으로 세계 3대 광고제 중 하나인 뉴욕 페스티벌(New York Festival)에서 은상을 수상한 작품이었다. 처음에는 단순히 광고제 출품작으로 머물렀지만 약 1년여 시간이 지나고 유튜브(YouTube)와 미국의 대형 UCC(User Created Contents) 사이트를 통해 해외 네티즌들에게 알려지면서 유명세를 탔다. 당시 D사 한국 지사에 면접을 보러 오는 후보자들은 D사에서 직접 만든 공식적인 광고보다 이 광고를 더 많이 기억하기도 했다. 더 나아가 이 광고를 D사의 공식적인 광고로 인식하고 있어서 마케팅 담당자로서 당혹스러운 경우도 있었다. 회사 차원에서 보면 제작비나 미디어 집행 비용을 전혀 들이지 않고 엄청난 기업 인지도 및 이미지 개선의 행운을 누리게 되었지만, 마케팅 담당자 입장에서 본인의 영역을 뺏긴 것 같은 마음에 불편해하는 직원들도 있었다. 지금도 아쉬운 것은 당시 본사 정책으로 인해서 이 영상을 한국 마케팅팀에서 적극적으로 활용하지 못했다는 점이다. 하지만 이 영상 하나로 인해 마케팅팀이나 나는 많은 교훈을 얻었다. 제대로 된 디지털 콘텐츠가 얼마나 강력한지 그리고 자발적 바이럴의 효과를 체감하는 커다란 계기였다. 아울러 D사 한국 마케팅팀이 온라인 마케팅 활동을 본격적으로 하게 하는 시발점이 되었고, 이후 진행된 다양한 마케팅 활동에 영감을 많이 주었다. 지금 다시 생각해도 D사 키스 광고는 굉장한 사건이었다.

Marketer Kim's Focus

미국 마케팅학회(AMA, American Marketing Association)의 정의에 따르면 바이럴 마케팅(Viral Marketing)은 사람들이 마케팅 메시지를 퍼트리는 것을 촉진하는 마케팅 현상을 의미한다. 즉 전파 가능한 매체를 통해 자발적으로 어떤 기업이나 기업의 제품을 홍보할 수 있도록 제작된 콘텐츠나 메시지가 널리 퍼지는 마케팅 기법으로, 컴퓨터 바이러스처럼 확산된다고 해서 이러한 이름이 붙었다. 최근에는 소셜 미디어를 통해 거미줄처럼 네트워크되어 있는 소비자들에게 제품의 정보나 홍보가 바이러스처럼 빠르게 확산되는 현상을 볼 수 있다. 바이럴은 소비자가 스스로 찾는 콘텐츠며 자발적으로 친구와 지인과 공유하는 게 특징이다. 바이럴 마케팅은 2000년 말부터 확산되면서 새로운 디지털 마케팅 기법으로 주목받기 시작하였다. 기업이 직접 홍보하지 않고, 소비자를 통해 디지털을 기반으로 전해지는 광고라는 점에서 기존 광고와는 다르다. 입소문 마케팅과 유사하나 전파하는 방식이 다르다. 입소문 마케팅은 정보 제공자를 중심으로 메시지가 퍼져 나가지만 바이럴 마케팅은 정보 수용자를 중심으로 퍼져 나간다. 바이럴 마케팅은 인터넷, 웹, 소셜 미디어, 휴대폰 등 다양한 미디어를 활용할 수 있으며 동영상, 게임, 전자책(eBook), 브랜드가 가능한 소프트웨어(brandable software), 이미지, 문자 메시지 등 다양한 형태로 제작된다. 영화나 뮤직비디오는 브랜디드 엔터테인먼트(branded entertainment), 또는 애드버테인먼트(advertainment)라고 부르며, 게임 형태는 애드버게임(advergame)이라고 부른다. 많은 기업들이 바이럴 마케팅을 진행하고 있는데 성공적인 바이럴 마케팅의 중심에는 콘텐츠가 있고 이에 따라서 성패가 좌우된다고 해도 과언이 아니다. 그럼 바이럴 콘텐츠 제작 시 마케터가 고려해야 할 4가지 사항을 설명해 본다.

참신한 콘텐츠를 기획하라!

최근 사람들의 입에 오르내리고 빠르게 확산되는 콘텐츠를 보면 웃음을 주거나, 한 번도 보지 못한 신기한 내용이거나, 생활에 필요한 유익한 내용이거나, 생각하지 못했던 독창적인 콘텐츠가 많다. 이런 콘텐츠들 특징의 기저에는 새롭고 산뜻하다는 뜻의 '참신하

마케팅 좀 아는 사람

다'가 녹아 있다. 앞서 언급했듯이 소비자들이 공감하고 자발적으로 콘텐츠를 널리 알리기 위해서는 참신함이 콘텐츠의 생명이다. 기업의 마케터와 에이전시가 이런 참신한 콘텐츠를 발굴하기 위해서는 목표 고객들이 한 번도 경험해 보지 못한 것을 찾거나 기존 방식과는 다르게 콘텐츠를 표현해야 한다. 콘텐츠를 위한 수많은 아이디어를 평가하는 기준에서도 참신성을 최상위에 두어야 하며 위에 언급한 조건에 적어도 2개 이상은 부합해야 의미 있는 콘텐츠가 될 수 있다. 최근에 전혀 어울릴 것 같지 않은 이종 브랜드 간의 콜라보와 같은 참신한 콘테츠들이 바이럴로 크게 확산되는 것도 참고할 사례다. 하지만 참신한데 논란의 소지가 있는 콘텐츠는 자칫 브랜드에 악영향을 끼칠 수 있으므로 주의가 필요하다. 바이럴 마케팅의 시작은 회사가 할 수 있으나 제어가 힘들어서 논란의 소지가 있는 콘텐츠가 기업이 원치 않는 방향으로 확산될 수 있으니 조심해야 한다.

고객 친화적인 콘텐츠를 생산하라!

　　마케터들이 친화적인 콘텐츠를 제작하고자 할 때 목표로 하는 소비자 인사이트와 채널 특성에 대한 이해가 선행되어야 한다. 소비자 인사이트는 소비자 눈높이에서 그들의 생각과 언어, 삶의 방식을 이해하는 것이고 채널의 특성에 따른 가장 최적화된 콘텐츠 형태로 제작되어야 효과를 극대화할 수 있다. 아울러 해당 콘텐츠를 담당할 인력도 목표 고객과 채널 특성을 가장 잘 이해할 수 있는 인원으로 구성하고 자율성을 부여해야 한다. 예를 들어 목표 고객은 MZ세대인데 X세대 팀장이 콘텐츠를 세세하게 관여한다면 그 콘텐츠는 핵심 고객의 입맛에서 멀어질 수밖에 없고 민첩하게 대응하기도 어려운 점이 있다. 팀장은 큰 전략 방향에서 기준만 정하고 감각 있고 핵심 고객을 이해하는 실무자들이 책임감을 가지고 진행할 수 있게 해주는 것을 추천한다.

콘텐츠를 적시에 활용하라!

마케터는 트렌드를 따라가면서 디지털 소비자들의 입맛에 맞는 콘텐츠를 적시에 활용해야 한다. 최근에는 아무리 재미있고 신선한 내용의 콘텐츠라도 리얼타임으로 소비자와 소통되지 않으면 시의성이 떨어져 바이럴 되기 힘든 것이 사실이다. 기업에서 바이럴 마케팅 진행할 때 에이전시를 활용하는 경우가 많다. 에이전시에서 초안 작업을 하고 기업의 실무 마케터가 확인하고 수정한 후, 최종 의사 결정권자에게 승인을 받는 프로세스를 상상해 보면 리얼타임으로 돌아가는 디지털 세상에서 경쟁력을 갖기 힘들다. 신규 및 긴급한 콘텐츠에 대한 의사 결정 구조를 간소화하고 실무 마케터의 권한 확대를 통해 콘텐츠 성공의 골든 타임

마케팅 좀 아는 사람

을 놓쳐 미투 콘텐츠가 돼버리는 우를 범하지 말았으면 한다.

관계 강화를 위해 꾸준히 업로드하라!

　기업에서 바이럴 마케팅을 시작하게 되었을 때 또 하나 중요한 사항은 지속적인 콘텐츠 업로드 관리이다. 기업의 상황에 따라 다르겠지만 기본적인 콘텐츠는 일정한 주기를 가지고 올리게 되고 화제성이 있는 콘텐츠가 중간중간 올라가는 게 일반적이다. 이러한 콘텐츠 업로드 주기를 지키는 것이 좋고 꾸준한 업로드를 통해 소비자와의 관계를 강화해야 한다. 마케터의 욕심이 과하여 매일매일 다양한 콘텐츠가 올라가기를 원하는 경우가 있는데 이는 콘텐츠를 받아들이는 소비자 입장이나 콘텐츠 제작 품질에도 문제가 있어 추천하지 않는다. 최근 화제가 되고 있는 콘텐츠를 보면 잘 짜인 구성과 퀄리티 있는 영상으로 네티즌들의 자발적인 호응을 얻고 있다는 것을 참고하길 바란다. 기업 내부의 마케팅팀 KPI로 인해 콘텐츠 숫자만을 채우기 위해 노력하지 말고 비록 횟수는 적어지더라도 질적인 측면에 관심을 두는 것이 좋겠다. 지속적으로 콘텐츠 안에 브랜드나 회사만의 고유한 정체성을 담아 디지털 세상으로 피져 나가게 되다 보면 마케터가 궁극적으로 꿈꾸는 이상적인 브랜딩에 한 발 다가서게 되는 것이다.

과거의 마케팅이 매스 미디어인 방송, 신문 등의 대형 미디어를 통해 불특정 다수의 사람에게 접근했다면, 최근의 마케팅 트렌드는 다양한 미디어를 활용해 목표 고객에 효율적으로 도달하는 것이다. 따라서 대기업도 이제 디지털을 활용한 바이럴 마케팅은 기본적으로 진행하게 되어 페이스북, 인스타그램, 유튜브 등을 적극적으로 활용하고 있다. 바이럴 마케팅은 마케팅 예산이 많지 않은 중소기업이나 중소 자영업자들이 좀 더 활발하게 활용하는 것도 특징 중의 하나다. 블로그, 카페, SNS 등 다양한 디지털 미디어를 통해 저비용으로 빠르고 정확하게 목표 고객에게 친근감 있게 접근할 수 있기 때문이다. 바이럴 마케팅은 디지털 플랫폼을 통해서 브랜드에 스토리를 만들고, 소비자에게 그 의미를 부여하고, 나아가 소비자의 인식에 자리 잡아서, 그걸 다시 주변 사람들에게 자발적으로 공유하고 확대 재생산되는 게 목표이다. 마지막으로 지나치게 상업적인 광고나 콘텐츠가 소비자에게 외면받는 것을 참고하길 바라며, 바이럴 마케팅은 올바르고 유익한 정보를 시의적절하게 재밌거나 독특하게 그리고 지속적으로 진정성 있게 전달하는 것이 필요함을 다시 한번 강조하고 싶다. 소비자들이 공감하고 자발적으로 콘텐츠를 공유하는 것은 생각보다 쉽지 않은 일이다.

*#바이럴 #콘텐츠 #참신성 #친화성 #시의성 #지속성
#진정성 #SNS*

매출과 직결되는
고객 초청 이벤트의 전략은
무엇인가?

Marketer
Kim's
Story

　　스크린 골프가 직장인 사이에서 선풍적인 인기를 끌었던 적이 있었다. 마케팅팀은 세일즈 부서와 회의를 통해 스크린 골프를 활용할 방법은 없을까를 논의했다. 가장 먼저 스크린 골프에 열광하는 타깃을 좀 더 상세하게 묘사해 보았다. 골프에 관심 있거나 시작한 지 얼마 안 되는, 여건상 필드에 자주 나가기는 어려운, 직장에서는 중간 관리자급 정도의 사람들로 의견이 모아졌다. 당시 저자가 다니던 회사의 핵심 고객사 내부 담당자를 세분화해 보면 다음과 같다. 협력 업체와의 거래를 최종 승인하는 의사 결정권자, 실무적인 사안 결정 및 협력업체를 관리하는 중간 관리자, 마지막으로 실제적인 일일 업무를 협력 업체와 진행하는 실무자로 크게 3가지 타깃으로 구분할 수 있었다. 기존 마케팅 활동을 고려했을 때 고객사 중간 관리자에 대한 전략적 마케팅 활동이 약하다는 생각을 늘 했었다. 논의하던 중에 어쩌면 스크린 골프의 목표 고객군이 정확하게 우리가 고민하는 중간 관리자와 유사하

　　　　　　　　　　　　　　　　　　　마케팅 좀 아는 사람

지 않을까 생각하게 되었다. 회의 중 직원 한 명이 아이디어를 냈다. "저희 회사 고객이 전국적으로 분포하니까 스크린 골프 대회를 한번 전국적으로 열어보는 것은 어떤가요?" 그러자 다른 직원이 아이디어를 덧붙였다. "각 지역 고객사 대상 예선 대회를 통해 인원을 선발하고 결승전은 지역적으로 중간에 위치한 대전에서 여는 겁니다. 마침 골프존 본사가 대전에 있고 그 회사 본사 내 훌륭한 스크린 골프 시설이 있습니다. 아울러 결승전에는 여성 프로 골퍼를 초청해서 원 포인트 레슨도 받게 하는 것은 어떨까요?" 또 다른 직원이 이벤트 예산과 관련된 실질적인 의견을 이야기했다. "참가자 수와 비용 측면에서 필드에서 진행하는 대회보다 훨씬 더 효율적일 것 같습니다." 이벤트는 일사천리로 기획되었고 총 2개월에 걸쳐 전국 11개 지역에서 400명 이상이 참여한 고객 초청 이벤트가 시작되었다. 대회를 진행하면서 게임의 성적도 중요했지만 영업사원이 한 조에 속해 스크린 골프를 함께 즐기면서 고객과의 유대감을 강화하고 비즈니스 기회로 연결하는 성공적인 고객 초청 이벤트가 되었다. 두 달 동안 진행된 이 이벤트는 각 지역 고객들의 뜨거운 호응으로 긍정적인 피드백이 마케팅팀으로 전달됐고 신규 고객 창출 및 기존 고객 매출 확대에도 톡톡히 기여했다. 대전에서 열린 결승전에 회사 대표를 모시고 시

상식을 진행한 뿌듯함을 지금도 잊을 수 없다.

마케팅에서 이벤트를 통해 고객 관계 강화 및 비즈니스 기회 확대를 목표로 하는 활동은 다양하다. 일반적으로 B2C 마케팅에서 흔히 사용하는 대규모 경품 이벤트 및 문화 이벤트 등이 있으며 B2B 마케팅에서는 고객 초청 이벤트, 콘퍼런스 등이 있다. 여기서는 마케팅 활동이 매출에 직접적으로 영향을 주는 B2B 마케팅에서의 고객 초청 이벤트에 대해서 설명해 보고자 한다. 고객 초청 이벤트는 기업의 제품과 서비스를 사용하는 고객사의 의사 결정권자 및 실무자 들을 초청하여 이벤트를 열고 그를 통해 매출 확대의 기회를 엿보는 것이다. 언뜻 생각해 보면 고객 초청 이벤트는 많으면 많을수록 좋고 다양한 고객을 초청하면 좋을 것 같지만 한정된 예산을 가진 마케터 입장에서 보면 전략을 가지고 효율성을 극대화할 활동을 고민해야 한다. 이러한 고객 초청 이벤트를 진행하게 될 때 전략적으로 고려해야 할 5가지 사항을 적어보고자 한다.

맞춤형
이벤트를 하라!

모든 마케팅 활동이 그렇듯이 고객 초청 이벤트도 사전에 목표, 목표 고객, 전략을 수립하고 연간 플랜에 따라서 진행되어야 한다. 한 해 동안 고객 초청 이벤트에 참여하는 신규 고객 수, 기존 고객 수, 고객사 담당자 참여자 수, 매출 확대 등과 같은 목표를 수립하고, 고객사 담당자를 세분화하여 목표 고객군에 어떻게 접근할지 전략과 실행 방안을 수립해야 한다는 것이다. 예를 들어보자. 첫째, 신규 유입 고객 대상에 접근하는 이벤트 방법은 SNS 채널을 활용하여 개방형 고객 초청 이벤트를 활용한다. 이를 통해 다수의 잠재 고객이 참여할 수 있도록 해야 한다. 전 직장에서 기업 스폰서를 모집해서 문화 행사를 진행하는 에이전시를 통해 경쟁력 있는 가격의 티켓 200~400장을 확보하여 인기가수 콘서트를 진행한 경험이 있었다. 콘서트 티켓이 가지는 밸류가 있어 시선을 끌기에 충분한 고객 초청 이벤트였다. 둘째, 고객사의 의사 결정권자를 대상으로는 VIP 마케팅을 진행해야 한다. 예산이 들더라도 조금 더 특별한 경험을 주기 위해 신경을 써야 한다. 예를 들어 단순히 골프를 함께 치는 것이 아니라 프로와 함께하는 프로암 대회를 기획하여 참여를 유도하는 것도 참여율과 사업적 효과 측면에서 좋은 방법이었던 것으로 기억한다. 셋째, 중간 관리자 대상으로는 목표 고객의 성향과 관심사를 파악하여 진행해 보는 것이 좋다. 이 고객군의 핵심 키워드로 '팀원과 함께'의 '가족과 함께'로 선정했던 기억이 있다. 예를 들어 직원들과 함께하는 스크린 골프 이벤트와 가족과 함께하는 뮤지컬 관람이 고객들에게 호응을 얻었던 경험이 있다. 넷째, 젊은 실무자를 대상으로는 친구 또는 연인과 함께할 수 있는 이벤트를 기획해 보는 것도 좋다. 가장 손쉽게 접근할 수 있는 영화 이벤트는 이벤트계의 스테디셀러라고 할 수 있다.

영업팀을 활용하라!

마케팅 활동의 궁극적인 목적은 기업의 이윤 창출이다. 다시 말해 매출 확대 및 수익 창출을 위한 모든 활동을 마케팅이라고 해도 과언이 아니다. 이러한 마케팅 활동 중 가장 직접적인 효과를 볼 수 있는 것이 고객 초청 이벤트이다. 마케팅 활동이 직접적으로 매출에 기여하기 위해서는 영업팀과의 협조가 필수적이다. 경험상 B2B 비즈니스에서 고객 이벤트 초청은 담당 영업 사원이 직접 진행하는 것이 좋다. 그 사유는 영업 사원이 고객을 접촉할 때 이러한 마케팅 활동 참여를 타진한다면 영업의 무기 하나가 추가되기 때문이다. 고객 입장에서 보면 담당 영업 사원이 본인과 본인의 회사를 특별하게 생각한다고 느껴 참여를 고려하게 된다. 참여를 결정했다면 현장에는 다양한 고객사에서 모인 사람들이 함께 있게 되고 서로 알지 못하기에 서먹서먹한 분위기가 연출되곤 한다. 이럴 때 영업사원이 서먹한 분위기를 깨주는 역할을 하며 자연스럽게 영업으로 연결하는 고리를 만들어야 하는 것이다. 저자가 진행했던 다양한 마케팅 활동에서 영업

마케팅 좀 아는 사람

팀은 마케팅팀과 한 팀이 되어 고객 참여를 유도하였다. 맨유 경기 관람, F1 레이스 고객 초청, 럭비 월드컵 이벤트, 태양의 서커스 관람 이벤트, PGA 골프 관람 이벤트, MAMA 이벤트, 영화 이벤트 등 그간 저자가 진행했던 다양한 고객 초청 이벤트가 단순히 좋은 관람 기회 제공에 그치지 않고 회사에 실제적인 수익을 안겨준 것은 영업팀과의 협조가 중요한 요소로 작용했기 때문이다.

특별한 경험을 하게 하라!

기업의 고객 초청 이벤트는 단순히 좋은 관람 및 혜택을 제공하는 것으로 끝나서는 안 된다. 참여하는 고객 이벤트의 만족도를 극대화하여 단기적인 매출 상승, 중장기적인 매출 확대로 이어지게 해야 한다. 이를 위해 현장에서 고객에게 이벤트 참여를 유도하여 기억에 남게 하고, 자사에 관한 정보를 자연스럽게 심어줄 수 있어야 한다. 따라서 현장에서 고객이 지루해 하거나 부담스럽지 않을 정도의 제품/서비스 소개, 함께할 수 있는 부수적인 이벤트, 기억이 될 특별한 기념품 등을 메인이벤트와 병행해야 시간을 내서 찾아온 고객의 기억에 각인될 수 있다. 특별한 경험을 통해 각인된 고객 이벤트는 참여 후 감사의 메일 및 향후 기업의 제품과 서비스를 사용하는 것으로 자연스럽게 이어진다. 이러한 이벤트 경험으로 고객의 충성도가 향상되어 신규 고객을 소개한다거나 큰 규모의 수주를 할 수 있도록 영향을 준 많은 사례가 있었다.

**트렌드를
활용하라!**

고객 초청 이벤트를 기획할 때 중요하게 생각해야 할 것은 신선함과 트렌드를 고려한 주제 선정이다. 아무리 근사한 이벤트를 기획한다고 해도 고객이 관심을 가지지 않는 주제라면 참여율은 떨어질 것이다. 새롭고 트렌드에 맞는 주제를 가지고 이벤트를 기획했을 때 고객의 참여율은 올라가고 비즈니스에 긍정적인 영향을 줄 수 있다. 전 직장에서 영화와 콘서트 위주의 고객 초청 이벤트를 진행하면서 신선함이 사라져 갈 때 도입한 것이 토크 콘서트와 콘퍼런스였다. 토크 콘서트는 당시 젊은 사람들을 대상으로 트렌드로 떠오르고 있다는 것을 감안하여 빠르게 도입을 결정했었다. 재미와 감동을 전할 수 있었던 김제동 토크 콘서트와 서경석 토크 콘서트는 주중 퇴근시간 후 진행했음에도 전석이 매진되는 큰 호응을 얻었다. 또 하나는 콘퍼런스가 한국에서는 아직 익숙지 않다는 우려에도 불구하고 고객사 담당자들이 가장 궁금해 하고 핫한 키워드인 이커머스를 주제로 콘퍼런스를 진행해 보았다. 처음으로 진행했던 이커머스 콘퍼런스에는 주중 업무시간인데도 담당자들이 많이 참여하여 실질적인 정보를 얻어 갈 수 있는 시간이 되었다.

마케팅 좀 아는 사람

고객사 이벤트가 끝나고 단순히 현장 참석자 수와 사진 몇 장으로 결과를 매듭지어서는 안 된다. 마케터라면 고객사 초청 이벤트가 끝난 후 인내심을 가지고 결과를 추적하는 노력을 기울여야 한다. 이러한 노력을 통해서 마케팅 활동의 당위성이 회사 내에서 설득력 있게 전달될 수 있기 때문이다. 내부적으로는 영업팀을 대상으로 이벤트에 대한 피드백을 취합하고, 외부적으로는 참석자의 만족도, 개선해야 할 사항 등에 대해서 정성적 조사를 기본적으로 진행해야 한다. 정량적으로는 이벤트별 만족도 평가, 참여 고객사의 매출 추이 모니터링, 영업팀별 활용도 등을 수치화해서 관리하여 향후 고객 초청 이벤트에 반영하고, 다른 마케팅 활동에도 DB로 활용할 수 있도록 해야 한다.

B2B 비즈니스에서 고객 초청 이벤트는 매출로 직결되는 경우가 많아 가장 중요한 마케팅 활동으로 여겨진다. 따라서 앞서 이야기한 전략적 방향성을 수립하고 진행해야 그 효과를 극대화할 수 있다. 마케터로서 명심해야 할 사항은 고객 초청 이벤트는 철저히 고객 중심적으로 진행해야 성공 확률이 높다는 점이다. 고객이 관심을 가질 주제로, 고객이 부담스럽지 않을 정도의 수준에서, 고객 본인 시간을 사용한 것에 만족감을 가질 수 있도록 진행해야 한다. 하지만 마케터의 욕심과

판단 착오 때문에 고객 초청 이벤트를 망치는 경우도 많이 보았다. 대표적인 사례가 고객 초청 이벤트 말미에 고객과 함께 플래카드를 들고 파이팅을 외치며 사진을 찍는 것이다. 마케터 입장에서 보면 이벤트를 위해 사용했던 비용의 증거를 남기고 결과 보고서를 쓰기 위한 중요한 과정이겠지만 고객사에서 참석한 담당자 입장에서 보면 여간 부담스럽고 어색한 일이 아닐 수 없다. 또 다른 예로 자사 홍보가 지나쳐 참여한 고객들이 눈살을 찌푸리는 경우다. 이런 경우는 약간의 호의를 베풀면서 기업의 이익을 바라는 속내가 훤히 드러나면서 오히려 역효과를 보게 되니 주의해야 한다. B2B 비즈니스 현장에서는 성공적인 고객 초청 이벤트가 대규모 수주로 이어지는 단초가 되는 경우가 많은데, 이것이 바로 비즈니스 기회의 확대이며 마케팅의 직접적인 효과임을 잊지 말아야 할 것이다.

#고객초청이벤트 #스크린골프 #맞춤형이벤트 #영업팀
#B2B비즈니스 #결과모니터링 #영업수주

마케팅 좀 아는 사람

스포츠 후원의
전략적 방향성은
무엇인가?

많은 직장인들이 그렇듯 입사 후 3년간은 업무를 배우느라 바쁘고 월급이 생기면서 술자리도 늘어간다. 저자 역시 정신없이 세월을 보내던 와중에 건강도 챙기면서 스트레스를 해소할 취미 생활을 찾아야 한다는 생각에 이르게 되었다. 밴쿠버 어학연수 시절 캐나다의 많은 어린이들이 아이스하키를 즐기는 모습을 보면서 언젠가는 나도 꼭 한 번 해보겠다는 생각을 하게 되었다. 그렇게 아이스하키는 나의 취미생활이 되어 최근까지 이어졌다. 아마추어 클럽에 가입해서 동호회 활동을 하면서 아이스하키의 매력에 빠졌고 이 스포츠를 내가 하는 업무에 연결할 수 없을까를 고민했다. 당시 마케팅 업무를 하면서 뭔가 새로운 아이템이 필요하기도 했다. 인터넷으로 대한아이스하키협회 전화번호를 확인하고 전화를 걸었다. "저는 D사에서 마케팅을 담당하고 있는 ○○○이라고 합니다. 혹시 마케팅 담당자나 유관 업무를 하고 있는 분과 통화할 수 있을까요?" 그러자 본인이 담당자인데 무슨 이유로 전화를 했는지를 물었다. "다름이 아니라 저희 회사가 가지고 있는 업의 특성을 살려서 대한민국 국가대표팀을 후원하고 싶습니다. 평창 동계올림픽까지 서로 협력할 수 있는 부분이 많을 것으로 생각됩니다." 이렇게 이야기하자 대한아이스하키협회 담당자는 바로 다음날 우리 회사를 방문하였고 그 후 스폰서십은 일사천리로 진행되었다. D사는 아이스하키 남녀 국가대표팀의 해외 전지훈련에 물류를 전담하고, 회사의 로고를 국가대표 훈련 유니폼에 부착하는 것과 고객들을 국가대표팀 친선경기에 초청하여 관람하는 것으로 합의되었다. 아울러 국가대표팀 선수들의 장비를 지속적으로 안전하게 전달하기 위해 특수 포장 자재를 만드는 성의를 보였고, 연간 훈련 스케줄에 따라 도착 국가 운영 담당자와 세부 협의도 사전에 완료해 두었다. 2015년 7월, 4년간의 물류 파트너 후원 기자 간담회를 마지고 대한아이스하키협회 담당자가 말을 건넸다. "아이스하키가 한국에서는 비인기 종목인데 이렇게 먼저 다가와 준 것에 대해서 진심으로 감사합니다. 처음으로 감독님께 칭찬도 받았습니다. 양사가 원원하는 최고의 후원이 되도록 노력하겠습니다." 이와 더불어 NHL에서 한국인으로서는 처음으로 활약했고 대한민국 국가대표 감독을 맡고 있는 한국 아이스하키의 레전드 백지선 감독은 이런 인사말을 남

마케팅 좀 아는 사람

겼다. "국가대표 선수들이 전지훈련이나 외국에서 시합을 위해 이동할 때 엄청난 부피와 무게의 장비를 직접 들고 이동하는 것을 보며 한숨만 나왔습니다. 하지만 글로벌 최고 물류기업 D사 덕분에 이제 선수들은 국가대표라는 자부심으로 어깨를 펴고 경기에만 집중할 수 있게 되었습니다. 정말 다행이고 감사한 일입니다." 나는 D사를 떠났지만 2022년까지 후원을 연장했다는 소식을 접하면서 전략적으로 확실한 콘셉트의 스포츠 후원은 롱런할 수 있다는 것을 다시 한번 생각하게 되었다.

Marketer
Kim's
Focus

스포츠 마케팅의 목표는 기업이 스포츠를 통해 회사 및 제품의 인지도를 높이고 이미지를 개선하거나 유지하려는 것이다. 이 마케팅은 일차적으로는 커뮤니케이션 효과를 얻기 위한 목적이 있으나 최종적으로 제품 판매의 확대가 목표이다. 스포츠 후원은 기업이 현금이나 물품 또는 노하우, 조직적 서비스를 제공함으로써 스포츠 스타, 팀, 연맹 및 협회, 스포츠 행사를 지원하여 마케팅 커뮤니케이션의 여러 목표를 달성하기 위한 기획, 조직, 실행, 통제하는 모든 활동이다. 즉 상업적 목적을 달성하기 위해 스포츠 활동에 재정적 또는 이에 상응하는 현물/서비스 지원을 제공한다. 마케팅 현업에 있다 보면 다양한 스포츠 스폰서십 제안을 받게 된다. 아직까지 우리나라의 스폰서십 제안 수준은 스폰서 금액 얼마에 기대 효과로 노출량, 노출 방법 등을 이야기하는 수준에 그치고 있다. 이는 스폰서십에 대한 정량적인 결과를 정확하게 측정하기 어렵기 때문일 것이다. 예를 들어 프로 리그 타이틀 스폰서십을 기업에서 진행했다고 하면 결과는 다음과 같을 것이다. 후원에 대한 별도 리서치가 이루어지지 않는다면 이번 스폰서십을 통해 TV 노출이 몇 번 있었고, 현장 관객 수는 몇 명이었으며 기사 노출은 몇 건이었다는 정도로 결과를 정리할 수 있을 것이다. 이런 결과를 가지고 회사에 실질적인 매출과 이익 확대에 도움이 되었다고 하기에는 궁색할 수밖에 없다. 모든 스폰서십은 나름대로 정성적·정량적 효과가 충분히 있다고 생각된다. 다만 단순히 노출 위주가 아닌 업의 특성을 살리거나 사업 성과와 연계된 전략적인 방향으로 스폰서십을 활용하지 않는다면 돈은 돈대로 쓰고, 고생은 고생대로 했지만 사내에서 전혀 알아주지 않는 마케팅 부서만의 위안밖에 되지 못하는 것이 사실이다. 그럼 성공적인 스폰서십은 어떻게 전략적으로 접근하는지 사례를 통해 설명해 본다.

마케팅 좀 아는 사람

사례 1.

사업의 전략과

함께한

후원(삼성의

프리미어 리그 첼시

FC 후원)

업계의 대표적인 글로벌 스포츠 후원 성공 사례다. 사업의 전략적 방향과 스폰서십의 효과가 정확하게 일치한 예라고 볼 수 있다. 삼성은 첼시 FC와 05-06 시즌부터 14-15시즌까지 10년간 약 2,000억 원 규모의 유니폼 스폰서 계약을 체결했다. 삼성의 스폰서십 전략 방향은 삼성의 인지도 및 선호도 향상을 통해 유럽 사업 확장을 목표로 했고, 삼성이 가진 No.1 이미지 지향과 회사 고유의 컬러인 '블루'가 EPL 리그의 최고 구단이며 블루 컬러를 가지고 있는 첼시 FC 이미지와 정확하게 맞아떨어졌기 때문이다. 실제로 삼성은 이 스폰서십을 통해 유럽에서의 브랜드 인지도와 판매가 2배 이상 증가한 것은 물론 2012년 1분기 기준 유럽 내 TV시장 점유율이 35.9% 증가하였다. 큰 금액의 후원이었지만 사업 전략과 맞물려 후원의 효과를 제대로 보여주었던 대표적인 사례라고 할 수 있다.

사례 2.

기업의 특성을

극대화하는

후원(DHL의 후원)

한국에서는 후원이라는 것이 톱다운 방식으로 내려오는 경우도 많고 여러 가지 사업적 상황에 따라 행해지는 경우도 많다. 그러나 저자가 생각하는 최고의 후원들은 모두 전략적 방향성이 있다. 이런 측면에서 보면 세계 최고의 물류기업인 DHL의 후원 전략은 아주 심플하고 효과적이다. 글로벌 차원의 후원을 진행할 때 다음과 같은 3가지 전략 방향하에서 이루어진다.

첫째, 브랜딩은 기본이고 기업이 가진 물류업을 통해서 후원에 기여할 수 있어야 한다. DHL에서 진행하고 있는 후원은 F1 대회의 머신을 옮기는 것, 맨체스터 유나이티드 팀 후원을 통해서 비시즌 기간 동안 훈련 장비를 운반하는 것, 태양의 서커스 후원을 통해서 각 국가 이동 시 물류 서비스를 제공하는 것 등을 예로 들 수 있다. 두 번째로는 세계 최고 종합 물류 기업에 걸맞은 각 분야 최고의 파트너와 후원을 체결한다. 세계 3대 스포츠 이벤트인 F1, 프리미어 리그 최고 인기 구단 맨체스터 유나이티드, 세계 최초 오케스트라 라이프치히 게반트 하우스 오케스트라 등 이름만 들어도 알 수 있는 최고의 파트너를 선택해서 후원의 효과를 극대화한다. 마지막으로 이러한 후원이 고객과의 영업과 마케팅 툴로 활용되어야 한다는 것이다. 스포츠 및 공연 등을 고객과 함께 관람하면서 자연스럽게 비즈니스 기회로 확장하는 전략이다.

사례 3.

프로선수의

이미지와

연계한

후원(스포츠 스타 후원)

대중적으로 인지도가 높은 스포츠 선수를 후원함으로써 기업의 이미지를 제고하고 매출을 확대하는 스포츠 마케팅 전략이다. 대표적인 예가 마이클 조던, 리오넬 메시, 스테판 커리, 크리스티아누 호날두, 타이거 우즈, 김연아 등으로 이름만 대면 알 수 있는 스포츠 스타는 거액의 기업 후원을 받고 있다. 나이키가 신

마케팅 좀 아는 사람

인인 마이클 조던과 계약하여 그의 이름을 딴 에어 조던 농구화를 출시해 첫해에 매출 1억 달러를 올린 것과 오늘날까지 조던 브랜드가 여전히 나이키의 주요 매출을 차지하고 있다는 것은 스포츠 스타 후원의 효과를 실감하게 한다. 하지만 이러한 특정 선수를 후원할 때 마케터로서 여러 가지 고려해야 할 사항이 있다. 첫째, 후원하고자 하는 선수의 이미지가 기업이 추구하는 이미지와 일치하는지 확인이 필요하다. 둘째, 후원 선수로 인해 향후 발생할 리스크가 없는지 고려해 보아야 한다. 셋째, 이러한 후원 활동을 극대화하기 위한 활용 방안을 미리 계획하여 사업적 성과로 연결될 수 있도록 해야 한다.

Marketer Kim's Comment

글로벌화와 디지털화가 빠르게 진행되면서 전 세계 스포츠 시장에서도 스포츠에 대한 욕구와 스포츠 관련 산업이 급격히 성장하는 계기가 마련되고 있다. 올림픽, 월드컵, 각 종목의 프로 리그 등을 통해 많은 스타가 등장하고, 몸값이 천정부지로 뛰고 있음은 우리가 알고 있는 사실이다. 또한 스포츠 스타가 착용하는 의류, 신발, 모자, 운동 용품 등 관련 산업 역시 급성장하고 있어 스포츠가 단순히 오락적 활동과 기업을 알리는 홍보 수단에 머무르지 않고 거대한 비즈니스로 떠오르고 있다. 스포츠 관련 산업이 발전하면서 스포츠 분야와 여가산업 간에 경쟁 구도가 형성되고, 이러한 경쟁 상황은 한정된 소비자를 그들 분야로 유인하기 위한 다양한 마케팅 기술을 필요로 하게 되었다. 이로 인해 스포츠와 마케팅이라는 학문을 자연스럽게 결합되도록 하였으며, 보다 나은 스포츠 상품 및 서비스를 제시해 타 산업과 대비하여 차별적 경쟁우위를 확보하고자 하는 마케팅 개념을 적극적으로 받아들이게 된 것이다. 스포츠 후원이 단순히 TV에 몇 번 노출되었고 어디에 로고가 들어가는지가 중요했던 시대는 지났다. 후원을 통해 마케팅 활동의 효과를 극대화하기 위해서는 전략적인 접근이 필요하고 사업적으로 연결시킬 수 있는 체계적인 프로모션 계획을 준비하고 실행해야 한다. 몇몇 대기업에는 스포츠 후원만을 담당하는 마케팅 기능이 따로 있을 정도로 중요한 부서로 부각되고 있다. 스포츠 후원과 사업적 성과가 시너지를 내기 위해서는 선택과 집중이 필요하고 정량적 평가가 수반되어야 한다. 스포츠 후원은 전략적으로 활용하면 대박을 칠 수 있는 몇 안 되는 마케팅 툴이다.

#스포츠후원 #아이스하키 #사업전략 #전략적후원
#삼성전자 #첼시FC #DHL #마케팅툴 #프로선수후원

모두가 윈윈하는
대학생 홍보대사 성공 요인은
무엇인가?

Marketer
Kim's
Story

저자는 글로벌 기업 마케팅팀에서 근무했을 때 대학생 홍보대사를 론칭하고 진행했던 경험이 있었다. 노후화된 회사의 이미지를 개선하고, 잠재 고객 대상 인지도 향상, 우수한 마케팅 인력 확보 차원에서 시작하게 된 대학생 홍보대사 프로그램은 기수가 거듭될수록 콘텐츠, 지원자 수, 결과물 등 모든 측면으로 검토했을 때 성공적인 마케팅 활동이라고 평가받았다. 다른 기업의 대학생 홍보대사와 차별화하기 위해 소수의 인원을 기수별로 뽑았고 기업에 있는 마케팅 실무자들과의 교류를 강화하겠다는 취지 덕분에 대부분의 학생과 상당히 친분이 쌓이게 되었다. 그 인원 중 가장 활발하게 활동하고 우수한 결과를 냈던 L이 있었다. 세월이 흘러 저자는 국내 대기업인 C사로 이직하게 되었고 신규 마케팅팀을 셋업하는 과정에서 마케팅 인원 한 명이 더 필요하게 되었다. 참 내난한 인연인 게, D사에서 대학생 홍보대사 시절 최우수 학생이었던 그 친구가 C사 신입사원으로 현장에서 연수를 받고 있었다. 그 친구의 역량과 과거 경험을 어필하며 인사팀과 협의를 진행하였고 최종적으로 마케팅팀에 합류시킬 수 있었다. D사에서의 인연이 없었다면 지금 L은 마케팅이라는 업무를 하기 힘들었을 것이라 생각한다. 그때는 학생들이 보기에 하늘과 같은 부장과 대학생 홍보대사로 만났지만, 시간이 흘러 한 회사에서 근무하는 동료로 만나서 마케팅 업무를 같이 진행하는 관계가 되었다. 같이 일하는 직원들과 가끔 소주 한잔하면서 "○○○님과 이렇게 동료로 만나서 같이 일하게 될 줄은 정말 몰랐습니다."라는 이야기를 하는 거 보면 대학생 홍보대사 활동이 한 사람의 직장 경력을 바꾸는 계기가 될 수도 있겠다는 생각을 하게 된다.

Marketer
Kim's
Focus

한때 대한민국 기업들이 대학생 홍보대사라는 제도를 유행처럼 시행했던 시기가 있었고 지금도 여전히 많이 사용하는 마케팅 프로그램으로 알려져 있다. 대학생에게는 학교에 다니면서 기업과 업무에 대해서 미리 경험해 보는 장점이 있고, 기업의 입장에서는 대학생들의 신선한 아이디어를 들을 수 있고 잠재 고객에게 기업의 이미지를 제고할 기회가 되므로 상호 원원하는 프로그램으로 각광을 받고 있다. 하지만 몇몇 기업에서 '열정 페이'라는 말이 나올 정도로 진정성 없이 이러한 프로그램을 활용하면서 사회적 이슈가 된

마케팅 좀 아는 사람

적도 있었다. 글로벌 기업에서 마케팅을 담당하면서 그룹 내 최초로 한국에서 '퓨처리스트'라는 이름으로 대학생 홍보대사 제도를 진행해 조명을 많이 받았다. 이 프로그램은 한 학기 동안 주별, 월별, 개인 및 팀 과제가 주어지고 결과를 발표하며 서로 평가하는 시스템으로 구성되어 있다. 이런 활동의 결과를 바탕으로 우수 학생에게는 인턴십 기회를 주고, 마케팅팀 또는 유관 부서에 결원이 생길 때 정규직 지원 시 가산점을 주는 보상 체계를 구축해 기업과 학생 모두 만족할 만한 제도를 마련하였다. 이를 계기로 국내의 다른 물류 기업들도 홍보대사를 본격적으로 진행한 것을 보면 마케팅 불모지인 물류 산업에서 의미 있는 활동으로 이어졌다. 그 결과 그룹 내 글로벌 마케팅 콘퍼런스에서 모범 사례(Best Practice)로 발표한 것을 보면 지금 생각해도 흐뭇하다. 그렇다면 이런 대학생 홍보대사를 활용할 때 어떤 방향성을 가지고 진행해야 하는지에 대해 그간의 경험을 바탕으로 이야기해 보고자 한다.

체계화된 커리큘럼

기업에서 대학생 홍보대사 프로그램을 시행할 때 마케터가 주의해야 할 사항이 있다. 마케터들이 확고한 방향성 없이 에이전시에 전적으로 맡기는 경우이고 이럴 때 체계화된 콘텐츠와 스케줄 없이 보여주기 식 진행을 하는 경우를 많이 보았다. 마케터들이 현업에 바

쓰고 대학생 홍보대사 인원이 많다 보니 에이전시를 활용해서 관리하는 부분에 대해서는 인정하나 홍보대사의 방향성과 각각의 과제에 대해서 마케터 스스로 충분히 개념을 가지고 있어야 한다. 이 제도를 통해서 어떠한 목표를 달성하고 싶은지, 기업이 가지고 있는 정보를 충분히 홍보대사에게 교육하고 설명할 시간이 있는지, 어떤 미션과 과제를 줄 것인지, 평가의 방법과 기준은 명확하게 수립되어 있는지, 시상 제도는 동기 부여하기에 충분한지 등 담당 마케터가 에이전시와 충분히 협의하여 제도를 만들어야 한다. 홍보대사를 뽑아 두고 명확한 방향성과 충분한 정보 없이 표류할 때 참가자들에게 불만이 터져 나오는 것은 당연하며 기업의 향후 지지자가 되어야 할 잠재 고객을 잃는 상황이 된다.

커리어로 연결될 수 있는 인사제도

대학생 홍보대사 입장에서 보면 이 활동을 참가하는 목적은 두 가지로 요약될 수 있다. 이런 활동을 통해 미래의 마케터로서 경험을 쌓는 것과 향후 해당 기업에서 근무할 기회를 모색해 보는 것이다. 기업이 이러한 니즈를 맞춰 주어야 참가한 학생들이 홍보대사로서 최선을 다하는 모습을 기대할 수 있을 것이다. 위에서 언급한 체계화된 커리큘럼을 통해서 미래의 마케터로서 경험을 쌓는 기회를 줄 수 있다면 취업과 관련되어서는 마케터들의 노력이 수반되어야 한다. 이 부분은 유

마케팅 좀 아는 사람

관 부서인 인사부서와 긴밀한 커뮤니케이션이 필요한 부분이라고 생각한다. 예를 들어 우수 활동자에 인턴십 기회를 부여하는 것은 정부 정책과 발맞춰 진행하게 되면 기업의 입장에서는 비용이 크게 발생하지 않을 수 있다. 아울러 정규직 채용은 기업마다 정기 채용제도가 존재하기에 충분한 논의가 필요하고 쉽지 않다면 향후 채용 기회 발생 시 가산점 제도 등을 활용해 보면 어떨까 생각한다. 인사부서 입장에서 보면 회사의 핵심이 되는 우수 인재를 검증 과정을 통해서 선발한다고 하면 크게 반대할 명분이 없어 보인다. 다만 이런 것들을 제도화하기 위해서는 홍보대사 선발 과정부터 진행까지 인사부서의 참여와 협업이 필수적이다.

**학생과
마케터의
진정성**

대학생 홍보대사 제도를 두 개의 객체가 윈윈하는 상황을 만들기 위해서는 양측 모두 진정성 있는 자세가 필요하다. 이 제도를 통해서 마케터가 가장 주의해야 할 점은 기업이 무상으로 대학생들의 열정을 이용해 홍보 도구로 활용하겠다는 생각을 해서는 안 된다는 것이다. 이러한 생각을 가지고 있는 경우 기업은 오로지 얼마나 많은 홍보 효과를 얻었는지에 대해서만 관심을 보이게 된다. 또한 보다 너 많은 양적 결과를 이루기 위해서 대규모 인력을 홍보대사로 뽑아서 에이전시를 통해 관리하게 되는데, 인원이 많다 보니 관리가 제대로 이루어지 않는 경우가 많다. 이럴 때 참여한 학생들은 기업의 진정성을 느끼지 못하여 중간에 이탈하는 경우도 많고, 제도 자체에 대해서 불만을 품어 오히려 향후 잠재 소비자인 그들에게 안 좋은 이미지를 심어주는 역효과가 발생한다. 최소한의 비용을 지불해야 하는 것은 물론이며 대학생들의 참신한 아이디어와 이를 통한 홍보효과를 얻기 위해 에이전시를 통해서 전적으로 관리하는 것이 아닌 기업 내 마케팅 실무자들이 함께 참여하여 제도를 효과적으로 만들어 나아가야 한다. 대학생 홍보대사들도 스펙을 쌓기 위해 참여하는 활동이 아닌 미래의 마케터가 되기 위한 경험을 쌓는 것이므로 활동하는 기간 동안 최선을 다해 기업이 원하는 결과물을 만들기 위해 노력해야 한다. 몇몇 대학생 홍보대사는 단지 이력서에 한 줄 쓰기 위한 것으로 생각해서 활동을 게을리하는 경우도 본 적이 있다. 이는 진정으로 마케팅을 하고자 하는 다른 사람들의 기회를 뺏는 것이기도 하고 기업이 이러한 제도를 지속적으로 추진하는 데 걸림돌로 작용할 수 있다는 것을 명심해야 한다.

Marketer Kim's Comment

　　저자는 대학생 홍보대사 활동은 기업의 입장이나 학생의 입장에서 여러 가지로 도움이 되는 제도라고 생각한다. 최근 취업난으로 힘들어하는 젊은 세대를 위한 기업 노력의 일환이 될 수도 있고, 마케터가 되고 싶어도 희망 직무와 연결할 수 있는 마땅한 사다리가 없었던 수많은 후보자들에게 도움이 될 수 있는 제도이기 때문이다. 다만 이런 제도를 시행함에 있어서 앞서 언급했듯이 양측 모두 진정성을 가지고 접근하지 않으면 차라리 시행하지 않는 것이 도움이 될 수 있다. 마케터 입장에서 이런 제도를 시행할 때 명확하게 기억해야 할 사항은 대학생 홍보대사에 지원한 학생들 모두 잠재적 고객이며, 활동을 시작한 홍보대사, 그 친구와 가족 모두 현재 기업의 고객이거나 잠재적 고객이라는 것을 잊지 말아야 한다. 마케팅에서 해야 할 업무 중 가장 중요한 것이 신규 고객 창출이라면 이 제도가 그 일환으로 볼 수도 있다. D사에서 대학생 홍보대사를 했던 한 학생이 과정을 끝마치면서 했던 말이 지금도 생생하게 기억난다. "그동안 보이지 않았던 노란색 차량이 이제는 너무 자주 보이는 것 같습니다. 활동은 끝났지만 앞으로도 영원히 D사의 팬으로 남을 것 같습니다. 행복했습니다." 개인적으로 능력 있는 젊은 홍보대사들을 보며 마케터로서 많은 자극이 되었다는 것을 고백한다.

#대학생홍보대사 #진정성 #커리큘럼 #인사제도 #인턴십 #잠재고객

브랜딩의 시작,
네이밍은 무엇인가?

Marketer
Kim's
Story

지금까지 근무하던 회사에서 진행했던 네이밍 프로젝트 중에 기억에 남는 작업을 생각해 보았다. 첫 번째 기억은 에이전시 AE 시절 국내 유명 식음료 회사를 담당했던 시기였다. 기존 우유와 커피 라인업에 소비자의 건강 트렌드에 맞춰 두유 제품을 출시하게 되었다. 당시 두유 시장은 특정 2개 회사가 오랫동안 장악하고 있었고 신규로 출시될 제품은 이미지의 차별화를 통해 소비자의 머릿속에 인식되고자 했다. 이미지 차별화의 시작점은 바로 신제품의 네이밍이었고 기존 두유 시장에서 사용되는 올드한 이미지의 네이밍에서 벗어나고자 했다. 해당 클라이언트 마케팅 담당자의 도움 요청으로 우리 회사는 네이밍 제안 작업을 진행했다. 당시 나는 네이밍에 대한 경험과 지식이 전무했고, 특별한 이론이 시장에 없었던 상황이라 여러 조합을 가지고 두유라는 이름이 들어간 네이밍을 제안했던 것으로 기억한다. 지금 생각해 보면 한심하지만 당시에는 '왜 이런 하찮은 일까지 광고 에이전시에서 해야 하나?'라고 생각하기도 했다. 두 번째 기억은 글로벌 기업에서 대학생 홍보대사를 진행하기로 결정하고 사내외 커뮤니케이션을 위한 대학생 홍보대사 네이밍 작업을 했던 시기다. 다른 기업들에서 진행하는 대학생 홍보대사 네이밍과 차별화되며 미래 지향적인 젊고 역동적인 이미지를 만들고자 했던 콘셉트를 바탕으로 다양한 후보 중에서 퓨처리스트(Futurist)를 최종 선택하게 되었다. 당시에는 선정된 네이밍이 너무 평범하고 심플한 것 아닌가라고 생각했지만 지금 생각해 보면 발음하기 싶고 한 번에 이해하기 쉬운 잘 된 네이밍이 아닌가 생각해 본다. 세 번째 기억은 회사의 영문 사명을 변경하기 위한 대대적인 네이밍 작업이었다. 프로젝트의 중요성이 큰 만큼 네이밍을 전문으로 하는 에이전시를 통한 후보안 개발과 마케팅팀 후보안 개발 및 전사 직원 네이밍 공모, 최종 후보안 직원 평가, 경영진 결정까지 수많은 과정을 거쳐 최종적으로 영문 사명을 확정했다. 영문 사명의 경우 글로벌 무대에서 활용돼야 하는 특수성 때문에 주요 국가의 법무 확인 절차도 꽤나 오래 걸렸다. 이런 수많은 과정을 거치며 1년여 간 끌었던 영문 사명은 허무하게도 가장 처음에 나왔던 안이며, 누구나 생각할 수 있는 해당 산업을 의미하는 단어로 결정되었다. 마케팅 업무를 하면서 지금까지 해왔던 네이밍 작업을 돌이켜보면 몇 가지 개인적인 교훈이 있었다. 네이밍 작업은 절대한 번에 끝나지 않는다는 것, 생각보다 시간을 많이 필요로 한다는 것, 최종 의사 결정권자가 아니면 아무도 결정하거나 정답을 이야기해 주지 않는다 것, 네이밍이 잘되고 못 되었는지는 시간이 흐른 후 브랜드의 성공 여부에 따라 평가된다는 것이다. 아무튼 네이밍 작업은 그 과정의 어려움과 중요성으로 인해 마케터에게는 굉장히 까다로운 업무라는 것을 여전히 실감하고 있다.

Marketer Kim's Focus

회사명, 브랜드명, 상품명, 캠페인명 등을 새롭게 만드는 것을 마케팅 현장에서는 네이밍이라고 부른다. 네이밍은 소비자가 브랜드와 상품을 쉽게 기억할 수 있도록 도와주는 역할을 한다. 네이밍 작업 시 브랜드가 론칭된 이후에는 쉽게 바꿀 수 없고, 오랜 기간 많은 마케팅 비용이 투자될 예정이며, 만들어진 브랜드명은 결국 기업의 매출에 커다란 영향을 주기 때문에 신중하게 선정해야 한다. 기업에서는 마케터가 언어학자도, 카피라이터도, 상표법 법률 전문가도 아님에도 불구하고 의외로 이 부분에 대한 니즈가 많고 당연히 마케팅팀에서 직접 해야 하는 일로 생각하는 경우가 많다. 오늘날 기업의 중요한 마케팅 포인트로 지목될 만큼 브랜드 네이밍에 대한 관심이 커짐에도, 정말 중요한 네이밍 프로젝트를 제외하고는 내부적으로 몇몇 마케터들이 아이디어를 내서 진행해야 한다는 것은 아이러니하다. 과거

마케팅 좀 아는 사람

와 달리 네이밍 방식도 진화하는데, 브랜드 네이밍 작업을 예로 들어 마케터로서 고려해야 할 사항을 이야기해 보고자 한다. 첫째, 확장성을 고려해야 한다. 『마케팅 불변의 법칙』에서 이야기했듯이 성공적인 브랜드는 필연적으로 확장의 압력을 내부에서 받기 때문에 향후 일어날 수 있는 브랜드 확장성을 염두에 두어야 한다. 둘째, 경쟁사 브랜드 네이밍과의 차별화 포인트가 있는지 체크해야 한다. 후발 주자일수록 이 부분을 깊게 고민해 보아야 한다. 소비자 인식에 자리 잡은 선도 브랜드 네이밍과 함께 포지셔닝될 수 있거나 새로운 브랜드로 소비자에게 인식되기 위해 파괴력 있는 네이밍을 고려해야 한다. 셋째, 제품 및 서비스의 기능과 특징을 직관적으로 잘 표현하고 있는지 또는 제품 및 서비스의 콘셉트를 이미지적으로 형상화하고 있는지 생각해 보아야 한다. 넷째, 부정적인 단어가 연상되거나 글로벌 시장을 겨냥해서 외국어로 부정적인 의미가 있는지 꼭 확인해야 한다. 특히 글로벌 브랜드를 지향한다면 영어권뿐만 아니라 중국어권, 스페인어권 정도는 체크해둘 필요가 있다. 다섯째, 듣기 편하고, 시각적으로 명료하며, 발음하기 쉬운지를 고려해야 한다. 글로벌 시장을 목표로 하는 브랜드라면 더더욱 발음하기 쉽고 기억하기 쉬운 심플한 네이밍을 고려해야 한다. 여섯째, 패밀리 브랜드가 있다면 카테고리 안에서 다른 자사 제품 등과도 어울릴 수 있는 네이밍을 생각해야 한다. 일곱째, 상표법에 대한 법률적 검토가 필요하다. 식별력이 중간 이상인 브랜드를 사용하기 위해서는 저촉되는 선행 상표가 존재하는지 그리고 상표 등록 가능성에 대해 반드시 체크하고 사용을 해야만 추후 상표권 분쟁을 피할 수 있다. 브랜드의 상표 등록은 필수는 아니지만 브랜드 가치가 커지거나 분쟁 발생에 대비하여 상표 등록을 하는 것이 좋다. 그럼 이제부터는 실무적으로 어떻게 네이밍을 하는지 시장에 알려진 주요 네이밍 기법과 사례를 살펴보고자 한다.

첫째, 제품의 특징이나 이미지를 표현하는 보통 명사를 그대로 사용하는 방법이다. 직접적이고 심플한 네이밍이 강한 임팩트를 주는 경우가 의외로 많다. 애플(Apple), 폭스바겐의 비틀(Beetle), P&G의 아이보리(Ivory), FORD 자동차의 토러스(Torus)가 대표적인 사례이다.

둘째, 여러 브랜드를 연상시키는 단어를 조합하거나 조합한 후 단어를 결합하는 방법입니다. 어떻게 조합하는지에 따라 의미가 넓어지기도 하고 새롭게 창조되기도 한다. 예를 들어 걷다라는 Walk와 사람이라는 Man을 합성된 Walkman, 연방(Federal)과 특급(Express)이 조합된 FedEx, Gore(사람 이름)와 직물(Textile)이 합성된 Goretex 등이 있다.

셋째, 두 개 이상의 단어를 조합한 뒤 같은 발음을 생략하는 방법이다. 대표적인 예로 회오리라는 뜻의 Whirlwind와 보내다 라는 뜻의 Send를 합친 '휘센(Whisen)', Bright 와 Light를 합친 '브라이트(Brite)'가 있을 수 있다.

넷째, 상품을 의인화하거나 비유하여 소비자에게 친밀감을 줄 수 있게 브랜드 아이디어의 핵심을 담는 네이밍 방법이 있다. 이러한 방법은 네이밍을 캐릭터화할 수 있는 장점이 있다. 대표적인 예로 알라딘, 파파존스, 트위터 등이 있다.

다섯째, 표기에 따라 다중적인 의미를 지닐 수 있도록 하는 네이밍 기법이다. 다양한 마케팅 활동을 펼칠 수 있는 것이 장점이다. 대표적인 예로 All Live Young을 뜻하는 '올리브 영(Olive Young)', 신세계와 쓱이라는 의태어로 해석되는 'SSG'를 들 수 있다.

여섯째, 의미를 가진 두 개 이상의 단어를 조합하고, 각각의 단어에서 첫 글자 만을 골라서 만드는 것이다.

대표적인 브랜드는 IBM(International Business Machines), KFC(Kentucky Fried Chicken), UPS(United Parcel Service), DHL(Dalsey, Hillblom, Lynn 세 창업자 이름) 등이 있다.

시장의 경쟁이 심화되고 수많은 비즈니스가 등장함에 따라 브랜드 네이밍에 대한 관심이 증가하고 있다. 마케팅에서 가장 중요하게 여겨지는 브랜딩의 시작이 브랜드 네이밍이라고 해도 과언이 아니다. 이는 기업이 심혈을 기울여 만든 상품과 서비스가 가진 우월성이나 개성, 차별화된 전략을 네이밍을 통해서 소비자와 커뮤니케이션할 수 있기 때문이다. 소비자는 제품을 이해하고 구매하기 위한 첫 번째 기준으로 브랜드가 가진 네이밍을 떠올리는 게 일반적이다. 세계적인 마케팅 전략가 알 리스와 잭 트라우트는 저서 『포지셔닝』에서 '당신이 할 수 있는 단 하나의 가장 중요한 마케팅 결정은 제품에 이름을 붙이는 것이다'라고 이야기하며 네이밍의 중요성을 강조했고, 브랜드 자산 관리, 전략 수립 및 경영에 관한 세계 최고의 권위자인 데이비드 아커(David Aaker) 버클리대학 교수는 '이름을 만드는 일은 몇몇 내부 직원들이 회사에 앉아 브레인스토밍으로 처리하기에는 너무나 중요한 일이다'라며 브랜드 네이밍의 중요성을 이야기했다. 따라서 신제품 개발 못지않게 마케터는 모든 창의성을 동원하여 사람들의 인식 속으로 쉽게 들어갈 이름을 찾아야 한다. 브랜드 네이밍에 절대적인 원칙이나 법칙은 없다. 브랜드 네이밍은 단순하고 읽기 쉬어야 한다는 편견을 깨고 성공한 '배스킨라빈스(Baskinrobbins)', 식음료와 전혀 상관없는 네이밍을 가진 '아침햇살', 브랜드명은 기억하기 쉬어야 한다는 인식을 깬 '뚜레쥬르' 등은 네이밍에 절대적인 원칙은 없다는 것을 보여주는 대표적인 사례이다. 그간의 경험을 바탕으로 보면 성공적인 네이밍을 위해서는 실용적인 전략과 주관적인 창의성도 중요하지만, 이해관계자들을 네이밍 작업 과정에 참여시켜 올바른 방향성 설정을 하는 것과 최종 결정권자의 참여를 통해 빠른 의사결정을 하는 것이 무엇보다 중요하다고 생각한다. 모든 마케터가 궁극적으로 꿈꾸는 브랜딩의 목표가 있다면 브랜드 파워가 쌓여 '카톡해줘', '뽀샵하다' '구글링하다' '페덱스하다' '타이레놀 주세요'와 같이 제대로 만든 브랜드 이름이 동사나 보통 명사처럼 사용되는 것일 것이다. 이러한 꿈을 실현하기 위해 지금도 마케팅 현장에서 새로운 네이밍 아이디어를 고민하고 있을 모든 마케터에게 행운이 있기를 바란다.

#네이밍 #확장성 #차별화포인트 #글로벌시장 #상표법 #잭트라우트 #알리스 #데이비드아커

PPL 성공을 위한
고려 사항은 무엇인가?

Marketer
Kim's
Story

저자가 근무했던 글로벌 기업 마케팅팀에서는 매달 진행하는 다양한 고객 초청 이벤트가 있었다. 영화, 콘서트, 주요 스포츠 경기 관람 등 다양한 이벤트 주제를 가지고 고객과의 관계를 강화하고, 고객이 느끼기에 부담스럽지 않은 수준의 이벤트를 통해 비즈니스 기회를 확대해 나아갔다. 전국을 돌아다니면서 진행했던 이러한 고객 초청 이벤트는 시간이 지날수록 영업부서와 고객들의 호응이 있어, 매출이 부진하거나 신규 대형 고객 영입을 준비 중인 지역 영업팀에서 서로 행사를 요청하는 난감한 상황이 벌어지기도 했다. 이런 고객 초청 이벤트가 가진 장점은 이벤트 현장에서 고객과 자연스럽게 교류할 수 있는 기회가 생기고, 행사 전후에 회사 소개와 판촉물을 활용한 경품행사 등을 진행할 수 있으며, 평소 접하던 지역의 영업 담당자가 감사의 인사를 직접 커뮤니케이션할 수 있는 기회가 생기는 것이다. 2013년 3월 영화 '신세계'가 개봉되던 날 매달 진행하는 영화 행사를 여느 때와 같이 대형 극장 2개 관을 빌려 진행하게 되었다. 주연 배우 라인업이 워낙 좋아 많은 고객이 행사에 참석해 좋았으나, 행사를 주관한 마케팅팀 입장에서 그 행사가 특별히 의미가 있었던 것은 영화에 PPL이 진행되었기 때문이다. 영화가 시작되고 관객들의 몰입이 최고조로 이루어졌던 장면이 있었다. 주인공 이정재의 실체가 밝혀지려는 장면에서 회사의 로고가 선명히 적힌 노란색 서류 봉투가 결정적 단서로 클로즈업된 것이다. 그 순간 고객들의 "와~~" 하는 탄성과 감탄이 쏟아졌다. 마케팅하는 사람으로서 전율이 느껴지는 순간이었다. 영화 관람이 끝나고 퇴장하는 고객들이 저마다 그 장면에 대해서 이야기하는 것을 보면서 PPL을 제대로 하면 이런 성과가 있구나라고 생각했다. 또한 이 영화를 본 사람들이 지인들과 영화에서 나온 D사 서류 봉투를 통해, 외국에서 오는 서류는 D사가 대명사라는 이미지를 전파할 것을 생각하니 입가에 미소가 번졌다. 실제로 영화가 극장에서 상영되는 상당 기간 동안 많은 고객들이 우리 회사 이야기를 했다는 것을 영업 부서와 현장 직원들에게서 확인했다. 또한 온라인에서 이 장면을 명장면으로 꼽은 많은 사람들의 글을 보았다. 만약 이러한 PPL이 원고를 쓰는 2021년 상황이었다면 디지털 세상에서 대단한 입소문이 나지 않았을까 하는 안타까움도 있다. 돌이켜보면 이 PPL은 비용 효율성 측면에서 상당한 성과를 이뤘다. 별도의 마케팅 예산을 사용하지 않고 며칠간의 배송 차량 대여와 서류 봉투 몇 개 제공이 다였으니 말이다. 영화사에서 원하는 사항은 극 중 장면에서 이 서류가 외국에서 왔다는 것을 관객들이 단번에 알아차려야 하기에 D사 서류 봉투가 필요했고, 마케팅팀 입장에서는 산업의 대표 브랜드라는 이미지를 확실히 심을 수 있고 젊은 관객들에게 어필할 기회이니 마다할 이유가 없었다. 다시 생각해 봐도 양측 모두 만족하는 성공적인 PPL이었다.

Marketer Kim's Focus

기업은 제품을 판매하고 홍보하기 위해 직접적 활동부터 간접적 활동까지 다양한 마케팅 활동을 진행하고, 소비자들은 여러 가지 경로를 통해 기업의 메시지를 접하게 된다. 특히 영상 매체를 통한 콘텐츠는 시각과 청각을 동시에 자극하기 때문에 반복적으로 노출할 경우 효과가 크다. PPL은 Product Placement의 약자로 필요한 위치에 제품을 갖다 놓는 것을 의미하는데, 원래 영화를 제작할 때 각 장면에 사용될 소품을 적절한 장소에 배치하는 것을 일컫던 말이었다. 이제는 특정 기업의 협찬을 대가로 영화나 드라마에서 해당 기업의 상품이나 브랜드 로고를 끼워 넣는 광고 기법을 통칭한다. 기업 측에서는 화면에 자사의 상품을 배치하여 소비자들의 무의식에 상품이나 브랜드 이미지를 심을 수 있고 이를 통해 구매로 연결할 수 있기 때문에 각광받는 마

마케팅 좀 아는 사람

케팅 기법이다. 제작사나 방송사에서는 막대한 제작비를 충당할 수 있다는 장점이 있어 PPL 영업에 혈안이다. 최근 종영한 J사 드라마의 PPL 브랜드는 170여 개라고 하니 어느 정도 감을 잡을 수 있을 것이다. 2020년 문화체육관광부가 발표한 자료에 따르면 대한민국 간접광고 취급액은 2017년 837억 원, 2018년 1,108억 원, 2019년 1,270억 원으로 급증하고 있다. 최근에 인기 있는 유튜브 크리에이터의 PPL 취급액까지 고려한다면 그 규모는 더욱 커질 것이고 성장세가 꽤나 가파를 것이다. PPL의 성공 사례는 수없이 많다. PPL이 본격적인 마케팅 수단으로 사용된 영화 'ET'에서 주인공이 ET를 유인하기 위해 사용되었던 허쉬(Hershey) 초콜릿이 1개월 만에 영화 개봉 전 대비 매출 상승 65%를 보였던 것, 국내에서 '카페베네'라는 신규 커피 브랜드가 다양한 드라마 PPL을 통해 단숨에 인기 커피 브랜드로 자리 잡은 것이 대표적인 사례다.

PPL은 크게 3가지 형태로 구분할 수 있다. 첫째, 단순 PPL 형태이다. 말 그대로 단순하게 프로그램이나 영화의 장면에서 배경 소품 역할을 하거나 주인공이 제품에 대해 언급을 한다든지 실제로 착용하는 방식이다. 예를 들어 드라마에서 보이는 가구, 전자제품, 인테리어, 주인공이 입고 나오는 옷, 주인공이 마시는

음료 등이 단순 PPL의 좋은 예이다. 둘째, 기능 PPL이다. 기능 PPL은 제품의 기능성을 부각해 화면에 노출하는 PPL로서, 예를 들면 전자제품의 경우 방수 기능, 화면 터치 기능, 새로운 기술이 접목된 기능 등 제품이 지닌 특별한 기능을 의도적으로 화면에서 보여주는 PPL 방식을 이야기한다. 셋째, 기획 PPL이다. 한 브랜드가 드라마나 프로그램의 배경이 되어서 진행되는 PPL이다. 주인공들이 그 회사의 직원으로 나오든지, 주된 장소의 역할을 하는 것으로 매회 매 장면 노출되는 방식이라 대규모의 협찬 금액이 필수적이다. 기획 PPL은 억지로 제품을 끼어 넣는 것이 아니라 스토리에 PPL이 녹아 들어 있기 때문에 소비자들의 거부감이 비교적 작다. 대표적인 성공 사례로는 설렁탕집을 테마로 했던 이승기와 한효주 주연 드라마 '찬란한 유산'의 신선설농탕, 영화 '주유소 습격사건'의 오일뱅크, 드라마 '사랑의 불시착'에서 주인공 손예진이 즐겨 먹었던 BBQ 치킨 등이 있다.

PPL이 성공하기 위해서는 다음과 같은 요소를 적극적으로 고려해야 한다.

첫째, 작가와 광고주가 크리에이티브하게 제품을 프로그램 스토리에 녹여야 한다. 그렇지 않을 경우 단

마케팅 좀 아는 사람

순히 많은 배경 소품 중으로 하나로 끝나버려 소비자들이 인지조차 못하는 경우가 발생할 수 있다. 대표적으로 드라마 '미스터 션샤인'에서 파리바게뜨가 직접적으로 브랜드명을 노출시키는 대신 과거 프랑스를 '불란서'라고 부른 것에 착안해 '불란셔제빵소'로 PPL을 진행해 매출에 톡톡히 기여한 사례가 있다.

둘째, 너무 드러나지 않으면서 현실성이 있어야 한다. 콘텐츠와 별 상관없이 PPL이 지나치게 사용되면 소비자의 부정적 반응을 유발할 수도 있다. 다시 말해 PPL은 콘텐츠 내에서 노출되므로 주목 효과도 크지만, 콘텐츠의 흐름과 관련 없이 노골적으로 설득 의도를 드러내면 역효과를 불러올 수 있다. 예를 들면 아침 드라마에서 주인공이 노골적으로 공기청정기의 기능과 효능을 설명하는 대사를 하는 장면과 주인공이 서랍을 열었을 때 이야기와 상관없는 참치 캔이 가득 들어 있는 현실성이 떨어진 PPL이 있다.

셋째, 프로그램과 모델을 잘 선택해야 한다. PPL은 간접적인 광고 방식이기는 하지만 어떤 드라마에 또는 어떤 인물이 제품을 사용하고 화면에 노출시키느냐에 따라 효과가 다르게 나타날 수 있다. 소비자가 드라마에 공감하고 모델에 대해 친근하게 느낀다면 그 효과는 매출로 바로 연결되기도 한다. 또한 프로그램의 성공 여부에 따라 PPL의 성과가 달라지니 제품의 핵심 고객과 프로그램 주요 시청자를 사전에 확인하고 프로그램의 내용을 체크해서 성공 가능성을 예측하는 마케터의 노력이 중요하다.

넷째, 시청자나 관객의 시점에서 제품과 프로그램이 관여도가 있어야 한다. PPL을 하고자 하는 제품과 방영되는 프로그램 사이에 관여도가 높을수록 소비자는 제품을 기억하기 쉽고 더 나아가서는 긍정적인 인식을 통해 구매로 이어지게 된다.

다섯째, PPL에서 일어난 자극 전이가 부정적 이미지를 형성할 수 있다. 폭력적이거나 부적합한 장면에서 브랜드가 노출된다면 브랜드의 이미지도 부정적 영향을 받을 수 있으니 주의해야 한다. 최근에 소비자들은 '작품은 작품으로' 인식한다는 이야기도 있지만 브랜드가 부정적인 상황에서 노출되었을 때 소비자의 인식에 무의식적으로 자리 잡을 가능성이 크기 때문에 마케터는 주의 깊게 판단해야 한다.

PPL 관련 연구에 따르면, PPL은 기업이나 브랜드의 인지도, 소비자의 행동 그리고 매출에 긍정적 영향

마케팅 좀 아는 사람

을 미치는 것으로 나타났다. 그 이유는 먼저 노출 확률이 높기 때문이다. 광고는 소비자들이 보기 꺼려 하는 것이 사실이다. 예를 들어 TV를 보는 시청자들은 프로그램 시작 전에 나오는 광고를 보지 않기 위해 지속적으로 채널을 돌리거나, 프로그램이 끝난 후에 방송되는 광고를 보지 않고 바로 채널을 돌려버린다. 이런 현상을 조금이라도 방지해 보고자 최근에는 중간광고가 적극적으로 도입되고 있다. 반면 PPL은 콘텐츠 내에서 등장하기 때문에 광고보다 노출 효과가 클 수밖에 없다. 이런 효과로 인해 여러 가지 논란에도 불구하고 PPL은 지속적으로 활용되고 있으며, MZ 세대 소비가 높은 디지털 콘텐츠에서는 더욱더 노골적이고 과감해지는 추세이다. 하지만 PPL이 제품의 마케팅 효과는 뛰어나지만 소비자들의 몰입을 방해해 원성을 사기도 하여 브랜딩에 영향을 줄 수 있다는 것을 마케터는 명심해야 한다. 또한 PPL을 통해서 성공한 사례도 있지만 소비자들에게 조롱거리로 남거나 사회적 이슈가 되는 경우도 있다. 최근 종영한 드라마 '빈센조'에서 중국산 비빔밥이 PPL로 진행되어 큰 논란이 된 것이 그러한 예이다. 저자의 경험상 PPL은 'PPL인듯 PPL 아닌 PPL 같은' 방법을 활용하는 것이 최선이라 생각한나.

*#PPL #영화신세계 #단순PPL #기능PPL #기획PPL
#MZ세대*

마케팅 관점에서 성공적인 사회적 책임 활동은 무엇인가?

Marketer Kim's Story

사회 공헌 활동을 담당하고 있는 부서와 마케팅 부서 간의 미팅이 있었다. 세계적인 회사답게 글로벌 본사에서는 사회적 책임 활동에 확고한 의지가 있었다. 글로벌 전략에 맞춰 각 국가에서도 사회적 책임 활동을 진행하고 있었지만 아쉬움이 있었다. 이런 활동을 진행하는 회사 내 인사부서에 속한 담당자들은 단순히 사회 공헌 활동의 개수 및 참여자를 늘리는 데에만 초점을 맞추었기 때문이다. 마케팅 부서 관점에서 좀 더 콘셉트를 가진 사회적 책임 활동이 필요해 보여 지속 가능한 활동을 효과 있게 추진하자는 의견을 제시했다. "사회적 책임 활동을 진행해서 기업의 이미지를 개선하는 것은 좋은데 지금의 활동은 숫자만 늘리는 것에 불과합니다. 지금의 활동을 홍보 측면에서만 보더라도 미디어에서 관심을 가질지 의문입니다. 할 수만 있다면 우리 회사에서 가장 중요하게 생각하는 활동을 선택과 집중해서 중장기적으로 끌고 가는 것은 어떨까요? 아울러 단순히 봉사활동을 하는 것이 아니라 비즈니스와 연결할 수 있는 활동을 해보면 좋겠습니다." 마케터 입장에서 보면 단순히 일회성 활동의 증가는 크게 의미를 갖지 못한다고 생각했다. 또한 회사가 가진 사업과 연결되어 사회적 책임을 다할 수 있어야 하고, 사회적 책임 활동을 고려할 때 큰 테마와 장기적인 비전을 기준으로 선별해야 한다고 생각했다. 이를 통해서 기업 이미지 개선과 홍보 효과도 극대화할 수 있는 것이다. 하지만 그때 담당자에게 나온 이야기는 이랬다. "현실적으로 예산 및 인력 등 여러 가지 제약이 있어 어려움이 있습니다. 소소한 비용으로 각 지역에서 할 수 있는 일을 실행해서 활동수와 참여자수를 늘려 글로벌 본사에 보고하는 게 지금으로서는 최선의 방법입니다." 이 이야기를 들었을 때 담당부서에서 바라보는 사회적 책임 활동의 관점을 정확히 알 수 있었고 마케팅 부서가 사회적 책임 활동의 주도권을 가져갈 수 없어 정말로 안타까웠다. 지금 생각해 보면 글로벌 기업 본사에서 사회적 책임 활동의 중요성을 선제적으로 인식했고 실행했지만 당시 각 국가 현장에서는 아직 그러한 활동을 체계적으로 추진할 전략과 실행력을 갖추지 못했던 것이 아닌가 생각해 본다.

기업의 사회적 책임 활동은 CSR(Cororate Social Respon-sibility)과 CSV(Creating Shared Value)가 대표적으로 많이 알려져 있다. CSR은 주로 자선, 기부, 환경보호 등 사회 공헌 활동으로 나타난다. 단순히 보여주기 식이 아니라 CSR 활동을 적극적으로 추진하기 위해서는 기업의 경영진이 CSR 활동에 필요한 자원을 투자할 용의가 있어야 한다. 전통적으로 CSR 활동은 기업의 커뮤니케이션 활동을 총괄하는 홍보(PR) 부서에서 관장해 왔다. CSR 활동이 소비자를 포함한 기업의 이해관계자들과 다양한 내외부 커뮤니케이션에 중점을 두고 있어 기업의 커뮤니케이션 활동을 총괄하는 홍보 부서에서 맡아 온 것이다. 기업은 종종 기업의 부정적 이미지를 바꾸기 위해 다양한 홍보 활동을 하게 된다. 그런데 이러한 기업의 홍보 활동은 가끔 기업이 지닌 부정적인 요소를 감추거나 왜곡하는 역할을 하고, 이는 결국 CSR 활동의 신뢰성을 해칠 가능성이 있다. 따라서 기업의 홍보 활동과 CSR 활동은 다른 관점에서 접근할 필요가 있다. CSV는 기업이 수익 창출 이후에 사회 공헌 활동을 하는 것이 아니라 기업 활동 자체가 사회적 가치를 창출하면서 동시에 경제적 수익을 추구할 수 있는 방향으로 이루어지는 행위를 말한다. 기업의 경쟁력과 주변 공동체의 번영이 상호 의존적이라는 인식에 기반을 두고 있다. 하버드대학 경영학과 마이클 유진 포터(Michael Eugene Porter) 교수가 2011년 『하버드 비즈니스 리뷰』에서 CSV 개념을 발표했다. 경영학의 대가 필립 코틀러는 저서 『마켓 3.0』에서 '소비자의 이성에 호소하던 1.0의 시대와 감성, 공감에 호소하던 2.0의 시대에서, 소비자의 영혼에 호소하는 3.0의 시대가 도래하였다'라고 주장하며 CSV를 바탕으로 한 미래 시장의 경영 전략을 제안했다. 미래에는 소비자의 가치, 기업의 가치, 사회적으로 필요한 가치가 상호 조화를 이루는 기업가 정신이 요구된다는 것이다. 세계적 통신 기업인 보다폰이 통신 인프라가 부족한 아프리카 케냐에서 휴대폰의 통화 기능을 넘어선 모바일 송금 서비스라는 사회적 상품을 개발한 것이나 네슬레가 아시아 지역 저소득층의 영양 상태를 고려해 영양가 높은 제품을 저가 소포장의 '보급형 상품'으로 출시한 것 등이 CSV의 대표적인 사례다. CSV는 CSR과 비슷하지만 가치 창출이라는 점에서 크게 차이가 있다. CSV는 CSR보다 진화한 개념이며 기업과 지역사회가 상생하는 개념이라 할 수 있다. 여기서는 CSR과 CSV 중 어느 것이 우월하다고 논의하기보다는, 마케팅 현장에서 경험하고 보았던 기업의 사회적 책임 활동 중 의미 있는 몇 가지 사례를 소개해보고자 한다.

**유한양행의
푸르게 푸르게
캠페인**

기업의 사회적 책임이 강화되기 전부터 꾸준히 진행되어온 캠페인이다. 단순히 일회성 행사로 그치는 게 아니라 중장기적으로 하나의 테마를 가지고 몇십 년 이상 진행되어온 사회적 책임 활동으로 마케팅 분야에서 성공사례로 많이 소개되고 있다. 제대로 만들어진 사회적 책임 활동은 기업의 철학과도 맞닿아 시너지를 창출한다. 최근에는 '우리 강산 푸르게 푸르게'와 더불어 '우리 사회 푸르게 푸르게'까지 의미가 확산되어 진정한 사회적 책임 기업으로의 이미지를 공고히 하고 있다. 여기서 얻을 수 있는 교훈은 사회적 책임 활동은 남들이 하는 여러 가지 활동을 백화점식으로 하기보다는 일관성 있는 테마를 가지고 장기적으로 끌고 가야 마케팅적으로 효과가 있다는 것이다.

**DPDHL의
Global
Valunteer
Day**

글로벌 종합 물류 기업인 DPDHL은 'We Connect People, Improving theier lives'라는 미션을 바탕으로 다양한 사회적 책임 활동을 펼치고 있다. 글로벌 대기업이라는 명성에 걸맞게 사회적 책임 활동을 3 Go(Go Green 환경보호, Go Help 재난관리, Go Teach 균등한 교육 기회)로 분류하여 전방위적으로 세계 곳곳에서 펼치고 있다. 이러한 사회적 책임 활동을 함에 있어 DPDHL은 매년 9월 특정 시점을 설정하고 전 세계에서 동시다발적으로 Global Volunteer Day 행사를 진행한다. 사회적

마케팅 좀 아는 사람

책임을 다함과 동시에 마케팅 효과를 극대화하는 것이 특징이다. 연중에 진행되고 있는 활동과 더불어 이렇게 특정 시기에 전 세계에서 동시다발적으로 펼쳐지는 활동은 외부적인 홍보 효과와 더불어 내부 구성원들의 책임감 향상에도 긍정적인 영향을 준다. 실제로 직원들 사이에서는 그날만큼은 특별한 일이 없는 한 당연히 전 직원이 참여해야 하는 것으로 인식되면서 해마다 참여율이 올라가고 있다.

CJ대한통운의
실버 택배

CJ대한통운의 대표적 CSV 사업인 실버택배는 60세 이상의 시니어가 택배 배송에 참여하는 사업이다. 아파트와 같은 주거 밀집 지역에 위치한 배송 거점을 중심으로 친환경 장비를 이용해 고객에게 상품을 배송하는 비즈니스 모델이다. 이 사업은 기업의 핵심 사업 역량과 노인 인구가 늘어가는 이슈를 해결하는 기업의 사회적 책임 활동을 결합하여 사업적인 가치를 창출을 했다는 측면에서 의미가 크다. 단순한 기부나 일회성 활동이 아니라 참여하는 모든 주체가 이익을 공유할 수 있는 모델은 앞으로도 지속적으로 개발되어야 할 것으로 보인다.

Marketer
Kim's
Comment

사회적 책임 활동의 성공 여부를 결정짓는 것은 진정성이다. 기업의 사회적 책임 활동에 대한 요구가 전 세계적으로 증가되면서 많은 기업들이 보여주기식 활동을 하는 경우가 많다. 이렇게 요식 활동으로 사회적 책임 활동을 진행하는 경우 사회적으로 역풍을 맞을 수 있으니 조심해야 한다. 최근에는 기업의 사회적 책임 활동을 넘어 ESG 경영이 화두가 되고 있다. ESG 는 'Environment', 'Social', 'Governance'의 머리글자 를 딴 것으로 기업 활동에 친환경, 사회적 책임 경영, 지배 구조 개선 등 투명 경영을 고려해야 지속 가능한 발전을 할 수 있다는 철학을 담고 있다. 이러한 변화에 서 마케터가 고민해야 할 사항은 기업의 비전과 결합 된 사회적 책임 활동의 테마를 설정하여 지속적으로 진행하고, 마케팅 효과를 극대화할 수 있는 핵심적인 이벤트를 기획하며, 참여하는 모든 객체에 도움이 되 고 사회적 이슈가 되는 문제에 해법을 제시할 수 있는 활동이어야 한다. 아울러 기업의 사회적 책임 활동은 기존의 홍보 활동이 포함하고 있는 커뮤니케이션 활 동을 뛰어넘는 통합된 커뮤니케이션 활동(IMC, Integrat-ed Marketing Communication)으로 진행되어야 내외부적으 로 효과와 공감을 얻을 수 있다는 것도 기억해 주기 바 란다. 의외로 사회적 책임 활동에 마케터가 관여할 여 지가 많다.

#사회적책임활동 #CSR #CSV #유한양행 #DPDHL
#CJ대한통운 #IMC #진정성 #ESG경영

전략적 의사결정을 위한
마케팅 조사는
어떻게 이루어지는가?

Marketer
Kim's
Story

광고 에이전시 초년생 시절 난생처음으로 FGI(Focus Group Interview)를 참석하게 되었다. 장소는 영화에서 검사나 경찰이 범인을 취조할 때 나오는 장소와 비슷한 곳으로 밖에서는 회의실 안이 보이지만 안에서 밖은 볼 수 없는 유리로 된 조사 회사의 인터뷰 룸이었다. 나는 처음 참관한 FGI라 신기하기도 하고 어두운 참관실에서 조사 참석자들의 이야기를 하나라도 놓치지 않기 위해서 눈에 불을 켜고 지켜보았다. 연령대별로 10~12명의 참가자가 참석하여 그룹별로 조사가 진행되었다. 능숙한 사회자(모더레이터)의 질문에 따라 인터뷰가 진행되었고 같은 질문에 대해 연령대별로 다르게 대답하는 것을 보면서 이래서 마케팅에서 조사가 중요하구나라는 것을 실감하였다. 당시 FGI의 주요 질문은 남자가 속옷을 선택하는 기준이 디자인인지, 가격인지, 편의성인지 그리고 또 다른 기준이 있는지였는데 한 20대 참가자가 "저는 속옷의 선택 기준은 무조건 편의성이라고 생각합니다"라고 대답하였다. 순간 나는 속으로 '역시 내가 생각했던 것과 같군. 그럼 속옷은 편의성이지'라며 쾌재를 불렀다. 인터뷰가 끝난 후 참가자들은 돌아가고 사회자와 참관자들은 별도로 모여서 의견을 교환하는데, 같이 갔던 우리 회사 국장님이 한 말은 신입인 나에게 많은 생각을 하게 했다. "아까 편의성이라고 대답했던 참가자는 같이 있던 참가자들을 의식해서 그런 말을 했을 수도 있습니다. 최근의 트렌드가 속옷도 패션이라고 생각하는 상황에서 소비자 한 사람의 말을 그대로 믿는 것에는 위험성이 있으니 다른 그룹 FGI 참가자에게 좀 더 구체적으로 질문해 주시기 바랍니다." 정성 조사인 FGI는 참가한 소비자들의 이야기를 그대로 믿는 것이 아니라 당일 현장의 분위기와 맥락을 이해하면서 마케터가 인사이트를 뽑아내야 한다는 것을 그때 처음으로 알게 되었다.

Marketer
Kim's
Focus

마케팅을 업으로 삼으려면 조사와는 기본적으로 친숙해져야 한다. 마케팅의 많은 업무 중 하나가 조사이고 그중에 가장 많이 하는 것은 시장과 고객에 대한 조사이다. 아마도 마케팅 신입 시절 대부분은 인터넷에 떠도는 조사 자료를 수집하고 분석하는 일이 대부분이지 않을까 생각해 본다. 마케팅 조사는 마케팅 의사 결정을 위해 실행 가능한 정보 제공을 목적으로 다양

마케팅 좀 아는 사람

한 자료를 모으고 분석하는 과정을 이야기한다. 다시 말해서 기업 경영의 목적을 달성하는 데 필요한 전략을 세우는 일련의 과정으로 볼 수 있다. 이러한 마케팅 조사 활동을 통해 시장 규모, 시장 점유율(Market Share), 목표 고객 취향 및 라이프 스타일, 브랜드 인지도, TV 광고 선호도 등을 파악하여 의사 결정을 하고 마케팅 활동에 직간접적으로 반영하고 참고할 수 있게 된다. 마케팅 조사를 하려면 다음과 같은 5단계 과정을 거쳐야 한다.

첫째, 마케팅 조사 목적을 결정해야 한다. 왜 이 조사를 해야 하는지 필요성과 배경을 바탕으로 목적이 명확하게 수립되어야 향후 과정에서 기준이 되고 지향점을 가질 수 있다. 시장을 파악하는 조사의 예를 들어보면 저자가 근무했던 D사에서는 주기적으로 시장의 전체 규모와 경쟁사 시장 점유율 조사를 진행했다. 이 조사를 하는 목적은 시장 규모와 성장률을 파악하여 자사 성장률의 건전성을 확인할 수 있고 경쟁사 대비 현재 시장에서 위치를 파악하여 사업 전략에 참고하기 위함이있다.

둘째, 조사 계획을 수립해야 한다. 데이터 수집 방법은 1차 데이터와 2차 데이터로 나눌 수 있는데 1차 데이터는 조사 목적 달성을 위해 새로 수집된 최신의 정량 및 정성 데이터를 의미한다. 1차 데이터 수집을 위해서는 비용과 시간이 많이 드는 단점이 있어 해당 조사의 필요성과 마케팅 예산을 고려하여 결정해야 한다. 2차 데이터는 다른 목적으로 만들어진 여러 가지 소스를 통해서 수집된 데이터로 내용이 불완전할 수 있고, 진행하고 있는 조사의 목적에 정확하게 부합하지 않는 경우가 있다. 보통 인터넷에 떠도는 각종 시장 자료와 통계 자료가 대표적인 예이다. 1,2차 데이터의 이런 특징으로 인해서 보통 2차 데이터를 기본적으로 먼저 수집하고 추가적으로 꼭 필요하거나 좀 더 깊게 확인해야 할 사항이 있을 때 1차 데이터를 수집하는 것으로 결정한다. 조사 계획 수립 시 시기도 결정해야 하는데 이벤트성으로 한 번만 진행할지, 같은 주제에 대해 주기적으로 계속 진행할지, 같은 패널을 대상으로 주기적으로 진행할지 결정해야 한다. 시기가 결정되었다면 이제 어떤 샘플을 조사 대상으로 활용해야 할지 결정해야 한다. 마케팅 조사는 목표 고객 전부를 조사하기에는 어려움이 있기 때문에 일부를 선별해서 진행하는 경우가 많다.

셋째, 마케팅 조사의 실행 단계이다. 마케팅 조사의 실행 방법은 크게 2가지로 분류할 수 있다. 수집한 데

마케팅 좀 아는 사람

이터를 수치화할 수 있는 정량 조사가 있고 이는 설문 조사, 면접조사, 구글이나 포털을 활용한 인터넷 조사 등을 통하여 실행할 수 있다. 조사 주제, 샘플, 예산에 맞게 선택해서 진행하게 된다. 마케팅 현장에서 정량 조사 방법을 주로 활용하는 주제는 경쟁사 시장 점유율 조사, 시장 규모 조사, 보조/비보조 인지도, 최초 상기도 조사 등이 있다. 정성 조사는 수치화할 수 없는 말, 행동, 문장 같은 데이터를 수집하는 것이다. 이러한 조사는 FGI나 핵심 고객 행동 패턴 관찰을 통해 실행할 수 있다. 마케팅 현장에서 정성 조사는 주로 신규 제품/서비스 출시 후 피드백, TV 광고 선호도, 고객의 행동 패턴 조사 등에서 활용되고 있다. 참고로 FGI 조사는 핵심 고객 일부를 한 공간에 초대하여 제품이나 서비스에 관해서 사회자가 질문을 던지고 참가자 토의를 통해 의견을 얻는 방법이다. 서로의 의견이 합쳐져 의외의 좋은 아이디어가 나오는 경우도 있지만 실제로는 일반적인 의견이 오가는 경우가 많아 마케터가 꼭 참석하여 그들의 답변과 논의 과정에서 인사이트를 찾는 게 무엇보다 중요하다.

넷째, 마케팅 조사 결과 분석의 단계이다. 2차 데이터 조사를 제외하고 1차 데이터 조사의 경우 기업에서는 조사 에이전시를 사용하게 된다. 조사 결과의 분석은 교차 분석, 클러스터 분석, 텍스트 마이닝 등이 있고 기업의 마케터는 이 부분에 대해서 개념 정도는 알아 두어야 조사 결과를 에이전시와 논의할 때 눈높이를 맞출 수 있다. 교차분석이란 명목이나 서열 수준과 같은 범주형 수준의 변인들의 교차 빈도에 대한 통계적 유의성을 검증해 주는 분석 기법이다. 클러스터 분석은 표본 데이터 분류를 위한 방법으로서 패턴 인식 등에서 사용되며 하나의 범주명이 주어진 표본 데이터가 몇 개의 클러스터(덩어리)를 포함하고, 그 클러스터의 위치나 모양에 대해서 분석하는 것이다. 텍스트 마이닝은 비정형 데이터에 대한 마이닝 과정으로, 마이닝이란 데이터로부터 통계적인 의미가 있는 개념이나 특성을 추출하고 이것들 간의 패턴이나 추세 등의 고품질의 정보를 끌어내는 과정이다. 대표적인 비정형 데이터로는 인터넷에 있는 다양한 게시물이나 비정형 문서, 카카오톡 메시지 및 유튜브 동영상 등이 포함된다.

다섯째, 결과 리포트를 작성해야 한다. 보통 결과 리포트는 굉장히 방대한 경우가 많은데 조사 요약 보고(Executive Summary)를 통해서 마케팅 조사의 목적에 대한 결과를 요약해서 보여주고 뒤에 각각의 세부 결과를 첨부한다. 이 단계에서 단순히 조사에서 나온 결과

마케팅 좀 아는 사람

만을 이야기하는 것이 아니라 조사 목적에 부합하는 인사이트가 충분히 도출되어야 한다. 조사에서 에이전시와 마케터의 역량은 인사이트를 도출하는 것으로 평가된다고 해도 과언이 아니다. 다만 이 단계에서 마케터의 선입견과 이미 생각하고 있는 전략 가설과의 연결을 의도적으로 고려하면 비용과 노력을 들여 진행한 조사가 의미 없어지니 주의해야 한다. 마케팅 현장에서는 잘못된 인사이트로 전략을 수립하여 실패하거나 여러 가지 이유로 조사에서 발견한 인사이트와는 전혀 다른 방향으로 전략을 수립하여 실패하는 경우가 많다는 것을 기억했으면 한다.

Marketer
Kim's
Comment

마케팅 조사는 조사일 뿐이고 이 조사 결과와 인사이트를 바탕으로 어떠한 의사 결정을 내리고 마케팅 활동에 반영하는지가 중요하다. 마케팅 조사는 앞서 설명한 바와 같이 의사 결정을 위한 정보의 제공, 즉 정확성, 현실성, 충분성, 관련성, 이용 가능성을 지닌 정보를 수집하는 것이다. 시장 트렌드를 분석하기 위한 기초 자료 수집, 신제품 개발 전에 시장 동향이나 고객의 성향을 조사하여 새로 진입하려는 시장을 파악하는 것은 이제는 필수 조사로 자리 잡고 있다. 마케팅을 하면서 늘 어려운 문제가 객관적인 자료를 바탕으로 마케팅 활동의 당위성 및 결과를 설명하는 것이다. 이런 측면에서 볼 때 조사는 마케터에게 꼭 필요한 활동이며 적극적으로 활용해야 한다. 조사를 통해서 객관적으로 입증된 수치를 근거로 마케팅 활동을 할 때 회사 내에서 의사 결정을 받거나 지원을 받기가 훨씬 수월해진다. 하지만 좀 더 인사이트 있는 조사를 위해서는 필수적으로 예산이 수반되기 때문에 현장에서는 지속적으로 실행하기 어려워 단발성으로 그치는 경우가 많다는 것이 아쉬운 대목이다. 조사가 단순히 마케터가 생각하는 전략과 시사점을 확인하는 요식행위로 생각하는 마케터가 없기를 바란다.

#마케팅조사 #정량적조사 #정성적조사 #1차데이터조사
#2차데이터조사 #인사이트 #의사결정

마케팅 좀 아는 사람

Marketer Kim's Insight 2

1 국내 기업의 마케팅 담당자가 글로벌 마케팅을 진행할 때 고려해야 할 사항은, 첫째 글로벌에 맞는 인력과 매트릭스 조직 구축, 둘째 글로벌 파트너를 통한 디지털 미디어 중심의 커뮤니케이션 활동, 셋째 현지화를 가미한 표준화 전략, 넷째 시장 상황에 맞는 단계적인 마케팅 활동 실행이 있다.

2 유형별로 신규 마케팅팀 셋업 시 우선적으로 해야 할 일은 다음과 같다. 첫째, 조직이 아예 없었던 경우 가장 우선적으로 마케팅팀의 R&R를 정의하는 것이고 CI나 BI 프로젝트를 진행해 보는 것이 좋다. 둘째, 유관 부서 산하에서 제한적 기능만 있었던 경우는 인력 충원과 함께 마케팅팀의 역할을 새롭게 정의하고 확장하는 것이 좋다. 셋째, 조직은 있으나 커뮤니케이션에 한정된 업무를 하는 경우 업무 확장을 가장 우선적으로 추진해야 한다.

3 마케팅 KPI 수립 시 주의해야 할 사항은 다음과 같다. 첫째, 측정 가능한 성과를 종합적으로 살펴볼 수 있게 구성해야 한다. 둘째, KPI는 마케팅 고유의 미션에 기반하여 업무를 대표해야 한다. 셋째, 마케팅 목표

마케팅 좀 아는 사람

와 KPI에 괴리가 생기지 않도록 주의해야 한다. 넷째, 마케팅 KPI 운영에서 전략적, 전술적 유연성을 확보할 필요가 있다.

4 캠페인이란 특정 기간 동안 마케팅 목표를 달성하기 위해 이루어지는 다양한 활동을 이야기한다. 마케팅 캠페인의 성공 열쇠는 3가지다. 첫째, 통합 마케팅 관점에서 일관성 있게 캠페인이 추진되어야 한다. 둘째, 계획 수립 단계에서부터 세밀하고 주도면밀하게 추진되어야 한다. 셋째, 마케터의 관심과 의지가 필요하다.

5 JWT라는 외국계 종합 광고 에이전시에서 자랑하는 TTB는 브랜딩을 위한 기획서 툴이다. TTB의 큰 축은 총 5가지로(Where are we now?, Why are we here?, Where could we be?, How can we get there?, Are we getting there?) 구성되어 있다.

6 클라이언트 브리핑이 얼마나 정성스럽고 인사이트 있게 작성되었느냐에 따라 결과물의 성과가 좌우된다. 마케팅에서 흔히 사용되는 'Garbage in, Garbage out'은 의미 없고 잘못된 클라이언트 브리핑은 에이전시의 결과물에 그대로 반영된다는 뜻이다.

7 TV 광고 개발은 절대 혼자 할 수 있는 작업이 아니다. 가장 먼저 기업의 마케터가 캠페인의 전략을 수립하고 클라이언트 브리핑을 진행한다. 이후 에이전시는 내부적으로 콘셉트를 확정하고 기업에 커뮤니케이션 계획을 발표한다. 선정된 에이전시는 기업의 경영진 대상으로 최종 발

표를 하고 PPM 및 촬영을 시작한다. 편집이 완료된 TV 광고는 최종 시사회를 거쳐 미디어에 집행되게 된다.

8 바이럴 마케팅은 인터넷, 웹, 소셜 미디어, 휴대폰 등 다양한 미디어를 활용할 수 있으며 동영상, 게임, 전자책, 소프트웨어, 이미지, 메시지 등 다양한 형태로 제작된다. 성공적인 바이럴 마케팅의 중심에는 콘텐츠가 있고 콘텐츠 제작 시 마케터가 고려해야 할 4가지 사항은 참신성, 친화성, 시의성, 지속성이다.

9 B2B 마케팅에서 고객 초청 이벤트를 진행할 때 전략적으로 고려해야 할 5가지 사항은 맞춤형 이벤트를 하라, 영업팀을 적극적으로 활용하라, 참석한 고객이 특별한 경험을 하게 하라, 트렌드를 활용하라, 결과를 확인하라로 요약할 수 있다. B2B 비즈니스 현장에서 성공적인 고객 초청 이벤트가 대규모 수주로 이어지는 단초가 되는 경우가 많다.

10 스포츠 후원이 단순히 TV에 몇 번 노출되었고 어디에 로고가 들어가는지가 중요했던 시대는 지났다. 사업적 전략과 연계된 후원 전략하에 선택과 집중을 할 수 있고 정량적 평가로 이어질 수 있다면 스포츠 후원만큼 사업적 효과를 직접적으로 볼 수 있는 마케팅 툴도 많지 않을 것이다.

11 기업이나 학생의 입장에서 여러 가지로 도움이 되는 제도인 대학생 홍보대사 진행 시 체계화된 커리큘럼, 커리어로 연결될 수 있는 인사제도, 상호 간 진정성 있는 자세가 필요하다.

12　브랜드 네이밍 작업을 할 때 마케터로서 고려해야 할 사항은 확장성, 경쟁사와의 차별화 포인트, 제품 기능의 직관적 표현 및 이미지 형상화 여부, 부정적 단어 연상 체크, 발음 용의성, 패밀리 브랜드와의 연관성, 상표법에 대한 법률적 검토가 있다.

13　PPL은 크게 3가지 형태로 구분할 수 있다. 첫째, 단순 PPL 형태로 프로그램이나 영화의 장면에서 배경 소품 역할을 하거나 주인공들이 제품에 대해 언급한다든지 실제로 착용하는 방식이다. 둘째, 기능 PPL로 제품이 지니고 있는 특별한 기능을 의도적으로 화면에서 보여주는 방식이다. 셋째, 기획 PPL로서 한 브랜드 자체가 드라마나 프로그램의 배경이 되어서 진행되는 PPL이다.

14　대표적인 기업의 사회적 책임 활동에는 CSR과 CSV가 있다. 마케터는 기업의 비전과 결합된 사회적 책임 활동의 테마를 설정하여 지속적으로 진행하고, 마케팅 효과를 극대화할 수 있는 핵심적인 이벤트를 기획하며, 참여하는 모든 객체에 도움이 되고 사회적 이슈가 되고 있는 문제에 해법을 제시할 수 있는 활동을 고민해야 한다.

15　마케팅 조사는 의사 결정을 위해 실행 가능한 정보 제공을 목적으로 다양한 자료를 모으고 분석하는 과정을 이야기한다. 마케팅 조사를 통해 시장 규모, 경쟁사 시장 점유율, 목표 고객 취향 및 라이프 스타일, 브랜드 인지도, TV 광고 선호도 등을 파악하여 의사 결정을 하고, 마케팅 활동에 직간접적으로 참고할 수 있게 된다.

역량
PART

디지털 전환 시대에서
바라본
마케터의
소양과 미래

마케터가 되고자 한다면
준비할 것들은 무엇인가?

대학생 홍보대사 커리큘럼 중 마지막 과정에 현직 마케터와 대화의 시간이 있었다. 홍보대사를 하면서 여러 가지 활동도 의미가 있겠지만 실제로 현장에서 일하는 기업의 마케팅 담당자, 에이전시 기획자 및 제작자를 만나는 것이 가장 원하는 과정이라 생각되어 구성하였다. 매 기수마다 기업의 마케팅 담당자로서 저자가 했던 강의 내용은 경영학 비전공자가 마케터가 되었던 경험을 이야기해 주는 것이었다. 보통 40분 정도의 강의가 끝나고 Q&A 시간을 갖는다. 대학생 홍보대사로 활동하는 기간 동안 참 열심히 했던 한 학생이 질문했다. "많은 취업 준비생들이 마케팅 직종에 관심이 많습니다. 어떻게 하면 그 사람들과 차별화하여 취업에 성공할 수 있을까요? 어떤 준비를 해야 하는 건지요?." 아마도 질문은 하지 않았지만 다른 학생들도 궁금했던 사항이라는 생각이 들었다. "너무나 당연하고 식상한 이야기라고 생각되겠지만 제가 드리고 싶은 이야기는 현재 본인의 나이에서 할 수 있는 경험

마케팅 좀 아는 사람

을 많이 해보시는 것과 독서를 적극적으로 권장하고 싶습니다." 학생들의 표정은 뭔가 대단한 방법이나 비법을 듣고자 했었는데 너무 평범하고 추상적인 답변이라서 약간은 실망하는 눈치였다. 하지만 나는 같은 질문을 지금 받는다고 하더라도 똑같은 대답을 했을 것이라 생각한다. 취업이 어렵고 힘들다고 비슷비슷한 스펙 경쟁을 하기보다는 다양한 직간접 경험과 본인만의 스토리를 갖는 게 가장 중요한 차별화 포인트가 될 수 있다고 생각한다. 물론 이외에 영어 능력, 디지털 역량, MS Office 활용 역량 등 이른바 스킬이 있을 수 있으나 이러한 것들은 플러스 요인이지 궁극적인 차별화를 이루기는 힘들어 보이기 때문이다.

Marketer Kim's Focus

학생들과 대화할 기회가 있을 때 가장 많이 나오는 질문은 '마케팅 부서는 어떤 일을 하는가?'와 '마케터가 되기 위해서는 무엇을 준비해야 하는가?'이다. 전자는 이 책의 다른 소주제로 다루기 때문에 후자에 대해서 이야기해 보고자 한다. 신입 마케터가 갖춰야 할 소양에 대해서는 솔직히 이야기하면 정답은 없다. 하지만 저자의 경험을 바탕으로 '취업을 준비하고 있는 학생들이 이런 경험과 역량을 갖추고 있다면 기업의 입장에서 채용하고 싶어 하지 않을까?' 하는 추천하고 싶은 소양은 아래와 같다.

첫째, 학교생활하면서 가급적 많은 경험을 해보라는 것이다. 다양한 경험은 마케터로서 가져야 할 가장 기본적인 소양이라고 생각한다. 이를 통해서 마케팅에서 필요한 창의력과 상상력을 기를 수 있다. 여기서 말하는 다양한 경험은 여행이 될 수도 있고, 외국 생활의 경험이 될 수도 있고, 동아리 활동이 될 수 있고, 아르바이트도 될 수 있다. 단순히 스펙을 쌓는 활동이 아닌 그 나이 때에 할 수 있는 모든 경험을 해보라는 것이다. 돌이켜 보면 학창 시절이 아니면 이런 경험을 할 수 있는 시간이 없지 않을까 생각된다. 예들 들어 관광지를 둘러보고 사진 찍고 오는 단순한 여행이 아니라 콘셉트를 가지고 여행을 계획해 보는 것은 어떨까 한다. 전국의 사찰을 다니며 사색을 즐긴다든지, 영화에서 나온 촬영지를 둘러보며 왜 여기를 촬영 장소로 선택했는지 생각해 본다든지, 조금은 올드한 전국 여행을 통해 자신을 돌아보는 시간을 갖는다든지 하는 것이다. 이런 여행이라야 나중에 취업을 위한 에세이를 작성하거나 면접을 볼 때 몇 마디라도 할 수 있는 의미 있는 이야깃거리가 나오기 때문이다. 마케터가 되겠다고 해서 학교 마케팅 동아리나 광고 동아리에서 활동하는 것에 저자는 조금은 부정적이다. 그 이유는 어차피 학생 수준에서 이러한 동아리 활동은 겉핥기식으로 이어져 오히려 마케터 또는 에이전시에 취업하

마케팅 좀 아는 사람

는 데 독이 되는 경우가 있다. 실제로 저자의 경우 우연한 기회에 광고 에이전시에 취업했을 때 상사가 했던 말이 기억에 남는다. "김종영님을 뽑은 이유는 겉멋이 들지 않아서였습니다. 광고 동아리 활동을 한 친구들은 오히려 회사에 입사했을 때 본인의 도화지에 밑그림이 어느 정도 그려져 있어 처음부터 지도하기 어려운 경우가 많았습니다." 아울러 저자가 광고 에이전시에 취직할 수 있었던 또 다른 이유는 독특한 동아리 활동의 영향이 컸다. 두 가지 활동을 했는데 하나는 독서토론회였고, 다른 하나는 그룹사운드 활동이다. 본인만의 차별화된 경험이 창의성과 개성을 강조하는 기업의 마케팅팀 또는 에이전시 취업 시 더 어필할 수 있다는 것을 잊지 말았으면 좋겠다.

둘째, 독서를 통한 간접경험의 기회를 최대한 많이 가지라는 것이다. 인문학도 좋고 자기 계발서도 좋고 시나 소설도 좋다. 독서를 통한 경험의 확대는 아이디어와 지혜로 이어지는 근원이다. 솔직히 말해서 같이 입사한 신입사원의 능력은 고만고만하다. 하지만 장기적 관점에서 보았을 때 마케터로서의 성장을 예측해 보면 책을 읽은 사람과 스펙만 쌓은 사람의 차이는 크다. 새로운 아이디어를 만들어내고 경쟁사와 차별화해야 하는 업무를 하는 직업의 특성상 독서가 필수적이다. 꼭 마케팅 업무뿐만 아니라 사회생활을 하면서도 독서의 필요성을 절감한다. 저자는 학창 시절 독서토론회에서 활동하기는 했으나 독서를 즐기거나 꼭 필요하다는 생각은 그다지 없어 책을 많이 읽지는 못했다. 돌이켜보면 그때 좀 더 적극적으로 독서를 했다면 지금의 내가 아닌 다른 사람이 되었을 수도 있었을 것이라 상상해 본다. 나이 들어 각성하고 최근 10년간 독서의 양을 끌어올렸다. 독서하면서 가장 중요하게 생각할 것은 비판적인 시각으로 작가와 대화하는 것이라 생각한다. '나는 그렇게 생각하지 않는데?', '이 정도 근거를 가지고 이런 결과를 도출하는 것이 타당한가?' 등의 질문을 끊임없이 던져보는 것이다. 또한 여러 가지 책을 읽다 보면 그중 하나는 본인 마음속의 열정을 끌어올리는 책이 분명히 있을 것이라 생각한다. 시골의사 박경철의 책『자기혁명』을 읽었을 때 저자의 느낌을 여러분도 어느 책에선가 느껴봤으면 좋겠다.

셋째, 영어 공부를 가급적 열심히 하라고 조언하고 싶다. 이는 굉장히 현실적인 조언이다. 당장 입사를 위해서도 필요하지만 향후 마케터로서 커리어를 발전시켜 나아갈 때 여러 가지로 도움이 된다. 생각해 보라. 세상에는 비슷비슷한 수준의 마케터가 참 많다. 그들

마케팅 좀 아는 사람

이 성장하고 성공하기 위해서는 회사 내에서 차별화된 성과를 내서 수직 성장하거나 여러 가지 사유로 타 회사로의 이직을 고민하는 경우가 있다. 참고로 마케터라는 직종은 다른 직종보다 이직률이 높다. 이렇게 이직을 고려할 때 영어를 할 수 있는 마케터라면 선택의 폭이 넓어진다. 반대로 영어를 못하는 마케터는 시장 내 국내 회사와 외국계 회사가 있다고 보면 기회의 반은 포기한 것이고, 또한 최근에 대부분의 기업이 글로벌을 외치는 상황에서 글로벌 마케팅이라는 포지션을 아예 놓친다. 신규 포지션에 같은 수준의 마케터가 지원했다면 경영자 입장에서 누구를 뽑을지 상상해 보면 쉽게 답을 얻을 수 있을 것이다. 여기에서 영어를 공부하라는 말은 네이티브가 되라는 말이 아니라 적어도 본인이 생각하는 말을 할 수 있고, 영어로 이메일 커뮤니케이션이 되는 수준을 이야기하는 것이니 너무 걱정하지 않아도 된다.

넷째, 활동의 결과를 숫자나 통계로 표현하는 능력을 길러보기를 바란다. 보통 마케팅 하면 크리에이티브를 생각하게 되면서 아트 쪽으로 생각하는 사람이 많다. 하지만 기업의 마케팅은 숫자가 부척이나 중요하다. 단순히 아름다운 디자인, 독특한 아이디어로 승부하던 시대는 지났다. 또한 진정한 마케팅 활동은 사업에 직간접적으로 도움이 되어야 하고 결과가 정량적으로 보여야 한다는 것이다. 최근에 데이터베이스를 활용한 마케팅이 점점 더 주목받는 것도 참고할 사항이다. 게다가 마케터라는 사람이 엑셀 프로그램 정도는 자유자재로 다룰 수 있다면 회사 생활에 날개를 달 수 있을 것이라 생각한다.

다섯째, 디지털 트렌드에 반응하고 실행하라고 이야기하고 싶다. 앞으로 마케터가 되기 위해서는 디지털 관련 지식과 경험이 없다면 살아남기 쉽지 않다. 마케터가 되겠다면서 SNS 활동을 하지 않는 사람을 보면서 기본적인 소양에 의심을 가졌던 적이 있다. 사생활 노출을 꺼리고 개인적인 신념으로 인해 SNS 활동을 하지 않는다는 것은 존중한다. 하지만 적어도 마케터가 되고 싶은 사람이라면 꼭 사생활을 공유하는 것이 아닌 본인만의 주제를 선택해서 SNS 운영을 해본 경험이 있는 것과 없는 것은 차이가 크다. 아울러 마케터가 디지털을 활용한 영상 촬영이나 편집에 관한 기술이 있으면 업무에서 여러 가지 이점이 있으니 이 부분은 기초라도 알아두는 것이 좋다.

마케딩 쫌 아는 사람

저자가 개인적으로 생각하는 신입 마케터를 위한 소양을 위와 같이 열거해 보았지만 무엇보다 중요하게 생각하는 것이 있다. 비단 마케터뿐만 아니라 직장생활을 하는 모든 이가 갖춰야 할 소양이라고 생각하는 것은 바로 '태도(Attitue)와 존중(Respect)'이다. 이 두 가지 소양을 갖추는 것만으로도 훌륭한 마케터가 될 조건을 다 갖추었다고 이야기해도 과언이 아니라 생각한다. 개성이 강한 사람들이 모여 있는 마케팅 분야에는 생각보다 이 두 가지 부분에서 아쉬운 사람들이 많다. 경험상 긍정적인 태도와 상대방을 존중하는 마음을 갖춘 성공한 마케터와 롱런하는 마케터를 현장에서 많이 보아 온 것이 사실이니 꼭 참고해 주길 바란다. 마케터라는 도전적인 직업을 선택한 여러분에게 행운이 있기를 바란다.

#마케팅소양 #다양한경험 #독서 #영어 #숫자 #데이터
#디지털 #태도 #존중

역량 향상의 지름길, 마케팅 포럼은 어떻게 진행하는가?

마케팅팀을 이끌다 인사 발령으로 인해 글로벌 사업팀으로 전배되어 팀원들과 송별회 겸 저녁을 함께하는 자리였다. 마케팅팀을 처음 세팅하고 업무를 함께한 약 3년 동안의 일이 머릿속을 스쳐 지나가고 있었다. 힘들었던 일, 보람 있었던 일, 아쉬웠던 일 등을 이야기하다가 내부적으로 2주에 한 번씩 진행했던 마케팅 포럼에 대한 이야기가 나왔다. "팀장님, 이제서야 이야기하는데 마케팅 포럼 처음 시작했을 때는 정말 싫었습니다. 그동안 책하고는 담을 쌓아왔는데 한 달에 책을 한두 권 읽고 발표해야 하는 것에 부담감이 너무 컸습니다. 근데, 지금 돌이켜보면 이 포럼으로 인해서 마케터로서 많이 성장한 것 같습니다." "이제 어느 마케터와 만나도 주눅 들지 않고 이야기할 수 있다는 것만으로 효과가 있었던 것 같습니다." 이야기를 들으면서 처음 마케팅 포럼을 시작했을 때가 생각이 났다. 팀원들 입장에서 보면 업무하는 것만으로도 바쁜데 2주에 한 번씩 2명이 책을 읽고 아침 일찍 나와

마케팅 좀 아는 사람

서 발표를 해야 한다고 생각하니 부담이 많았을 것으로 생각되었다. 구성원으로부터 이런저런 사유로 이번에는 건너뛰면 어떻겠냐는 이야기도 많이 들었다. 하지만 나는 이 방법이 팀이나 팀원을 위해 맞는다는 확신이 있었고 꾸준히 해야 한다고 생각했다. 마케팅을 전문적으로 하지 않았던 인력을 가장 빠르게 본 궤도에 올라올 수 있도록 만드는 방법은 독서 말고는 없어 보였다. 처음에는 마케팅 용어 하나하나의 의미와 잘 알려진 성공 사례조차도 생소했던 팀원들이 회가 거듭될수록 유사한 사례가 나오면 이미 인지하고 있어 좀 더 깊은 논의가 가능하게 되었다. 팀 내부적으로는 마케팅 포럼을 통해서 지식을 습득하는 것 외에 공부하는 분위기도 형성되었다. 이러한 분위기를 바탕으로 언어 공부도 함께 진행되었다. 글로벌 마케팅을 위해서는 무엇보다도 언어 역량이 필요했고 모두 영어 공부의 필요성을 절실하게 느꼈기 때문이다. 이 결과로 우리 팀원 모두는 회사가 원하는 영어 등급을 획득할 수 있었다. 마케팅 포럼은 직장 생활에서 저자가 리더가 된 순간부터 지속적으로 해오고 있는 내부 프로그램인데, 이로 인해 구성원들의 역량이 향상됨은 물론이고 다양한 의견을 허심탄회하게 듣는 사리를 마련함에 따라 팀의 결속력도 좋아지는 부수적인 효과도 있었다. 앞으로 저자가 직장 생활을 하는 동안에는 이것만큼은 지속적으로 진행해 볼 생각이다.

현업에서 마케팅을 하다 보면 하루하루 업무에 치여 정작 개개인의 마케팅 역량을 향상시킬 기회를 찾는 게 쉽지 않다. 또한 몇몇 유명 마케터가 성공 캠페인을 소개하는 외부 포럼 외에 공신력 있는 외부 기관에서 진행하는 실효성 있고 체계적인 마케팅 교육이 의외로 많지 않은 것이 현실이다. 따라서 마케팅 업무를 새로 맡게 된 직장인 또는 실무 경험이 어느 정도 쌓인 3~5년 정도의 마케터들이 가장 목말라하는 부분이 마케팅에 대한 이론적인 부분과 현장 업무에 대한 심도 있는 노하우일 것이다. 저자 또한 이런 시기에 역량 향상과 미래에 대한 고민이 있었고, MBA 과정을 통해 조금이나마 채워 보고자 했다. 비용이 많이 들고 시간이 걸리는 MBA 과정 이수가 아니더라도 현업에서 마케팅 역량을 키울 방법은 바로 독서라고 생각한다. 다양한 마케팅 관련 서적을 읽으면서 자연스럽게 관련 용어와 지식들이 정리될 수 있다. 아울러 저자들의 경험을 공유할 수 있으며 본인 업무에 필요한 지식과 아이디어를 얻는 경우도 많다. 하지만 요즘 사람들은 스마트폰으로 세상의 소식을 접하고 빠르게 정보를 얻기 때문에 독서라는 말 자체를 무척 꺼리는 경향이 있다. 문체부에서 조사한 2019년 한국 성인 남녀의 독서량이 한 해에 6.1권 이하라고 하는 것을 보면 상황은 무척 심각해 보인다. 독서를 통한 팀과 팀원들의 마케팅 지식과 경험을 넓히는 방법으로 다음과 같은 진행 방식을 추천한다.

방법론적인 측면에서 마케팅 포럼 주기는 한 달에 두 번 정도가 적당해 보인다. 너무 자주 진행하면 자칫 내용이 부실해질 수 있으며 구성원에게 부담을 줄 수 있다. 반면에 주기가 너무 길어지면 마케팅 포럼의 중요성에 대한 인식이 구성원들 머릿속에서 흐릿해질 수 있기 때문이다. 구성원 인원수에 따라서 한 번의 포럼에서 몇 명이 발표하느냐를 결정하면 되는데 인원이 많은 경우는 2명 정도가 적당하고 인원이 적을 경우는 1명이 발표를 해서 다시 자기 순번이 되기까지 시간적인 여유를 주는 것이 좋다. 책의 주제는 당연히 마케팅 관련 서적이어야겠지만 때에 따라서는 비즈니스 분야로 주제를 확장시켜 보는 것도 좋다. 왜냐하면 마케팅 포럼이 회를 거듭하다 보면 더이상 쓸만한 서적이 시중에 없는 경우가 있는데 이럴 때 마케팅 고전이나 비즈니스 분야로 주제를 확장해 포럼의 영역을 넓혀 살 수 있기 때문이다. 보통 발표 시간은 30분 내외로 진행하고 약 30분 동안 논의의 시간을 갖는다. 발표자가 책에 대한 소개와 주요한 사항을 이야기한 후 발표자가 선정한 책과 관련된 몇 가지 논의 사항을 참여자와 함께 이야기해 보는 것이다. 보통 논의라고 하면 한마디씩 하고 끝나는 경우가 많은데 진정한 토론이 되기 위해서는 누군가는 Devil's advocate[1]이 되어 여러 사람들의 의견을 끌어내어야 한다. 이 역할을 리더가 맡아주는 것이 좋다. 논의할 주제를 선택함에 제한은 없으나 단순히 책에 대한 내용을 리마인드 하기보다는 회사의 이슈 또는 본인이 속한 마케팅 부서의 전략과 연결해서 논의해 보는 것도 좋은 방법이다. 마케팅 포럼이 끝나고 다음 스텝은 단순히 팀 내부에서만 자료를 공유하는 것이 아니라 유관 부서와 내용을 공유함으로써 마케팅팀의 내부 역량 강화를 위해 노력하는 모습을 보여주는 것이 좋다. 이를 통해 마케팅팀 구성원들의 마케팅 포럼을 준비하는 자세에 책임감을 갖게 할 필요가 있다. 준비를 하는 구성원 입장에서는 회사 유관 부서에 공유되는 발표 자료이기에 소홀히 하기 힘들기 때문이다. 일반적으로 이런 마케팅 포럼을 시작하고자 할 때 내부적인 반발도 있을 수 있다. 구성원이 느끼기에 회사의 업무가 아니라 부가적으로 해야 하는 일이라고 간주하는 경우가 있기 때문이다. 이런 상황에서 리더의 역할이 중요하다. 첫

---

1 의도적으로 반대 입장을 취하면서 선의의 비판자 역할을 하는 사람으로 '악마의 변호인'이라고도 불림

마케팅 좀 아는 사람

째, 리더가 솔선수범의 자세로 본인도 한 구성원이 되어서 발표를 진행해야 한다. 본인이 리더라는 이유로 포럼 발표자에서 빠질 경우 다른 구성원들의 반발에 빌미가 된다. 둘째, 아무리 바쁜 업무 상황일지라도 마케팅 포럼을 진행한다는 의지를 구성원들에게 확고하게 보여주어야 한다. 그렇지 않으면 자칫 번외적인 일로 치부되어 흐지부지되는 경우를 많이 보았다. 책읽기가 습관화되지 않은 구성원 입장에서 보면 마케팅 포럼을 하지 말아야 할 이유는 차고 넘친다. 만약 업무가 몰리는 시기라면 더욱더 그런 생각이 들 것이다. 이때 무슨 일이 있어도 마케팅 포럼은 진행한다는 인식을 구성원들에게 명확히 인식시켜 주어야 한다.

Marketer Kim's Comment

마케팅 포럼 활동으로 팀 구성원의 역량 향상과 트렌드 캐칭이라는 목적을 동시에 달성할 수 있다고 생각한다. 현장에서 만난 마케팅 인력들의 배경을 보면 경영, 마케팅 등과 거리가 먼 경우가 의외로 많았다. 마케팅에 대한 열정과 우연한 기회를 통해 마케팅 업무를 시작했지만, 실무를 익히는 동안 마케팅 이론과 지식에는 부족한 부분이 있다는 것을 스스로 느끼고 이 부분에 대한 니즈가 있다는 것을 현장에서 많이 확인했다. 독서를 통한 역량 향상은 업무를 진행하면서 할 수 있는 가장 적합한 방법이며 혼자가 아니라 그룹으로 같이 진행하게 될 때 효과를 배가시킬 수 있다. 이와 더불어 마케터는 트렌드를 읽는 눈이 가장 중요하다. 트렌드는 현장에서 경험으로 느낄 수도 있고 네트워크를 통해서 얻을 수도 있지만 큰 틀에서의 트렌드를 파악하는 방법은 독서만한 것이 없다고 생각한다. 단순히 한국에서만의 트렌드가 아니라 전 세계적인 트렌드를 지속적으로 확인하는 것도 마케터가 해야 할 중요한 업무이다. 트렌드를 오직 마케팅팀 내부적으로 공유하는 것보다는 회사 내부 게시판을 통해 사내 모든 인원과 지속적으로 공유하는 것도 중요하다. 그러한 트렌드를 회사 내부 유관 부서에 인지시킨 후 향후 마케팅팀에서 관련된 활동을 추진하겠다고 한다면 내부적인 공감대가 형성되어 훨씬 더 수월하기 때문이다. 마케팅 포럼을 통해 습득된 지식이 단순히 지식으로서 끝나서는 안 된다. 현재 본인들이 하는 업무에 책에서 얻은 지식이나 경험을 적용시켜 보아야 하고, 전략을 수립할 때 이론적인 기반으로 활용해야 한다. 앞서 이야기했듯이 저자가 팀원들과 함께 마케팅 포럼을 시작했을 때 반발도 있었다. 하지만 포럼이 1~2년 지나고 나서 모든 구성원이 우리가 이렇게 많은 책을 섭렵했는지에 놀랐고, 회가 거듭될수록 논의의 수준도 한층 심화되는 것을 느꼈으며, 가장 중요한 것은 각자가 마케터로서 한 단계 성장했음을 인정

마케팅 좀 아는 사람

하게 되었다는 것에 자부심을 느꼈다. 후배들에게 늘 이야기하지만 마케터가 되려는 순간부터 끊임없이 공부해야 하고 세상의 트렌드를 주의 깊게 관찰하는 숙명을 받아들여야 한다. 비단 마케터뿐만 아니라 직장인에게 독서는 미래 경쟁력을 위한 원천이다.

#마케팅포럼 #독서 #MBA #트렌드캐칭 #마케팅이론 #글로벌트렌드 #리더의역할

진심으로 MBA는
마케터에게 필요한가?

*Marketer
Kim's
Story*

외국계 광고 에이전시 차장 1년 차가 되었을 무렵 미래에 대한 고민이 시작되었다. 지금은 회사 생활하는 데 문제가 없지만 미래의 내가 과연 경쟁력이 있을까 그리고 미래에 어떤 커리어 패스를 갖춰야 하는지에 대한 고민이 머릿속을 떠나지 않았다. 무엇보다도 경영학 비전공자이다 보니 경영, 마케팅에 대한 이론적인 지식에 목말랐다. 클라이언트를 실무적으로 상대하다 보면 경영 관련 이야기가 나올 때 왠지 모르게 주눅드는 나 자신을 보면서 더 늦기 전에 결단해야겠다고 생각했다. 몇 달을 고민하던 중에 학교 선배이자 동아리 선배이고 광고 에이전시 근무 후 미국에서 MBA를 수료하고 온 선배가 떠올랐다. 전화로 무작정 만나고 싶다고 이야기했고 선배는 흔쾌히 시간을 내주었다. 술을 한잔하면서 이런저런 이야기로 근황 토크를 한 후 궁금했던 두 가지를 직설적으로 물어보았다. "형님, 제가 직상 생활을 하면서 미래에 대한 고민이 있어서 MBA를 할까 하는데 어떻게 생각하시나

마케팅 좀 아는 사람

요?"와 "MBA를 다녀오면 진짜 제 미래에 도움이 될까요?"였다. 지금도 잊히지 않는 선배의 대답이 돌아왔다. "그렇게 생각했다면 일단 GMAT 책을 사고 영어 공부를 시작해, 그리고 미래에 도움이 될까 하는 고민은 앞으로 천천히 생각해도 된다." 나는 순간 무언가에 얻어맞은 느낌이었다. 내가 할까 말까 망설이는 동안 시간은 흐르고, 최악의 상황으로 중간에 포기한다고 해도 영어 공부를 한 만큼의 의미가 있다는 것을 생각했다. 술이 거나하게 취해 집으로 돌아오는 길에 나는 마치 곧 유학이라도 가게 된 것처럼 설렜고 그 후 유학 준비라는 인내의 시간을 경험해야 했다.

Marketer
Kim's
Focus

꼭 마케터가 아니더라도 직장 생활 3~5년 차 대리급이 되면 본인이 하는 업무에도 익숙해져 미래를 고민하게 되는 것이 일반적인 것 같다. 이럴 때 '공부를 좀 해볼까?', '이직을 해볼까?', '다른 일을 해볼까?' 등등으로 심란해진다. 저자도 같은 고민을 했고 그때 선택한 길이 MBA였다. 경영학 비전공자가 마케팅을 업으로 살아가면서 느꼈던 현장의 경험이 MBA라는 모험수를 던지게 한 것이다. 아직 저자의 직장 생활은 끝나지 않았지만 그때의 신덕이 지금도 틀리지 않았다고 생각한다. 직장 생활하면서 동료와 후배들에게도 MBA에 관련된 질문을 많이 받았다. 그래서 그런 질문에 대한 저자의 견해를 적어보고자 한다..

MBA가 마케터에게 꼭 필요한가요?

결론부터 이야기하면 저자는 꼭 필요하다고 생각한다. 경영학 비전공자이고 향후 비전이 단순히 마케팅 커뮤니케이션을 하는 모습이 아니라 진정한 마케터가 되기를 원한다면 더욱더 필요하다고 생각한다. 사람들은 마케팅 하면 단순히 독특한 아이디어를 가지고 광고를 만드는 것, 언론에 다양하게 홍보하는 것으로 생각하기 쉽다. 하지만 진정한 마케팅은 경영 전반의 업무와 긴밀하게 연관되어 있어 직위가 올라갈수록 단순히 독특하고 아름다운 제작물 생산 능력만 가지고는 진정한 마케터라고 불릴 수가 없다. 따라서 마케터는 경영 관리, 조직 관리, 전략에 대한 기본적인 지식을 갖춰야 진정한 마케팅을 할 수 있다고 감히 제언한다.

회사일도 바쁘고 학비도 부담이 되는데 MBA 준비를 시작해도 될까요?

이 질문에 일단 시작해 보라고 이야기하고 싶다. MBA 과정은 어느 정도 직장 경험이 있는 사람을 위해 개설한 과정이므로 회사일과 유학 준비를 병행해야 한다. 지원자 중에 직장을 그만두고 영어공부를 하며 MBA 지원 준비를 하는 경우가 간혹 있는데 이는 결코 바람직하지 않다. 지원 과정 중에 이 부분에 대한 설명이 그럴듯해야 하는데 외국 학교의 면접관은 이

마케팅 좀 아는 사람

해하기 어렵기 때문이다. 학비 문제도 저자는 일단 준비부터 시작하고 나중에 생각해도 늦지 않는다고 이야기하고 싶다. 생각지도 않았던 장학금 제도가 많고 최악의 경우 대출로 해결할 수 있는 방법이 있으니 이 부분은 차차 고민해도 된다. 저자가 이렇게 단적으로 이야기하는 것은 한국 사람들이 MBA 준비를 하면서 가장 어려워하는 영어에 대한 장애물을 넘기 전에 많이 포기하기 때문이다. 영어 공부를 하면서 진짜 가야 하는지 충분히 생각할 시간이 있고 또 최악의 경우 포기하더라도 영어 공부를 했던 시간과 실력만큼은 오롯이 남기 때문이다.

MBA 준비 기간은 얼마나 되나요?

일단 이 질문은 해외 MBA 과정을 기준으로 이야기하고자 한다. 개인적인 생각이지만 국내 MBA는 사회생활을 하고 특별한 결격사유가 없으며 하고자 하는 의지가 있다면 크게 어려워 보이지 않기 때문이다. 한국인의 경우 MBA 준비 기간이 길어지는 이유는 바로 영어 때문이다. 영어를 모국어처럼 구사하는 학생은 다르겠지만 토종 한국인이라면 GMAT이라는 관문을 통과하기 쉽지 않다.(다행히 최근에는 학교별로 GMAT의 비중을 조금씩 줄이거나 아예 없애는 학교도 있다는 기쁜 소식이 있다.) 영어도 어려운데 수학, 논리력, 이해력을 테스트하는 시험이니 솔직히 한국인에게는 난공불락이라고 생각한다. 저자도 GMAT을 준비하면서 주말마다 학원을 다니기도 했고, 여름 휴가 때 도서관에서 공부하고 매번 비싼 시험을 보면서 기대에 못 미치는 점수에 좌절했던 기억이 난다. 그럼 일반적인 영어 실력을 지닌 사람 기준으로 준비 기간을 생각해 보면 다음과 같다. 가고 싶은 학교가 원하는 GMAT, TOEFL 점수를 획득하는 데 걸리는 시간을 1년, 에세이를 쓰는 시간을 6개월, 그 밖의 유학 준비 시간을 6개월 정도로 총 2년여의 시간이 일반적으로 필요해 보인다. 사람마다 차이가 있어 1년 안에 이 모든 것을 끝내는 사람을 보긴 했지만 그런 사례는 조금 특별한 경우다. 한 가지 이야기하고 싶은 사항은 GMAT은 사법시험처럼 오래 붙들고 경험이 쌓이면 성적이 나오는 시험이 아니다. 따라서 본인이 생각하는 마지노선을 정해놓고 승부를 보아야 한다. 만약 그 점수가 나오지 않았다고 해서 마냥 기다릴 것이 아니라, 학생을 선발하는 기준이 GMAT이 전부가 아니므로 에세이를 제대로 써서 목표로 했던 학교로 지원을 하거나 다른 학교 옵션도 찾아보는 것이 현명한 방법이라고 생각한다.

국내 MBA vs 해외 MBA?

많은 사람들이 이 부분을 많이 고민하는 것으로 보인다. 실제로 장단점이 뚜렷한 것이 사실이다. 국내 MBA는 특별히 환경이 변하는 것이 아니어서 안정적인 선택일 수 있고 상황에 따라서는 다니던 직장을 그만두지 않고 야간에 공부하여 학위를 받을 수 있는 방법도 있으며, 무엇보다도 국내 인적 네트워크의 확대에 유리한 측면이 있다. 이에 반해 해외 MBA는 다니던 직장을 그만두어야 하고 비용도 아무래도 더 들고 무엇보다 새로운 문화에 적응해야 하는 두려움도 크기 때문에 불안감이 드는 것이 사실이다. 그럼에도 저자는 이왕 커리어에 대한 고민이 시작되었고 인생의 전환점을 위해서는 해외에서의 MBA 취득을 권하고 싶다. 해외 MBA의 가장 큰 장점은 기간 동안 MBA 과정 수료는 물론이고 영어를 어느 정도 습득할 수 있고 해외에 네트워크를 구축할 수 있다는 장점이 있다. 아울러 세계 각국에서 온 친구들과 함께 공부하면서 글로벌 시각을 다양하게 접할 수 있고 다른 문화에 대한 적응력 또한 향상된다. 개인적으로는 MBA를 마치고 국내에 돌아왔을 때 예전만큼은 아니더라도 국내 MBA와 해외 MBA에 대한 기업의 인식이 조금은 다르기 때문에 여러 가지로 이점이 있다고 생각한다.

MBA를 마치면 정말 미래가 보장되나요?

1990년대 중후반 MBA가 직장인들에게 유행처럼 인기 있던 시절, 미국의 유명 MBA를 마치고 국내에 돌아오면 억대 연봉을 받는다는 소문이 파다했다. 하지만 더이상 그런 현상은 없다. 그만큼 MBA라는 학

위가 이제는 직장인에게 엄청난 프리미엄을 줄 수준
은 아니라는 것이다. MBA를 수료한다고 해서 당장
미래가 보장되는 것도 아니다. 오히려 MBA 과정의
효과는 중장기적으로 봐야 한다는 것이 개인적인 생
각이다. MBA라는 과정 자체가 경영학을 전공하지 않
은 직장인을 대상으로 만들어진 것으로 그 지식을 바
탕으로 좀 더 본인의 업무를 경영자의 관점으로 진행
할 수 있기 때문에 서서히 효과를 보게 되는 것으로 생
각한다. 돌이켜보면 그때 배우고 토론했던 주제들과
비슷한 사안을 직위가 올라갈수록 현장에서 많이 접
할 수 있었던 것 같다.

**Marketer
Kim's
Comment**
마케터로서 본인의 미래를 고민하게 되는 시점은
대략 비슷해 보인다. 이럴 때 가장 크게 다가오는 것
이 현실적인 부분이다. 결혼도 해야 하고, 모아둔 돈도
충분치 않고, 영어에 대한 두려움이 있다는 것이다. 그
럴 때 저자가 해주는 조언이 있다. 첫째, MBA를 준비
한다고 해서 결혼을 못하는 것이 아니다. 실제로 많은
사람들이 결혼 후 가족과 함께 가는 것을 보았고 저자
또한 MBA를 준비하면서 결혼도 하고 독일로 MBA를
가게 되었을 때는 아내와 딸과 함께 무사히 마치고 돌
아왔다. 둘째, 그 나이 또래 직장인이 부모 도움 없이
는 모아둔 돈이 부족한 것은 당연하다. 하지만 인생의

터닝포인트를 위해 본인 스스로에게 마지막으로 투자한다고 생각하면 대출을 받아서라도 한번 도전해 보는 것이 어떨까 싶다. 아울러 생각보다 국내 또는 현지에서 장학금 제도를 찾아보면 쏠쏠한 것이 꽤 많고 학교 내에서 파트타임 잡을 통해서 생활비를 보충할 수도 있다. 저자가 다닌 학교에서도 6명 정도가 장학금 혜택을 받은 것으로 확인했고 꼭 성적만으로 받는 것은 아니라는 것이 학교 측 설명이었다. 셋째, 토종 한국인이 영어에 대한 두려움을 갖는 것은 당연하다. 아무리 열심히 공부한다고 하더라도 네이티브가 될 수는 없다. 따라서 영어로 된 교재를 읽고 이해하고 자신의 의사를 느리더라도 명확하게 표현할 수 있는 수준이라면 충분히 가능하니 겁부터 먹지 않아도 된다. 과정을 수료하면서 저자가 느낀 것은 영어보다 더 중요한 것은 결국 자신만의 콘텐츠와 수업에 대한 열정이었다. 이래서 안 되고 저래서 안 되고 고민하다 보면 시간만 흘러간다. 다시 말하지만 일단 MBA를 고민하기 시작했다면 영어 공부를 시작하라고 조언하고 싶다. 갈지 말지에 대한 고민의 시간은 영어 공부하면서도 차고 넘칠 테니 말이다.

#MBA #영어 #GMAT #국내MBA #해외MBA
#MBA준비기간 #마케터의미래

이 정도는 읽어야 할
마케팅 서적은 무엇인가?

Marketer
Kim's
Story

신규 마케팅팀이 제대로 틀을 갖추기 시작하면서 여러 가지 업무가 늘어가던 시절이었다. 업무가 조금 늦게 끝나 간단하게 저녁이라도 할 겸 남아 있던 직원들과 소주를 한잔하게 되었다. 늘 그렇듯이 업무 중에 있었던 일, 유관 부서와 있었던 일, 향후 마케팅팀의 방향에 대한 각자의 의견 등 다양한 이야기가 안줏거리로 올라왔다. 술자리가 무르익을 무렵 한 직원이 조용히 저자에게 이야기한 고민이 있었다. 그 나이 때 나와 너무도 비슷한 고민을 하고 있어 공감이 갔다. "솔직히 저는 마케팅을 학창 시절부터 꿈꾸지 않았습니다. 우연한 기회에 마케팅 업무를 하게 되었고 흥미를 느끼고 있습니다. 하지만 저의 고민은 내가 정말 잘 하고 있는 걸까? 마케팅이라는 개념이 내 안에 잡혀 있는 걸까? 나는 누군가에게 마케팅은 이런 것이라고 자신 있게 말할 수 있을까? 라는 생각이 많습니다." 그 후배를 보면서 어떤 이야기를 해야 할지 고민이 되었다. 그러다 이러한 고민을 가장 쉽고 빠르게 해결할 수 있는 것이 독서라고 힘주어 이야기해 주었다. 그랬더니 바로 나오는 질문이 "네, 저도 독서를 해야 한다는 것은 잘 알고 있습니다. 세상에는 정말 많은 마케팅 책이 있는 것 같습니다. 혹시 저에게 마케터라면 꼭 읽어야 할 서적을 추천해 주실 수 있나요?"였다. 당시 나는 특별한 원칙 없이 이런저런 생각나는 책을 이야기해 주었다. 집에 가는 길에 곰곰이 생각하면서 스스로 독서를 많이 한다고 자부하고 있지만 마케팅 책에 대한 확고한 생각이 없어 후배의 질문에 명확한 답을 주지 못하지 않았나 반성했다. 만약 지금 이런 질문을 받는다면 마케팅 입문서부터 실용서까지 좀 더 체계적으로 알려줄 텐데라는 생각이 든다.

Marketer Kim's Focus

학부 때 경영학을 전공하지 않고 이런저런 사유로 마케팅을 업으로 삼고 있는 사람이나 마케팅이라는 업종에 취업하고자 하는 학생들에게 가끔 듣는 질문은 바로 이것이다. "마케터로서 꼭 읽어야 할 서적을 추천해 주시면 좋겠습니다." 돌아보면 나도 신입 시절 이 부분에 대해 참 궁금해 했다. 마케팅을 해보니까 신나고 좋은데 단순히 독특한 아이디어만을 생각하기보다는 이론적인 것들이 내 머릿속에 정립되기를 희망했다. 누군가 저자에게 '마케팅이 무엇인가?'라고 질문했을 때 솔직히 그때는 자신이 없었고 대충 얼버무리기 일쑤였다. 이런 사람들에게 가장 잘 어울리는 해결책은 독서이며 이를 통해 이론적인 지식 및 저자의 노하우와 경험을 습득하는 것이다. 마케팅에 관해 하나도 몰랐던 저자의 경험을 기반으로 단계별로 어떤 목표를 가지고 책을 읽어야 하는지, 저자가 추천하고 싶은 책을 총 4단계로 구분해서 이야기하고자 한다.

1단계

마케팅 원론

마케팅이 무엇인지 알고 싶고 이론적인 틀을 정립하고 싶다면 교과서로 많이 사용되는 『마케팅 원론』이라는 제목의 책을 하나쯤은 읽어야 한다. 수업을 목적으로 쓰인 책들이라 정보의 양도 방대하고 딱딱해서 중간에 포기하고 싶은 생각이 들 수 있다. 하지만 이 책을 읽는 목적이 시험을 보는 것이나 학위를 위한 것이 아니므로 저자가 권하고 싶은 방법은 전체 목차를 기억하고 이해하며 각 장의 핵심 사항에 대해서만 인지하는 정도로 생각하고 읽어보기를 추천한다. 현장에서 마케팅 업무로 일어날 수 있는 모든 일이 이 책의 범주를 크게 벗어나지 않는다. 또한 마케팅 업무를 하면서 바이블처럼 옆에 두고 관련 일들이 발생할 때 한번쯤 읽어보면 기본으로 돌아가서 생각해 보는 계기가 되고, 상황에 대한 해결책의 실마리가 보이는 경우도 있다. 국내에서 판매되는 많은 마케팅 원론은 저자만 다를 뿐 목차와 내용은 크게 다르지 않다고 본

마케팅 좀 아는 사람

다. 저자에게 굳이 어떤 책을 추천하느냐를 물어본다면 마케팅 원서인 『Principle of Marketing』(Philip Kotler, Gary Armstrong 지음)을 추천한다. 이 책은 마케팅을 하고 있거나 혹시 하지 않고 있더라도 한 번쯤은 들어봤을 마케팅의 대가 필립 코틀러의 책이다. 이 책의 장점은 마케팅에 관련된 모든 지식이 망라되어 있다는 것과 지속적으로 개정판이 나와 탄탄한 마케팅 이론에 최신 사례가 업데이트되어 있다는 점이다. 이 책을 읽다 보면 직장에서 관련 업무 때 이런 이론은 한번 써먹어 보면 좋겠다는 생각을 하게 되고, 아울러 그간 이론적인 바탕 없이 행했던 마케팅 업무가 이런 이유 때문에 했어야 하는구나라는 생각도 하게 된다. 마지막으로 다시 한번 강조하고 싶은 사항은 이 책을 읽는 목적은 책의 모든 내용을 다 암기하기 위함이 아니라 마케팅의 구조를 이해하기 위함이고 부가적으로 마케팅에서 사용되는 전문용어에 익숙해지기 위함이다.

2단계

마케팅 고전

마케팅 원론을 통해 마케팅의 정의와 구조를 이해했다면 마케팅 고전에 도전해야 한다. 마케팅 고전을 통해서 트렌드가 아무리 바뀌어도 변하지 않는 마케팅의 원리를 이해하기 위함이다. 마케팅 고전이라고 하면 떠오르는 사람은 잭 트라우트, 알 리스이며 이들이 지은 책이 두 가지 있다. 바로 『마케팅 불변의 법칙』과 『포지셔닝』이고 최근에 업데이트되어 출간된 『Re Positioning』도 고전의 범주에 포함할 수 있다. 실제로 마케팅 현업을 하다 이러한 책이 가지고 있는 원리가 오늘날에도 관통하고 있는 것을 느낄 때면 '역시! 고전'이라는 생각을 많이 하게 된다. 부가적으로 이러한 책은 의외로 현업에서 보고서와 기획서를 쓸 때 유용하게 인용되는 경우가 많다. 이런 이론적인 근거를 가지고 보고서를 만들 때 설득력이 배가되는 경우를 많이 경험했다.

3단계
마케팅
베스트셀러

3단계에서는 마케팅의 최신 이론과 트렌드를 얻을 수 있는 서적을 읽어보는 것이다. 이러한 책은 최신 전략 이론이 될 수도 있고 마케팅 관리를 위해 도움이 되는 도서일 수 있다. 아울러 마케팅 서적의 특징인 사례 연구가 가장 최신 것으로 업데이트되어 있어 공감하기 쉽다. 이 단계에서 저자가 추천하고 싶은 책은 4권이다. 첫 번째 책은 경영자와 마케터가 늘 생각해야 하는 신규 시장 개척에 대해 새로운 전략 방향을 제시하여 국내에서도 선풍적인 인기를 끌었던 『블루오션』, 『블루오션 시프트』(김위찬, 르네 마보안 지음)이다. 두 번째 책은 마케팅하는 사람들이 늘 고민하고 어려워하는 마케팅 활동을 평가하는 방법을 모아 둔 『마케팅 평가 바이블- 세계 최고의 마케팅 MBA, 켈로그 경영 대학

마케팅 좀 아는 사람

원 강의』(마크 제프리 지음)이다. 세 번째 책은 리마커블한 제품, 즉 주목할 만한 가치가 있고 예외적이며 흥미로운 제품을 창조하고 그런 제품을 열망하는 소수를 공략하라고 이야기한 『보랏빛 소가 온다』(세스 고딘 지음)이다. 네 번째 책은 시장의 거시적 흐름을 알려주고 마케터에게 통찰력을 주는 『Market』 시리즈(필립 코틀러 지음)이다. 이러한 책들은 시장을 분석하고 마케팅 전략을 수립하거나, 캠페인을 진행하게 될 때 실질적으로 유용한 인사이트나 툴을 포함하고 있다. 또한 이러한 책들이 마케터가 고민하는 새로운 아이디어를 위한 발상의 전환을 돕기도 한다.

4단계

마케팅 실용서

시장에는 마케팅 서적이 참 많다. 그도 그럴 것이 많은 사람들이 어떻게 하면 본인의 제품을 잘 팔 수 있을지, 자영업을 잘할 수 있을지, 돈을 잘 벌 수 있을지, 고객에게 호감을 얻을 수 있을지 등 굳이 마케터가 아니더라도 관심이 많은 분야이기 때문일 것이다. 아울러 마케팅의 각 분야를 좀 더 세분화해서 알고 싶어 하는 독자를 위해 주제를 굉장히 좁혀서 만든 책도 많다. 예를 들면 마케팅의 한 축인 디지털 마케팅 전반에 관련된 책이 있는가 하면, 여기에 좀 더 세분화된 SNS 마케팅 또는 검색 광고만을 주제로 한 책이 있고, 더 나아가 SNS 미디어 채널 중 하나인 페이스북만을 특화한 마케팅 관련 서적도 나오는 상황이다. 이 단계에서는 특정한 책을 추천하기보다는 실용서를 선택하고 읽는 방향성에 대해서만 언급하고자 한다. 첫째, 실용서들의 특징이 제목에 심혈을 기울이기 때문에 혹해서 넘어가기 쉬운 경우가 많다. 제목이 책의 성패의 절반이라는 사람들도 있다. 최근에 무슨무슨 법칙, 무슨무슨 원칙과 같은 제목의 책들이 많아지는 것도 이런 트렌드의 일환이다. 따라서 이러한 책을 선택할 때에는 반드시 목차를 확인하여 내용을 상상해 보고 본인에게 필요한 책인지 사전에 확인하라고 권한다. 둘째, 작가의 경험과 이력을 확인하여 읽기 전에 실질적으로 도움이 될 내용인지 판단해 보라고 권한다. 이유는 책의 품질과는 상관없이 책을 내기 위해 만들어진 책을 많이 보았기 때문이다. 저자의 사업적인 목적이나 커리어 포트폴리오 구성을 위해 발간한 책을 보면 그다지 인상 깊지 못한 내용이 많았다. 마지막으로 위와 같은 과정을 통해서 책을 선택하고 읽기 시작했다고 해서 끝까지 읽는다는 생각을 하지 말고, 중간이라도 내용이 기대 수준에 미치지 못하거나 특별히 도움이 될 내용이 아니면 과감하게 중단하라고 이야기하고 싶다. 어설픈 내용의 마케팅 실용서를 읽었을 때 오히려 개인의 역량에 부정적인 영향을 끼치는 경우도 있다.

마케팅 좀 아는 사람

마케터라면 마케팅 관련 지식을 넓히기 위해서, 트렌드를 읽는 눈을 가지기 위해서, 작가가 경험한 마케팅 사례를 습득하기 위해서 마케팅 관련 서적을 읽는 일은 게을리하지 말아야 한다. 하지만 이에 더하여 권하고 싶은 분야의 책이 있다. 첫 번째는 앞서 지속적으로 언급했지만 마케팅은 사업 경영과 유기적으로 연관된 분야이다. 따라서 마케터라면 단순히 마케팅 관련 지식뿐만 아니라 회계, 재무, 인사, M&A 등과 같은 분야의 책도 섭렵해야 한다. 그 이유는 사업 경영의 이해를 바탕으로 실행하는 마케팅과 그렇지 않은 마케팅은 천지 차이이기 때문이다. 두 번째는 마케터라면 인문학 서적을 읽는 데 흥미를 가져야 한다. 마케팅 업무는 목표 고객에 대한 공감과 새로운 아이디어를 요구하는 경우가 많으며 이런 생각의 근원은 인문학과 마케팅 지식의 융합에서 나오는 경우가 많다. 결론적으로, 저자가 그간 현장에서 만나본 여러 마케터를 돌이켜봤을 때 마케팅에 대한 기본적인 지식 차이는 크지 않았다. 하지만 성공한 마케터가 가진 특징을 보면 새로운 생각과 일하는 방식, 시대 흐름에 맞는 마케팅 활동 등을 실행한 경우가 많고 이런 실행을 할 수 있는 기반이 바로 그들의 독서 습관이 아니었나 생각해 보곤 한다. 독서하지 않는 마케터의 미래는 기술자로 남을 뿐이라고 이야기하고 싶다.

#마케팅책 #Principleofmarketing #필립코틀러
#마케팅불변의법칙 #포지셔닝 #블루오션
#블루오션시프트 #마케팅평가바이블 #보라빛소가온다
#Market #마케팅실용서 #회계 #재무 #인사 #M&A

마케팅 좀 아는 사람

마케터에게 힘이 될 영어 능력 향상 방법은 무엇인가?

회사 매니저들을 대상으로 한 명도 예외 없이 토익 시험을 보게 하겠다는 공고가 떴다. 이유인 즉슨 외국계 회사임에도 불구하고 매니저들의 영어 실력이 너무 낮아 실력을 향상시키겠다는 것이었다. 매니저들 사이에서는 업무하기도 바쁜데 이제 와서 무슨 영어 시험이냐며 볼멘소리가 터져 나왔다. 당시 저자 또한 유학을 다녀오고 나서 추가적인 영어 공부의 필요성을 못 느끼던 상황이었다. 그저 회사와 업무의 특성상 사내에서 또는 외국 오피스와의 연락을 위해 영어를 생활화한 것 외에는 딱히 영어 공부를 별도로 하지 않았기에 망신이나 당하지 않을까 걱정되었다. 어쨌든 회사 대표의 강력한 의지로 추진된 매니저 대상 영어시험 준비는 두 달 간의 시간을 주고 토익 책을 배포하면서 시작되었다. 시간은 화살처럼 흘러갔고 전날까지 잘 되겠지 하는 마음 반과 귀찮은 마음 반으로 회사에서 나눠준 토익 책을 펴보지도 않았다. 엎친 데 덮친 격으로 시험 전날인 금요일에 부서 회식이 잡혀

술을 마셨다. 술자리에서 한 매니저가 이야기를 했다. "어차피 이렇게 된 거 우리 술이나 많이 먹읍시다. 다 같이 내일 망해 보시죠." 술자리는 새벽까지 이어졌고 '뭐 꼴등이야 하겠어. 그간 영어를 써온 시간이 얼마인데…'라며 잠이 들었다. 토요일 아침 시험장까지 가는 종로 거리는 한산했고 술이 덜 깬 저자는 아이스 아메리카노 한 잔을 사들고 느긋하게 도착했다. 그런데 이게 웬걸 사람들은 아침 일찍 도착하여 대기실에서 마지막 공부를 하고 있는 것 아닌가? 그러면서 학생 때처럼 시험 공부를 하나도 못했다는 엄살을 떨고 있었다. 약간 속았다는 느낌과 정신 차리고 한번 열심히 해보자는 생각과 함께 시험은 시작되었다. 그런데 시험을 보면서 의외로 어렵지 않게 느꼈다. '어라 이거 왜 이렇게 쉽지? 다 들리네'라고 생각했고 학생 때 그렇게 어렵던 문법과 독해도 그다지 어렵지 않았다. 학생 때 시험 보면 부족했던 시간도 여유가 있을 정도였다. 시험은 끝났고 꼴등은 아니겠지 하는 자신감이 있었기에 까맣게 잊고 지냈다. 한 달이 지나 시험 결과가 나왔는데 놀랍게도 940점을 획득하여 남자 매니저 중에 1등이라는 것이다. 준비가 많이 부족했기에 그 정도 점수가 나올 줄은 꿈에도 몰랐다. 고득점한 이유를 곰곰이 생각해 보니 바로 영어 환경에 지속적으로 노출되어 있었기 때문이었다. 외국계 회사이다 보니 수

　　　　　　　　　　　　　　마케팅 좀 아는 사람

많은 콘퍼런스 콜과 영어 이메일 커뮤니케이션, 외국인과의 전화 통화가 자연스럽게 저자의 영어 실력을 끌어올렸던 것이다. 이 시험을 계기로 언어 공부의 핵심 성공 요인이 해당 언어의 생활화라는 것을 다시 한 번 느꼈다.

Marketer Kim's Focus

중학교부터 시작된 저자의 영어 공부는 지금도 이어지고 있다. 아직도 영어에 대해서 완벽한 자신감이 없는 저자가 이런 주제로 글을 쓴다는 것이 모순처럼 보일 수 있으나, 최근에 다시 영어 공부를 해보겠다고 생각했기 때문에 영어 공부 성공의 핵심 요인을 정리해 보는 차원에서 써보고자 한다. 저자 또래의 사람들이 그렇듯 대학에 입학했을 당시 저자의 영어 수준은 지금 우리 아이들이 듣거나 쓰는 영어 수준도 채 되지 못했다. 오로지 문법 위주의 영어 교육이었기 때문이었다. 군에서 전역하고 영어 공부를 해야겠다고 생각해 학원에서 수학 강의로 어학연수 자금을 모았다. 밴쿠버에서 6개월 어학연수를 시작으로 저자의 영어와의 긴 여정은 시작되었다. 취직하기 위해 토익 900점 이상을 목표로 공부했고, 취업 후에는 수많은 해외 출장과 외국인들과의 화상 회의를 진행했고, MBA 과정 때 영어를 사용했고, 지금은 글로벌 비즈니스를 담당 업무를 하고 있으니 어림잡아 20년이 훌쩍 넘은 것 같다. 이렇게 오랜 동안 영어를 공부하고 사용하며 느꼈던 영어 공부의 핵심은 다음과 같다.

**영어 실력은
단계적으로
올라간다!**

이런 생각은 꼭 영어 공부에만 해당되는 것은 아닌 것 같다. 어릴 적 기타를 배울 때에도 그랬고, 아이스하키를 시작했을 때에도 그랬다. 소위 스킬이라는 것은 우상향 커브가 아니고 단계적 커브를 그린다. 각 단계마다 일만 시간의 법칙처럼 일정하게 머무르는 시간이 필요하다. 머무르는 시간 동안 얼마나 꾸준히 하느냐에 따라서 그 시간은 줄일 수 있다고 본다. 그러나 저자를 포함한 많은 사람들이 영어 공부 초기 또는 중기에서 늘지 않는 실력에 좌절하며 포기하는 경우가 많다. 그러고 나서 시간이 지나 다시 시작하는 악순환을 반복한다. 모든 일에는 임계질량(Critical Mass)이라고 해서 획기적으로 변하는 지점이 있다. 이 변곡점이 있을 것이라는 믿음으로 포기하지 않고 영어 공부를 해야 실력은 한 단계씩 상승한다.

**영어시험은
문제은행식이다!**

지금은 많이 변경되었다지만 저자는 아직도 큰 틀에서 점수 획득을 목표로 하는 테스트는 크게 달라질 것이 없다고 생각한다. 1997년 한국에서는 토익 열풍이 불었고 IMF 상황과 맞물려 원하는 곳에 취직하려면 토익 900점을 넘어야 하는 상황이 벌어졌다. 당시

마케팅 좀 아는 사람

저자가 가고자 했던 언론사나 방송사는 커트라인이 950점이라는 소문도 돌았다. 지금과는 달리 매달 한 번씩 치러지는 토익 시험을 보고 매번 800점대의 점수를 결과로 받아 들면서 저자는 좌절했고 뭔가 특단의 대책이 필요하다고 생각했다. 기존 방식으로는 도저히 목표하는 점수를 얻기는 불가능하다고 생각했다. 그래서 생각한 방법이 학교 Lab 실에 있는 모든 토익 문제집을 풀어보자는 것이었다. 어차피 토익 시험은 문제은행식이라 시중에 있는 모든 토익 문제집을 푼다면 시험의 문제 유형이 거기서 크게 벗어나지 않을 것이고 생각했다. 결과는 대성공이었다. 시험장에 들어가서 처음으로 시작되는 리스닝(listening) 파트를 풀면서 대화가 끝나지 않았는데 내용이 파악되었다. 리튼(written) 파트에서는 긴 지문을 다 읽지 않아도 문제의 답이 보이는 신기한 경험을 했다. 토익 시험은 늘 시간에 쫓겨 답을 쓰곤 했는데 그때는 오히려 시간이 남았다. 딸아이에게 "아빠가 시험 잘 보는 방법 가르쳐 줄까? 자 들어봐. 어차피 하늘 아래 새로운 문제는 없어. 그러니 네가 생각하는 상급 문제지 두 권과 중급 문제지 두 권을 선택해서 완벽하게 이해해 봐. 그럼 시험에서 답이 보이는 신기한 경험을 할 거야"라고 가끔 이야기한다. 딸아이는 요즘 문제 트렌드는 그렇지 않다며 흘려듣는다. 속으로 '시대가 아무리 변해도 문제를 내고 시험을 쳐야 하는 상황은 같으니 변할 게 없을 텐데' 하며 구시렁거린다.

뚜렷한 목표와 지속성이 관건이다!

　왜 20년 이상 영어를 사용하는 환경에 놓였는데도 저자의 영어 실력이 원하는 수준에 미치지 못할까 곰곰이 생각해 보았다. 그 이유 중의 하나가 지속적인 목표가 없었기 때문이라는 생각이 들었다. 토익 시험 고득점과 유학을 가기 위해 GMAT을 보던 그때를 제외하고는 특별히 목표를 가지고 영어 공부를 하지 않았던 것이다. 그러다 보니 영어 공부를 하고, 일상에서 사용한다고 해도 그 실력을 체크할 마일스톤을 갖지 않았기 때문에 긴장감이 떨어진 것이다. 당연히 이런 상황에서는 한 단계 올라갈 영어 실력이 쌓일 수 없었던 것이다. OPIc((Oral Proficiency Interview-Computer) 점수이든 영어학원의 클래스 등급이든 기간과 목표를 정해놓고 영어 공부를 해야 한다. 목표와 함께 하루에 조금씩이라도 꾸준히 공부하는 것이 중요하다. 주말에 몰아서 10시간 영어 공부를 하는 것과 일주일 내내 하루 30분씩 영어 공부를 진행하는 것 중 어느 것이 효과가 있냐고 저자에게 물으면 당연히 후자라고 대답할 것이다. 어학 능력은 중간고사나 기말시험처럼 특정 기간에 초치기해서 향상되는 것이 아니라 얼마나 지속적으로 하느냐가 관건이다.

마케팅 좀 아는 사람

이 방식은 저자가 영어 공부를 하면서 가장 추천하는 방식이다. 의도적으로 자신의 생활에 영어 환경을 만들어 불편하게 하는 것이다. 예를 들면 회사에서 같은 한국인 직원들끼리도 메일은 영어로 주고받기, 사적인 일을 올리는 페이스북 포스팅은 영어로만 진행하기, 영어 소설이나 원어민 콘텐츠를 들으면서 잠 청하기, 출퇴근 시간이나 비는 시간에 영어 콘텐츠를 듣는 것이다. 이렇게 의도적으로 자신을 영어 환경에 놓이게 하면 영어가 자연스럽게 머릿속에 들어오고 생활화되어 실력 향상에 도움이 된다. 이런 식의 행동을 하면 주위의 눈총을 받기도 한다. '쟤는 뭔데 영어로 포스팅해?', '한국 사람들끼리 메일 교환하는데 왜 영어로 쓰는 거야' 할 수 있으나 그건 처음만 어색하지 지속적으로 하다 보면 그러려니 한다. 한국어로 쓰는 표현을 영어로 쓰려고 하면서 다시 한번 생각하게 되고 모르는 단어나 표현을 찾아보면서 영어 실력이 차츰 향상되는 것이다.

Marketer

Kim's

Comment

마지막으로 저자가 영어를 공부하겠다는 마케터들에게 당부하는 말은 바로 두려움 없이 사용하라는 것이다. 어차피 원어민이 아니라면 완벽한 영어 구사가 어렵다. 반기문 전 유엔 사무총장의 영어 스피치가 사람들에게 회자되었던 적이 있었다. 네이티브처럼 전혀 멋을 내는 영어가 아니었는데도 본인의 생각을 명확하게 전달하는 데 아무런 문제가 없었던 것으로 보아 영어를 공부하는 사람들에게 시사하는 게 많다. 비즈니스에서 활용되는 주요 단어는 의외로 많지 않고 문법이 조금 틀려도 명확하게만 이야기하면 상대방이 잘 알아듣는다. 외국계 회사에서 국내 회사로 옮기고 직원들에게 앞으로 우리도 글로벌 마케팅을 해야 하니 영어로 이메일 커뮤니케이션하자고 이야기했지만 무척 부담스러워했다. 외국계 회사에서 보았던 사람들보다 훨씬 더 능력 있는 국내 회사 직원들이 가장 두려워하는 것은 바로 틀리면 뭐라 하지 않을까와 창피 당하지 않을까였다. 반면 외국계 회사 직원들은 틀리든 말든 회사에서 어쩔 수 없이 사용해야 하니 두려움이 없어지는 것이고 그에 따라서 실력이 향상되는 것이다. 성공한 마케터가 되려면 그리고 글로벌 마케팅을 실행하려면 영어로 이야기하고 글 쓰는 것에 두려움 없이 부딪쳐야 한다. 다시 말하지만 저자는 아직도 영어 실력에 불만족스럽고 좀 더 자연스러운 커뮤니케이션과 유려한 표현을 쓰고 싶다. 지겹도록 공부했던 영어와 이제는 좀 거리를 둬도 되지 않나 하며 자만할 때도 있었다. 하지만 생각이 달라졌다. 영어 공부는 평생 하는 것이라 생각하고 생활화하고자 한다. 이를 통해 저자가 영어로 된 책을 한 권 쓰고자 하는 목표를

마케팅 좀 아는 사람

달성할 수 있을지 모르지 않는가? 글로벌 시대에 마케팅을 업으로 삼으려는 사람이라면 절대 영어와는 작별하면 안 된다고 다시 한번 강조한다.

#영어 #글로벌마케터 #영어능력 #단계적상승 #문제은행
#목표 #영어환경노출

마케터는 진짜
이런 일까지 할까?

Marketer
Kim's
Story

전라남도 영암에서 열리는 F1 그랑프리 한국 대회를 앞두고 있었다. 글로벌 차원에서 스폰서십을 하고 있어 본사는 자연스럽게 각 국가에서의 활용 방안을 검토하라는 숙제를 냈다. 자동차 레이싱 대회는 세계 5대 스포츠의 하나로 각광받고 있었으나, 한국에서는 경기 방식조차 생소하고 대회 장소도 접근성이 떨어지는 전라남도 영암이라서 활용 방안이 고민되었다. 한국 지사 마케팅팀의 목표는 최대한 많은 고객사를 초청하여 현장에서 경기 관람과 더불어 영업적인 기회를 확대하고자 했다. 아울러 나는 다른 국가에서 해 보지 않았던 고객 초청 프로그램을 적용해 보고자 하는 욕심이 있었다. VIP 고객은 별도의 항공권과 숙박을 통해서 진행하는 계획을 세웠으나 일반 고객 초청 행사를 어떻게 진행할지 고민이 시작되었다. 회의에서 한 직원이 아이디어를 냈다. "영암으로 가는 방법은 비행기, 버스, 열차가 있는데 비용과 시간 그리고 고객 초청 규모를 고려한다면 열차가 가장 적합한 수단으로 보입니다. 강원도 춘천으로 가는 청춘열차처럼 우리가 열차 전량을 전세 낼 방법은 없을까요?" 무모한 아이디어 같았지만 코레일에 확인하고 가능하다는 결론을 얻었다. 많은 회의 끝에 전국에 있는 고객 200여 명을 전용 열차로 이동시켜 대회를 관람하고 하루 만에 다시 돌아오는 일정으로 진행하게 되었다. 프로모션 에이전시 없이 이 모든 행사를 진행하고자 했던 당시를 떠올리면 좀 무모하지 않았나 싶다. 코레일과 협상해서 전용 열차를 섭외했으나 중간에 열차 배정을 하지 못하겠다고 하여 우여곡절 끝에 다시 배정받았던 일, 모든 열차의 좌석 배치를 마케팅팀 인력이 밤새도록 지정하고 경유지에서 그 지역의 고객을 시간에 맞게 승차하도록 유도했던 일, 각각의 칸에 마케터가 탑승하여 오가는 동안 지루하지 않게 게임과 경품 행사를 진행했던 일, 경기 관람 후 상경하려는 순간 고객의 아이 한 명이 없어져 가슴을 쓸어내렸던 일 등 많은 일화를 남기고 고객 행사는 성공적으로 종료되었다. 마케터는 단순히 사무실에서 PPT만 만드는 것이 아나라 현장에서 몸으로 해결해야 하는 게 많음을 뼈저리게 느낀 활동이었다. 돌아오는 열차에서 팀원 한 명이 한 말을 지금도 기억한다. "힘들기는 했지만 정말 이런 행사를 무사히 치를 수 있었다는 것에 자부심을 느낍니다. 다들 정말 고생이 많았습니다." 죽도록 힘들었던 기억도 시간이 지나면 무뎌지듯이 오늘도 저자는 좀 더 모험적이고 새로운 아이디어를 찾고 있으니 마케팅이란 참 묘한 매력이 있는 것 같다.

마케팅 부서에 근무한다고 하면 회사 내외부에서 근사하고 중요한 일을 할 것으로 보는 것이 일반적이다. 새로운 아이디어를 내고, 연예인과 함께 TV 광고를 만드는 과정에 참여하고, 화려한 프로모션을 진행하고, 회사의 전략을 만드는 일이 외부적으로 크게 드러나다 보니 그렇게 생각을 하게 한다. 마케팅 업무가 회사 전략과 연계되고 시장과 고객에 대한 인사이트를 발굴하며 다양한 부서와 협업을 요구하고 있기 때문에 역할 자체는 굉장히 중요한 것이 맞다. B2C 기업은 물론이고 최근에는 B2B 기업까지도 마케팅 부서와 업무를 중요하게 생각하는 추세이므로 내외부에서 그렇게 보는 것도 무리는 아니다. 하지만 현장에서 약 20년 동안 마케팅 업무를 진행하면서 느낀 현실은 화려함 이면에 소소하고 예기치 않은 일이 수없이 많다는 것이다. 눈에 보이는 빙산처럼 말이다. 마케터가 되려는 큰 꿈을 가지고 들어온 신입사원들이 이상과 현실에서 괴로워하는 것도 현실의 업무를 생각하면 어느 정도 이해된다. 그럼 저자가 경험했던 마케터로서 이런 일까지 할까라는 일을 소개해 보고자 한다.

현장에서 생기는 일

마케팅 업무 중 프로모션은 현장에서 마케터가 발로 뛰어야 한다. 규모가 큰 프로모션은 대행사를 통하여 업무를 진행하므로 관리 감독만 하면 되지만, 소규모 행사 등은 마케터들이 직접 뛰는 경우가 많다. 다과 준비하기, 밤새워 기념품 포장하기, 고객 객실 체크하기, 고객사 담당자 의전 등 마케터가 이런 일까지 하나? 하는 부수적인 업무가 상당히 많다. 저자가 현장에서 겪은 몇 가지 경험을 소개한다. 고객사 초청 이벤트를 진행하기 위해 좁은 호텔방에 모여 앉아 밤새워 웰컴 기념품을 포장해서 객실마다 넣어두는 작업이 기억에 남는다. 여자 친구 선물도 포장한 적 없는데 이런 포장을 하고 있네 하며 동료들과 한참 웃었다. 또 다른 일화는 지금은 전자기기가 보편화·대중화되었지만, 저자가 에이전시 신입사원일 때는 새로운 광고를 만든 후 클라이언트 시사회를 위해 60인치 TV를 들고 다니기도 했다. 요즘 TV는 굉장히 날렵하지만 당시 TV는 부피가 커서 혼자 등짐을 지고 나르기에도 버거웠다. 좀 더 나은 화질로 고객사 시사회를 하기 위한 열정이라고는 하지만 당황스럽고 무척 힘들었던 기억이 생생하다.

사무실에서 생기는 일

사무실에서는 멋진 프레젠테이션을 위해 전략 및 실행 계획만 수립할 것이라 생각되지만 사무실에서 해야 할 잡무들이 의외로 많다. 회의 자료 복사 및 출력은 기본이고 판촉물 재고를 파악한다거나 옮기는 일, 제작물을 보기 좋게 하기 위해 출력해서 보드에 붙이는 일, 고객 데이터를 일일이 쳐넣는 일 등 몸으로 해야 할 일이 상당히 많다. 저자가 기억하는 일화는 당장 다음날부터 영업팀에 배포해야 하는 브로슈어에서 마지막 순간 오타를 발견한 일이다. 수정해서 다시 출력하면 추가 비용이 발생할 뿐만 아니라 물리적인 스케줄도 맞추기 어려운 상황이었다. 하는 수없이 모든 마케터가 옹기종기 모여 앉아 오타 부분에 스티커를 붙이기도 했다. 이 외에도 중요한 발표를 하루 앞두고 캠페인의 콘셉트가 수정되어 관련된 모든 발표 슬라이드와 제작물을 수정했던 아찔한 기억도 있다.

예기치 않게 생기는 일

마케팅 업무를 하면서 가장 짜릿하기도 하고 아찔한 때는 행사가 계획대로 실행되지 않는 순간이다. 이벤트를 진행하기 위해 리허설을 여러 번 진행했음에도 정작 실행할 때 문제가 생기는 경우, 갑작스러운 눈비와 같은 상황이 발생하는 경우, 현장에서 주요 스태프에 결원이 생기는 경우 등 긴급상황이 종종 발생한다. 이때 기지를 발휘하여 해결할 수 있느냐도 마케터의 역량으로 생각된다. 저자의 일화를 소개해 보면 신입사원 시절 중요한 발표를 위해 고객사 미팅룸에 노트북을 들고 갔는데(지금은 사라진 110v에서 220v로 전환시키는) 전환 코드를 빠뜨렸던 것이다. 막내 사원이던 저자는 너무 당황했고, 회의실에는 참석자들이 속속 도착하고 있었다. 미친 듯이 달려나가 인근 빌딩의 PC방에 들어가 예치금 10,000원을 주고 연결 코드를 빌려와서 회의를 무사히 마쳤던 기억은 지금 생각해도 민첩한 대응이었다고 자화자찬하고 싶다. 지금도 전자기기 연결 코드를 보면 그때 기억이 떠올라 웃음 짓는다. 또 하나는 고객을 초청해서 단체로 영화를 관람하는 행사였는데 근처에서 큰 사고가 발생하여 참여 인원의 3분의 2가 못 오는 상황이 발생했다. 일단 극장 측과 협의하여 일정을 연장하고 이미 도착한 고객들을 위해 무엇이라도 해야 했다. 혹시나 해서 준비해 간 다양한 경품을 활용한 퀴즈 행사로 시간을 벌었던 기억이 있다. 이렇듯 예기치 않은 일이 언제든지 일어날 수 있으므로 마케터들은 항상 모든 일에 비상 계획(Plan B)을 준비하는 습관이 길러지는 것 같다. 이런 일에 스트레스 받지 않고 즐기는 자만이 진정한 마케터로 거듭날 수 있다.

Marketer
Kim's
Comment

마케팅은 앞서 언급했듯이 회사의 큰 전략 방향과 밀접하게 연관된 업무를 하고 마케팅 활동을 통해 전략을 구체화해야 하기에 대단히 중요한 업무를 하는 것은 맞다. 하지만 모든 업무가 그렇지만 현장에서 위와 같은 경험 없이 전략을 수립하거나 실행할 때 많은 시행착오를 발생시킨다. 직원들에게 늘 하는 말이지만 사소하고 하찮게 느껴지는 일을 할 때도 어떻게 하면 효율적일까? 새로운 방법은 없을까? 를 고민한다면 그러한 경험이 마케터로서 주요한 업무를 진행하게 될 때 꼭 도움이 될 것이라고 이야기한다. 겉으로는 그럴싸해 보이는 마케팅 업무도 실상 현장으로 들어가 보면 여러 면에서 차이를 느낄 수 있다. 하지만 진정한 마케터가 되기 위해서 이런 경험은 꼭 필요하고, 성장하는 과정으로 생각하면 좋겠다. 회사 생활하면서 어떤 업무도 마찬가지겠지만 마케팅도 책상에서 백 번 수립하는 전략보다 현장 경험에서 나오는 전략과 아이디어가 성공할 확률이 높기 때문이다. 경영 현장에서 자주 이야기하는 '우문현답 – 우리의 문제는 현장에 답이 있다'이라는 말이 있듯이 기업의 경영도 마케팅도 현장에 답이 있다.

#현장에서생기는일 #사무실에서생기는일
#예기치않게생기는일 #마케터의현실과이상 #현장경험
#우문현답

마케팅 좀 아는 사람

이 정도는 알아야 할 마케터의 현장 용어는 무엇인가?

Marketer Kim's Story

기업의 마케터와 에이전시 기획자가 미팅하는 모습을 상상해 보았다. 기업의 마케터가 먼저 이야기한다. "이번 마케팅 커뮤니케이션 목표는 브랜드 인지도 확보입니다. 타깃은 MF 30이고, 미니멈 1,000 GRP는 획득해야 하고 3+ Reach 50%는 확보해야 합니다. 론칭 일자는 다음 달 1일로 생각하고 있으니 전체적인 스케줄을 잡아 주시기 바랍니다." 이 말을 듣고 에이전시 기획자는 다음과 같이 대답한다. "마케팅 목표를 달성하기 위해 커뮤니케이션 플랜을 잡아보도록 하겠습니다. 커뮤니케이션 콘셉트와 크리에이티브는 메인 카피와 함께 스토리보드로 준비할 예정이고, 론칭 일자를 고려해 PPM 및 슈팅 일정과 미디어 믹스는 별도로 전달드리겠습니다." 이어서 마케터가 다시 이야기한다. "네, 빠르게 콘셉트 잡고 키 메시지와 카피도 확정하도록 하시죠. 그리고 BTL 활동 계획도 같이 수립해 주시기 바랍니다." 이 정도의 대화가 오가면 일반 사람이 내용을 이해하기는 여간 쉽지 않을 것이다. 영어와 한국어가 뒤

섞인 현장 용어를 이해하기는, 마케팅을 처음 시작하는 사람들에게 어려운 점이 많을 것이다. 마케팅 개념이 서양에서 시작되어서인지 마케팅 분야에는 영어가 유달리 많이 사용된다. 마케터가 유독 영어를 많이 사용하는지 의문일 때도 가끔 있지만, 지식을 뽐내고 싶어서도 아니고 직종에 대한 자부심도 아니고 영어로 표현해야 그 의미를 명확하게 전달할 수 있기 때문일 것이라고 긍정적으로 생각해 본다. 마케팅을 처음 시작했을 때 현장 용어를 누군가가 정리해 준다면 보다 빠르게 업무에 적응할 수 있었을 텐데 하는 생각을 많이 했다.

Marketer Kim's Focus

직장 생활하면서 동종업계나 같은 직종이 아닌 곳으로 이직하면, 가장 먼저 겪는 어려움이 새로운 곳에서 사람들이 쓰는 전문용어다. 저자의 경우도 마케팅 업계의 용어에는 익숙했지만 그동안 주로 몸담았던 FMCG 산업(Fast Moving Consumer Goods, 생필품 소비재 산업으로 순환이 빠른 시장)이 아닌 물류업계로 이직했을 때, 회사 사람들이 쓰는 단어나 전문용어를 이해하는 데 꽤나 어려움을 겪었다. 차라리 일반적인 기업에서 사용하는 경영 용어나 제대로 된 영어 단어는 유추하기 쉬웠다. 하지만 기업에서는 해당 산업의 언어를 줄임말로 사용하는 경우가 많은데 이럴 때는 완전 딴 세상 언어가 되는 것이다. 이 책에는 다양한 마케팅 용어가 등장하는데 신규 마케터나 마케터로 전직한 사람들에게는 한번 참고하면서 개념 정도만 이해해 두면 에이전시 및 내부 미팅 시 도움이 될 것으로 생각된다. 아래 소개된 현장 용어는 표준말과는 상관없이 현장에서 자주 사용되는 단어 위주로 선별해 보았고, 현장에서 벌어질 상황을 설정해서 설명을 달아보았다.

"올해 매출과 수익률 전망이 안 좋습니다. 니치 마케팅을 통해 매출을 확대하는 방안과 디마케팅도 고려해 보아야 할 것입니다"

니치 마케팅(Niche Marketing)은 틈새시장을 공략하는 마케팅 용어로, 특정한 성격을 가진 소규모 시장 또는 고객을 대상으로 마케팅 활동을 진행하는 것을 의미한다. 시장의 경쟁자가 모르거나 간과하는 빈틈을 찾아 공략하여 신규 매출 확대를 꾀할 때 많이 사용하는 전략이다. 디마케팅(Demarketing)은 기업이 자사의 상품을 많이 판매하기보다는 구매 의도를 의도적으로 감소시켜 수익을 극대화하거나 브랜드 핵심 콘셉트를 유지하는 데 사용하는 전략이다. 예를 들어 명품 의류 브랜드가 선택적으로 제품의 사이즈를 유지한다든지 금융기관에서 수익에 도움이 되지 않는 고객을 배제하기 위해 대출을 제한하거나 이자율을 올리는 것이 있다. 이 상황에서 이야기하는 것은 정체된 매출을 확대하기 위해 신규 특화 시장을 찾아 보라는 의미이고, 수익성 개선을 위해 이익에 도움이 되지 않는 고객을 정리해 보라는 의미일 것이다.

"김대리, 이번에 이탈 고객 재유치를 위한 캠페인 한번 기획해 보세요"

캠페인이란 말은 마케팅에서 가장 자주 쓰는 용어로, 특정 기간 동안 마케팅 활동을 집중하여 결과를 창출하는 것을 목표로 한다. 상사가 김대리에게 이탈 고객 재유치를 위해 세일즈 캠페인을 기획하라고 한다면 가장 먼저 목표를 설정하고 DB를 확인하여 목표 고객을 분류한 후 커뮤니케이션 채널과 방법을 생각해 보라고 한 것이다. 보통 중장기 캠페인을 제외하고는 캠페인 기간은 3~6개월이 일반적이다.

"이번 신제품 포지셔닝을 위해서 사용하게 될 미디어 믹스는 어떻게 되나요?"

포지션(position)이란 제품이 소비자들에게 인지되는 모습을 말하며, 포지셔닝이란 소비자들의 마음속에 자사 제품을 목표하는 위치에 형성하기 위하여 소비자 편익을 개발하고 커뮤니케이션하는 활동을 말한다. 미디어 믹스(Media Mix)는 광고 메시지가 구매자에게 가장 효율이 높은 매체로 도달할 수 있도록 미디어

마케팅 좀 아는 사람

를 편성하는 것을 의미한다. 따라서 위의 질문은 신제품이 목표로 하는 포지션을 형성하기 위해 어떤 미디어를 활용할 것인지 묻는 것이다.

"올봄에 론칭한 신규 브랜드의 매출 실적이 심각합니다.
 USP를 다시 한번 생각해 보시기 바랍니다"

USP는 Unique Selling Point의 약자로 '소비자에 어필하는 해당 제품만의 고유의 강점'으로 해석할 수 있다. 위의 이야기는 제품의 특징 중 소비자들에게 어필할 부분이 무엇인지 다시 한번 찾아보고 마케팅 활동을 재점검하라는 의미이다.

"신규 시장으로 진입하기 위해서는 기본적으로 SWOT
 분석부터 해보세요"

SWOT은 기업의 내부 환경과 외부환경을 분석하는 방법으로 내부 환경을 강점(strength), 약점(weakness), 외부 환경을 기회(opportunity), 위협(threat) 요인으로 규정하여 내외부 환경 변화를 동시에 파악할 수 있다. 비단 마케팅 부서뿐만 아니라 사회생활하면서 한 번쯤 들었거나 사용해 봤을 분석 방법이다. 기업에서 신규 제품 론칭이나 새로운 시장 진출, 신규 국가 진출 시 기본적으로 진행하는 분석 툴이라고 생각하면 된다.

**"Funnel 분석을 통해서 매출 확대를 위해 각 단계에서
해야 할 마케팅 활동을 생각해 보세요"**

퍼널(Funnel)은 고객이 구매할 때까지 거치는 일련의
단계(인지, 관심, 고려, 의도, 평가, 구매)를 의미하고, 깔때기
모양으로 표현된다. 퍼널 분석이란 사용자가 유입부
터 구매에 이르기까지 어느 단계에서 유입되고 이탈
되는지, 어떤 단계가 취약하거나 병목현상이 있는지
판단하고 문제점을 수치화하여 분석하는 것이다. 마
케팅 활동을 통해서 그러한 문제점을 개선할 수 있다
면 브랜드는 고객에게 전과 다른 긍정적인 고객 경험
(Customer Experience)을 제공할 수 있을 것이다.

"이번 캠페인의 커뮤니케이션 콘셉트가 도대체 뭡니까?"

커뮤니케이션 콘셉트는 소비자와 어떤 키워드 또는
이미지로 어떻게 브랜드를 보여줄 것인가에 대한 전
반적인 큰 그림이라고 할 수 있다. 위와 같은 질문이
들어왔다면 아마도 캠페인을 끌고 가는 커뮤니케이션
콘셉트가 불명확하여 소비자의 이해나 공감을 끌어내
기 어렵다는 이야기로 보인다. 마케터로서 콘셉트에
대한 고민은 늘 있는 일이니 익숙해져야 한다.

마케팅 좀 아는 사람

"경쟁 비딩에서 제안해 주신 광고에 소비자들이 공감할 수 있는 RTB가 뭔가요?"

경쟁 비딩이란 경쟁 프레젠테이션을 일컫는 말이다. 여러 광고 에이전시가 참가하여 각 사의 커뮤니케이션 플랜과 광고를 제안해서 기업에서 하나의 에이전시를 선정하는 과정이다. RTB란 Reason To Believe의 약자로서 커뮤니케이션 콘셉트를 뒷받침하고 소비자들의 고개를 끄덕이게 하는 요소로 이미지나 카피로 광고에 표현된다. 이런 대화는 경쟁 비딩 Q&A 시간에 광고 시안을 보며 질문하는 상황에서 많이 발생한다.

"이번 캠페인의 전체 예산 중 ATL 비중을 50%, BTL 비중을 40%, 제작비에 10%를 할당하고자 합니다."

캠페인 커뮤니케이션을 위해 사용되는 예산 배분을 이야기하고 있다. ATL은 Above The Line의 약자로 전통적인 미디어인 TV, 라디오, 신문, 잡지 그리고 최근에는 디지털까지 포함하여 통칭하는 말이다. BTL 은 Below The Line의 약자로 옥외광고, 새로운 미디어, 다이렉트 마케팅, 온/오프 프로모션 활동 등을 의미한다. 제작비는 광고나 제작물을 만들고 미디어 및 이벤트에 맞게 변형하는 데 들어가는 비용을 의미한다.

"이번 TV 광고 캠페인에서 우리가 원하는 미디어 집행 목표는 MF 30 대상 1,000 GRP와 3+ Reach 50%입니다."

미디어 플래닝에서 많이 사용하는 용어들이다. MF 30이라는 의미는 커뮤니케이션 타깃이 남녀 30대를 의미한다. GRP는 리서치 회사에서 나온 데이터로 시청률의 총합을 의미하고, 시청률을 1% 올리기 위한 미디어 비용으로 비용 효율성 지표인 CPRP도 현장에서 많이 사용된다. 위에서 언급한 Reach(도달률)와 Frequency(노출 빈도)는 이번 캠페인에 목표로 한 고객 중 50% 이상에 3회 이상 노출하는 것을 목표로 한다는 의미이다. 보통 업계에서는 3회 이상 도달률을 유효 도달률로 활용한다.

"이번 달 디지털 에이전시 미팅에서 새롭게 론칭한 광고의 CTR과 CPM, 홈페이지 방문자의 DAU에 대한 점검을 진행해 봅시다."

디지털 미디어와 광고의 효과 평가를 위해 사용하는 단어이다. CTR은 Click Through Rate로 우리말로는 클릭률이라고 하며, 디지털 광고의 노출 횟수 대비 클릭이 일어난 횟수를 나타내는 용어다. 쉽게 말해 광고를 본 사람 중 몇 명이나 해당 광고를 클릭했냐는 의미로 광고 효과를 평가할 때 자주 쓰인다. CPM은

마케팅 좀 아는 사람

Cost Per Mille의 약자로 1천 뷰(View) 당 지불해야 할
비용, 즉 1,000뷰를 기준으로 광고비를 표현하는 것이
다. DAU는 Daily Active User의 약자로서 중복을 제
외한 하루 접속한 순수 사용자 수를 의미하고, 한 달
사용자 수는 MAU(Monthly Active User)로 표현한다.

**"오늘 오후에 테이블 리허설이 있으니 내일 이벤트에서
사용할 프로모션 아이템 수량도 최종적으로 체크해
봅시다"**

테이블 리허설은 프로모션에서 자주 사용되는 용어
이다. 현장에서 최종 리허설을 하기 전에 회의실에 관
련자들이 모두 모여 전체적인 준비 상황과 프로그램
을 리허설처럼 체크해 보는 것이다. 프로모션 아이템
은 흔히 판촉물이라고 불리는 것으로 영업 활성화와
기업의 이미지 제고를 위해 고객들에게 제공되는 굿
즈라고 보면 된다.

**"김대리, 이번 캠페인에 사용될 광고 시안은 언제 나오며
광고 소재는 언제 넘겨야 하는지 알려주세요"**

광고를 만드는 첫 단계가 시안 제시이다. 보통 시안
제시 단계에서는 광고 콘셉트, 핵심 비주얼, 헤드라인
카피가 주로 논의되고 이후 수정을 몇 번 거쳐서 완성
된다. 완성된 광고는 미디어 믹스에 따라 디지털 형태

로 각 미디어사에 전달된다.

"이번 광고 시안은 브랜딩 가이드라인에 어긋나니
에이전시에게 수정하라고 하세요"

기업마다 고유의 로고와 컬러, 디자인 패턴 등이 있다. 이러한 디자인 요소를 각각의 적용 상황에 맞게 집대성해 둔 것을 브랜딩 가이드라인이라고 한다. 예를 들어 브랜드 디자인 철학과 콘셉트, 세로형과 가로형으로 사용하는 로고 기준, 컬러 코드, 간판이나 현수막 제작 시 사용 방법, 차량 도색 시 로고와 컬러 패턴 적용 방법 등 디자인과 관련된 모든 것이 총망라되어 있다고 보면 된다. 기업의 규모에 따라서 브랜딩 가이드라인이 정립되지 않은 경우도 있는데 이럴 때 외부에 보여주는 기업 이미지의 일관성을 지키기 어렵고 디자인 오사용이 빈발한다.

"이번 개편된 홈페이지 최종본을 개발 서버에 올려
두었으니 최종 TEST 부탁드립니다. 참고로 퍼블리싱은
이번 주 일요일입니다."

홈페이지를 새롭게 단장하고자 전체 구조와 메뉴, 콘텐츠를 변경한 것으로 보인다. 보통 개발자들이 수정하고 일반에 공개되기 전에 내용을 올려두는 서버를 개발 서버라고 불린다. 개발 서버를 통해 마케팅팀

마케팅 좀 아는 사람

과 유관 부서 사람들은 메뉴나 기능에 문제가 없는지, 내용에 틀린 부분이나 오타가 있는지 확인한다. 최종 확인이 끝나고 일반에 공개되는 것을 퍼블리싱(Publishing)이라고 한다.

"이번 보도자료에 야마가 없습니다. 이래서 주요

일간지에서 받아쓸까요?"

PR 활동에서 많이 쓰이는 속어로 그 뜻은 '산'을 의미한다. 야마ゃま란 보도자료나 기사에서 가장 중요한 부분, 즉 가장 핵심이 되는 주제를 의미한다. '보도자료에 야마가 없다'란 말은 보도자료에서 기자들이 관심을 가질 만한 핵심적인 부분이 없다 또는 핵심이 없이 사소하고 작은 이슈들이 나열되었다는 것을 의미한다. 모든 PR 전문가들이 하나같이 하는 이야기가 기업에서 쏟아지는 수많은 보도자료 중에 기자의 관심을 끌기 위해서는 야마를 제대로 잡는 것이 성공의 절반 이상이라고 하니 꼭 기억해 두었으면 한다.

Marketer *Kim's* *Comment*

마케팅 현장에서 미팅하다 보면 어떤 마케터는 전문 용어의 의미를 정확히 알고 사용하는지 궁금한 경우가 있었고 무의식적으로 남발하는 경우도 자주 목격했다. 진문 용어나 현상 용어를 많이 알고 과도하게 사용하면 전문가라는 생각이 들어서 의도적으로 사용하고 있지 않나 하는 생각이 들 정도였다. 마케팅 전문 용어를 쓰는 것에 반대하거나 거부감을 갖는 것이 아니라, 저자가 하고 싶은 이야기는, 그 의미를 정확히 알고 사용했으면 한다는 것이다. 아울러 전문 용어 몇 개 더 안다고 해서 마케터로서 위상이 달라지는 것이 아니라 마케터의 위상을 결정하는 것은 전략적 마인드와 독창성임을 기억해야 한다. 진정한 전문가는 누구나 이해할 수 있는 언어로 쉽게 이야기한다는 것을 잊지 말아야 한다.

#니치마케팅 #디마케팅 #포지셔닝 #USP #SWOT #퍼널분석 #ATL #BTL #GRP #Reach #CTR #CPM #DAU

마케팅 좀 아는 사람

확연히 다른 글로벌 기업과 국내 대기업의 업무 방식은 무엇인가?

Marketer Kim's Story

글로벌 기업에서 국내 대기업으로 이직하고 우여곡절 끝에 신규 마케팅팀이 생겨 유관 부서와 상견례를 갖는 자리였다. "안녕하세요. 저는 이번에 마케팅을 맡게 된 ○○○입니다. 앞으로 잘 부탁드리겠습니다." 이후 같은 실에 속한 유관 부서와 인사하는 자리에서 조직 구성원 수에 놀랐다. "저는 홍보를 담당하고 있는 ○○○입니다'를 일곱 번 들었고, '저는 사회 공헌 활동을 담당하고 있는 ○○○입니다'를 네 번 들었다. 여기에 내가 속한 신규 마케팅팀 5명을 포함하게 되면 총 16명이 크게 보면 모두 마케팅 관련된 일을 하고 있는 것이다. '국내 대기업이라 글로벌 사업도 하고 있어 본사에 이렇게 많은 인력이 필요할 수도 있겠구나' 싶었는데 나중에 알고 보니 모든 인력이 국내 업무에 치중되어 있었다. 혹시 국내 기업에서 흔히 일어나는 '사람이 그 자리에 있어 업무를 만들고 있지 않나?'라는 생각도 해보았다. 물론 전 직장인 글로벌 기업 한국 내 사업 규모와 국내 대기업의 사업 규모 차이가 있겠지만 결정적인 차이는 에이전시 사용이 없고 고정 인력이 너무 많다는 것이었다. 업무를 하면서 국내 대기업의 경우 다양한 이유로 회사 내부에 고정 인원을 많이 둔다는 것을 알게 되었다. 비슷한 업무를 외국계 기업에서는 소규모 인원으로 에이전시를 적극적으로 활용해 진행하는 것을 생각해 보면 조직 구성과 업무 방식이 크게 다르다는 것을 절실히 느꼈다. 이러한 차이 때문에 입사 초반에 적응하는 데 애를 먹었던 기억이 지금도 생생하다.

Marketer Kim's Focus

　　기본적으로 글로벌 기업이나 국내 대기업이나 마케팅팀의 역할과 하는 일에는 크게 차이가 없다. 차이가 있다면 본사의 위치가 한국인지 아니면 그 외 지역인지이며 본사의 전략 방향을 각 나라의 상황에 맞게 수행하게 되는 것은 동일하다. 조직적 측면에서 보면 한국에서 사업을 진행하는 글로벌 기업 마케팅팀은 에이전시 활용을 통해 업무를 진행하는 경우가 많고 스페셜리스트 위주의 조직 운영을 하고 있는 반면에, 국내 대기업 마케팅팀은 에이전시 활용을 하기도 하지만 내부에 다양한 업무를 하는 고정 인력을 두는 것이 일반적인 특징이다. 이로 인해서 국내 대기업 마케팀에서 의사 결정 레이어가 늘어나는 결과를 빚기도 한다. 글로벌 기업 마케팅팀과 국내 대기업 마케팅팀은 어떻게 다른가라는 질문은 현직 마케터와 마케팅 취업을 준비하는 학생들에게서 자주 듣는 질문이기도 해서 일하는 방식이나 조직 구성에서 어떠한 차이가 있는지 저자의 경험을 바탕으로 그 특징을 이야기해 보고자 한다.

마케팅 스페셜리스트를 축으로 슬림한 조직 구성을 가져가는 글로벌 기업 마케팅팀

해외에 본사를 두고 한국에서 비즈니스를 하는 글로벌 기업은 글로벌 차원에서 마케팅 전략을 수립하고 한국의 담당자에게 내용을 공유한다. 물론 각 나라의 상황에 따라서 실행을 할 때 수정이 발생할 수 있지만 큰 틀에서 변화를 주기는 어렵다. 저자의 경험으로 보면 글로벌 기업의 마케팅팀은 기본적으로 조직을 슬림화하고 에이전시 활용을 극대화한다. 브랜드, 리서치, PR, 이벤트, 디지털 등 각 마케팅 기능의 스페셜리스트를 두고 에이전시를 활용하여 업무를 진행하는 것이 일반적이다. 이렇게 업무를 진행할 때 장점은 에이전시의 최고 전문가를 활용하여 마케팅 활동의 퀄리티를 높일 수 있으며 성과에 따라 에이전시를 교체 또는 연장하여 성과를 유지할 수 있다. 내부에 최소 인력으로 마케팅팀을 운영함으로써 과도한 고정 인건비 발생도 방지할 수 있고 의사 결정 단계를 줄일 수 있다. 반면에 이러한 조직 구성의 단점은 아무래도 에이전시를 활용하다 보니 회사에 대한 업무 충성도와 사업 이해도에 차이가 있을 수 있고, 갑작스러운 업무 발생 시 민첩하게 대응하기 어려운 점이 있을 수 있다. 리포팅 방식에도 차이가 있어 글로벌 기업 마케팅팀은 매트릭스 조직 구성을 통해 복수의 리포팅 라인을 유지하는 경우가 많다. 예를 들어 한국에 있는 마케팅팀은 글로벌 마케팅팀 또는 AP 지역 마케팅팀에 보고를 진행함과 동시에 한국 지사의 대표에게도 업무에 대해 보고해야 한다. 보고 라인이 두 개 생기면서 어려움도 발생할 수 있으나 견제와 균형적인 측면에서 고개가 끄덕여지는 부분도 있다. 글로벌로 이루어지는 캠페인 시행이 용이하며 동시에 각 나라의 마케팅 활동에서 국가별 대표의 자체적인 마케팅 예산 삭감에 영향력을 줄일 수 있고, 글로벌 차원의 통합적인 마케팅 활동 관리가 가능해진다. 글로벌 기업 마케팅팀의 조직 문화는 아무래도 각 분야의 스페셜리스트가 자신의 영역만을 담당하고 있기 때문에 마케팅 내 유관 기능 인원과의 협업에 어려움을 겪는 사일로 현상이 일어나기도 한다. 이러한 글로벌 기업 조직 문화는 개인의 능력을 극대화하는 조직의 특징으로 마케팅팀뿐만 아니라 다른 팀에서도 비일비재한 현상이다. 외국계 기업 마케터들의 커리어 패스를 보면 한국에서의 성과를 바탕으로 Asia Pacific 지역이나 글로벌 본사로 자리를 이동하는 경우도 많아 글로벌을 무대로 마케팅을 해볼 좋은 기회가 있기도 하니 참고하길 바란다.

마케팅 제너럴리스트를 축으로 원팀을 강조하는 국내 대기업 마케팅팀

국내 대기업 마케팅팀은 몇몇 대기업을 제외하고는 한국 내에서의 마케팅을 주로 담당한다. 물론 국내 기업의 마케팅팀도 글로벌 마케팅 업무를 하기는 하나 일반적인 기업에서는 글로벌 몇몇 전략 국가를 대상으로 CI를 확립하거나 인지도 확보 활동과 같이 초보적인 단계에 머물러 있는 경우가 많다. 국내 대기업 마케팅팀은 에이전시를 활용하기보다는 팀 내부에서 기본적인 업무를 처리하는 경우가 많다. 마케팅 에이전시의 활용이 일반화된 글로벌 기업과는 여전히 차이가 있는 것 같다. 이런 국내 대기업 마케팅팀의 장점은 회사 내부에 인력을 둠으로써 사업의 이해가 높아지고 특별히 에이전시 활용을 통해 품질을 향상시킬 필요가 없는 기본적인 업무는 자체적으로 빠르게 처리하기가 가능해진다. 단점을 생각해 보면 회사 내부 인력으로 마케팅팀 인력을 두다 보니 고정 인건비 비중이 높아지고, 아무래도 기존 인력이 같은 업무를 오랫동안 진행하다 보면 새로운 아이디어 측면에서 진부해지거나 한계가 발생하는 것이 사실이다. 글로벌 기업 마케팅 조직과는 다르게 국내 대기업 조직은 순환 배치를 통해 타 부서로의 이동이 어느 정도 자유로울 수 있기에 마케팅 업무에 전문성이 떨어지지만, 핵심

인력 경력 개발 차원에서 마케팅팀에 배치되어 업무
적응 기간이 오래 필요한 경우도 발생한다. 국내 대기
업 마케팅팀의 조직 문화는 외국계 기업 마케팅팀에
비해 원팀을 강조하는 것이 특징이다. 따라서 한 가지
목표를 달성하기 위해 마케팅 내부 유관 기능의 인력
과 유기적으로 협력할 수 있다는 장점이 있다.

Marketer
Kim's
Comment

두 유형에서 마케팅 부서의 역할, 조직 구조, 일하는
방식, 문화 등을 비교할 때 어느 것이 옳고 그르다고
말하기는 곤란하다. 기업의 상황에 따라 조직과 업무
를 진행하는 것이며 앞서 언급했듯이 장단점이 확연
하다. 개인적으로는 비용 효율성, 업무 퍼포먼스, 새로
운 트렌드 캐칭의 관점에서 보면 글로벌 기업의 마케
팅 조직과 운영방안이 좀 더 합리적이지 않을까 생각
한다. 마케터가 되고 싶은 사람들이 한 가지 명심해야
할 사항은, 너무도 당연한 이야기겠지만, 글로벌 기업
마케팅팀은 영어가 필수다. 이로 인해 글로벌 기업 마
케팅팀에서의 경력으로 국내 기업 마케팅팀으로 이직
은 쉬울 수 있으나 역으로 진행되는 이직은 언어 이슈
로 쉽게 이루어지지 않는 것이 현실이다. 따라서 글로
벌 기업 마케터가 되고 싶은 사람들은 좀 더 많은 기회
를 얻기 위해서라도 마케팅 역량뿐만 아니라 언어 능
력을 향상하는 데 게을리하지 말아야 할 것이다. 마케

마케팅 좀 아는 사람

터로서 업무하기에 두 유형의 기업이 생각보다 훨씬 차이가 크다.

#글로벌기업 #국내대기업 #의사결정레이어 #Specialist #Generalist #순환배치 #조직문화 #원팀

마케터로서 생존하기 위한
필살기는 무엇인가?

후배 마케터 한 명이 입에 달고 다니는 푸념이다. "마케터는 왜 이렇게 바쁜 건지 모르겠습니다. 다른 부서와는 차원이 다를 만큼 업무량이 많은데 그걸 회사에서 인정해 주지 않아 너무 속상합니다"라는 것이다. 저자도 기업에서 마케터를 푸대접하는 거 아니냐고 하면서 맞장구를 쳤다. "이번에 나온 신제품 패키지와 광고를 만들기 위해서 얼마나 많은 열과 성을 다했는지 경영진은 몰라도 너무 모르는 것 같습니다"라며 투덜거렸다. 경영진이 마케팅의 마자도 몰라서 그런다고 위로하며 그날의 자리를 마쳤다. 저자도 늘 후배와 비슷한 느낌이었기에 왜 마케터가 제대로 대접을 못 받는지 한동안 생각에 잠겼다. 일의 양이나 업무의 중요도 측면에서 유관 부서에게 절대 뒤지지 않는데 왜 이런 상황이 일어날까 생각했다. 고민 끝에 저자만의 결론은 마케팅이라는 활동이 매출과 이익에 직접적으로 그리고 오롯이 영향을 주었다고 할 것이 많지 않기 때문이라고 생각했다. 제대로 된 마케팅 활동은 분명히 기업의 매출과 이익에 단기적으로 또는 중장기적으로 영향을 주긴 하는데 수치로 명확하게 설명할 수 없는 경우가 많기 때문이었다. 다른 한편으로는 마케팅 활동이 없었다면 그런 재무적 결과가 나오지 않았겠냐는 질문에 "그렇다"라고 자신 있게 이야기하기도 애매하다. 오히려 신제품 론칭이 실패하거나 매출 확대가 부진할 경우 주요 원인을 마케팅 활동이 적절하지 못했기 때문이라는 비난을 받기도 한다. 생각이 여기까지 미치자 마케터로서 살아남기 참 쉽지 않다는 생각에 한숨이 절로 나왔다. 이런 쉽지 않은 상황에서 마케터가 기업에서 살아남기 위해서는 업무에 선택과 집중을 하고 회사 내부에서 네트워크를 강화하며 결과를 적극적으로 공유해야 한다는 것을 다시 한번 생각해 보게 된다.

Marketer Kim's Focus

취준생을 포함하여 많은 사람들이 마케터에 대한 동경이 있는 것이 사실이다. 마케팅 하면 그럴듯해 보이고 외부로 노출되는 활동이나 결과물이 많다 보니 더욱더 그런 선입견을 갖게 되는 것 같다. 아울러 회사 내 모든 사람들이 마케팅이라는 용어를 각종 보고서나 회의 때 사용하는 것을 보면 그만큼 중요한 부서라는 생각은 든다. 하지만 회사 내 현실을 보면 외부에서 보는 것과 차이가 있을 수 있다. 배달의 민족, 맥도날드, 나이키처럼 마케팅으로 세일즈를 주도하는 회사에서 핵심적인 역할을 하는 마케팅팀이 있는 반면에 세일즈 서포트 부서로서 보조적인 역할을 하는 경우도 많기 때문이다. 각 회사마다 주어진 환경에 따라서 마케팅팀과 마케터의 위상과 역할에는 큰 차이가 있다. 여기서는 일반적으로 마케터가 회사에서 살아남기 위해서 어떤 업무를, 어떻게 해야 하는지를 이야기해 보려고 한다.

비즈니스에 영향을 주는 마케팅을 하라!

마케팅팀의 모든 활동이 비즈니스에 직간접적으로 영향을 주는 것은 사실이다. 저자가 이야기하고 싶은 것은 궁극적으로 마케팅팀과 마케터의 위상을 공고히 하기 위해서는 직접적인 영향을 주는 활동에 초점을 맞춰야 한다는 것이다. 광고 멋있게 만들고, 화려한 이벤트를 진행했지만 실제적으로 비즈니스에 미친 영향이 미미할 경우 사내에서 비용만 쓰는 주요 부서라는 표적이 될 수 있다. 최근 글로벌 경제가 침체되면서 저마다 수익성 경영을 외치고 있다. 경기 불황 상황에서 기업은 생존을 위해 비용을 삭감하는 경우가 많은데, 여러 가지 원가 중에서 비즈니스의 수익성과 직접적인 연관성이 없다고 생각하는 마케팅 비용을 가장 먼저 삭감하는 경우를 많이 보았다. 예를 든면 기업 이미지 제고를 위한 활동, 사회 공헌 활동 등이 직접적으

마케팅 좀 아는 사람

로 타격을 입는다. 그렇기 때문에 오늘날과 같은 저성장 시대에서 마케팅팀과 마케터가 살아남기 위해서는 세일즈에 직접적인 영향을 주는 활동에 주안점을 두어야 하는 것이다. 신규 고객을 개발하기 위한 온라인에서 다이렉트 마케팅(Direct Marketing)이나 기존 고객의 가치사슬(Value Chain) 확대를 위한 고객 관계 강화 활동 등은 기업의 수익성 강화와 지속 성장을 위해 꼭 필요한 마케팅 활동 사례이다. 일반적으로 생각하는 마케팅인 광고나 대규모 프로모션처럼 그럴싸해 보이지는 않지만 이러한 마케팅이 최근에 B2C마케팅과 B2B 마케팅을 막론하고 각광받는 것이 현실이다.

결과를 숫자로 표현하라!

마케팅 활동을 평가함에서 가장 어려운 숙제는 활동 결과를 정량적으로 보여주는 것이다. 기업의 인지도 제고와 선호도 향상을 위해 마케팅 활동을 진행했다면 단순히 어느 정도 노출을 얻었다는 것을 넘어서 활동 전후의 인지도를 정확히 비교할 수 있도록 조사가 병행되어야 한다. 또한 신규 고객사 유치를 위한 마케팅 활동이 진행되었다면 신규 고객이 얼마나 많이 유입되었는지, 유입된 고객 중 매출은 얼마 발생되었고 전환 비율은 어떻게 되는지 추적해야 하고, 어떤 마케팅 수난(Vehicle)으로 얼마나 유입되었는지 등을 분석하여 상황에 맞는 마케팅 활동이 적용되어야 한다. 마케팅 활동의 결과를 숫자로 나타내려고 할 때 결과에 영향을 주는 다양한 요소를 고려해야 하기 때문에 정확하게 얼마만큼이 마케팅 활동의 결과라고 표현하기 어려운 경우가 많다. 비록 정확하지는 않더라도 이런 마케터의 노력이 있어야 사내에서 마케팅팀이 하는 일이 단순히 이미지 정립을 위한 활동이 아닌, 회사 매출과 수익에 실질적인 도움을 주는 부서로 자리 잡을 수 있음을 명심해야 한다.

유관 부서와 네트워크를 형성해라!

기업의 마케팅팀 인력을 확인해 보면 보통 외부에서 경력으로 입사한 경우가 많다. 아무래도 전문성이 필요한 부서이기 때문에 그럴 것이다. 이렇게 경력직으로 입사한 경우 마케팅 활동에는 전문성이 있을지 모르지만 업에 대한 이해는 신입사원과 별반 다르지 않을 것이다. 마케팅 전략과 활동은 사업을 이해하고 그 기반에서 나온 인사이트를 바탕으로 진행해야 한다. 몇몇 마케터들이 이러한 사업적 이해 없이 마케팅 활동을 진행하여 마케팅 캠페인은 성공했지만(일반인 사이에서 많이 회자되었지만) 사업적으로는 전혀 도움이 되지 않는 활동을 진행하는 경우도 보게 된다. 사업에 대한 이해를 증대시키기 위한 가장 좋은 방법은 유관 부서의 이야기를 많이 듣고 친밀한 관계를 유지하는 것이다. 마케팅은 세일즈와 떼려야 뗄 수 없는 관계이므

마케팅 좀 아는 사람

로 쉽지 않지만 세일즈 인력과의 유대 관계를 지속적으로 유지해야 한다. 마케터의 타깃 고객은 외부에만 있는 것이 아니라 내부의 고객도 타깃이 되어야 한다. 사내에서 유관 부서와의 우호적인 네트워크 형성은 마케팅 활동을 지속적으로 추진하기 위한 발판이 되고, 사업에 대한 인사이트를 얻을 수 있는 기회가 되니 꼭 활용했으면 한다.

마케팅의 결과를 사내에 적극적으로 공유하라!

앞서 언급했듯이 마케팅 부서는 기업 내에서 많은 업무를 한다. 하지만 기업 내 다른 부서에서는 어떤 업무를 하는지 그리고 결과물이 무엇인지 모르는 경우도 있다. 심지어 외부 커뮤니케이션 매체를 통해 내용을 확인하는 경우가 있다. 늘 이야기하지만 마케팅의 고객은 외부에만 있는 것이 아니라 내부 고객도 무척 중요하다. 회사 직원 하나하나가 커뮤니케이션 매개체가 될 수 있기 때문이다. 마케팅의 결과를 사내에 알릴 방법은 사내 디지털 게시판을 활용하거나 협의체를 이용하는 것이다. 사내 디지털 게시판을 활용하여 마케팅 활동 내용과 결과를 알리고 직원들의 참여를 유도하는 것도 좋은 방법이다. 이를 통하여 마케팅의 중요성을 회사에 심어줄 수 있다. 아울러 각 사업부와 유관 부서에 마케팅 코디네이터를 선정하여 주기적으로 마케팅 활동 계획과 결과를 공유하고 필요로 하는 마케팅 활동 제안을 받는 체계를 구축하는 것도 좋은 방법이다. 이러한 두 가지 활동을 진행하다 보면 마케팅팀과 마케터의 업무를 자연스럽게 내부에서 인정하게 되고 마케팅 활동에 도움이 될 좋은 아이디어가 나오는 부수적인 효과를 가져올 수도 있다.

Marketer Kim's Comment

기업에서 마케터로 살아간다는 것은 쉽지 않다. '우리 회사 제품은 경쟁력이 없어', '경영진이 마케팅에 대한 마인드가 부족해', '시장 상황이 너무 안 좋아' 등 변명하자면 끝이 없다. 또한 마케팅이 성과를 냈어도 그 성과가 오로지 마케팅의 영향인지에 대해서는 사내에서 논란이 많다. 이런 상황에서 마케터라면 더욱더 집중해야 할 것이 비즈니스에 직접적인 영향을 주는 마케팅 활동, 결과를 숫자로 표현하고자 하는 노력, 유관 부서와의 시너지에 초점을 맞추는 것, 결과를 회사 내부에 적극적으로 공유하는 것이다. 앞서 언급한 바와 같이 마케터는 글로벌 저성장 시대에서 마케팅 트렌드의 변화를 읽어야 한다. 예전처럼 매스 마케팅을 위한 대규모 예산 사용은 없다고 보면 된다. 정확하게 목표 고객을 선정하고 가장 효율적인 미디어 비이클(Media Vehicle)을 활용하여 접근해야 하며, 이러한 활동의 결과가 세일즈 숫자로 직접적으로 이어지는 것이 바람직하다. 마케터 입장에서는 귀찮을 수 있는 것

마케팅 좀 아는 사람

이 결과 트래킹 작업이다. 하지만 이런 일을 소홀히 했을 때 마케팅 업무 및 활동에 대한 타당성을 사내에 어필하기는 점점 어려워질 것이다. 사내에서 마케팅팀 및 마케터의 입지가 좁아졌을 때 마케팅 업무는 단순히 제작물을 개발하고 내외부 커뮤니케이션에 집중하게 되어 마케팅팀이 아닌 마케팅 커뮤니케이션팀으로 업무가 한정될 수밖에 없다. 이러한 마케팅팀은 마케팅의 기능을 고려했을 때 진정한 마케팅팀이라고 부르기 어렵다는 것을 알았으면 좋겠다. 기업 경영에 꼭 필요한 마케터가 대접받는 시대는 반드시 온다.

#다이렉트마케팅 #비즈니스영향 #정량적결과
#유관부서네트워크 #결과공유 #유관부서시너지

에이전시의 능력을
최대치로 끌어올릴 방법은
무엇인가?

외국계 광고 에이전시에서 AE 역할을 하며 주로 외국계 클라이언트를 담당하다가 조직 개편에 따라 국내 굴지의 자동차 기업을 담당하게 되었다. 에이전시 내에서 클라이언트의 중요도는 얼마나 많은 마케팅 예산을 갖고 있느냐가 기준이다. 한동안 중소 클라이언트만 담당하다가 이제야 제대로 된 광고를 해본다는 생각에 마음이 들떴다. 이 클라이언트를 맡은 지 얼마 되지 않아 신문광고 시안을 제안하게 되었다. 처음이라 내부적으로 제작팀과 준비도 많이 하고 다양한 대안을 가지고 호기롭게 미팅에 들어갔다. 하지만 미팅에서 돌아오는 피드백은 상상을 초월했다. "이거 콘셉트부터 잘못되었잖아. 하나도 쓸 만한 게 없네, 다시 해 오세요. 지금이 10시니까 오후 2시까지 수정해서 다시 가져오세요." 솔직히 뭐가 문제인지 이야기를 제대로 하지도 않고 다시 가져오라는 말에 난감했다. 무엇보다 회사로 돌아가서 수정 방향에 대해서 제작팀과 이야기해야 하는데 도무지 감이 잡히질 않았다. 하지만 내 생각과는 다르게 제작팀은 "대규모 클라이언트는 원래 그래. 지금 AE 길들이기 하는 거야. 지금 있는 안을 조합해서 하나 그리고 중간에 탈락시켰던 시안 두 개를 작업해서 제안해 봅시다"라고 대수롭지 않게 이야기하는 것이다. 정말 그럴까? 하는 반신반의하는 마음으로 수정된 시안을 가지고 2시에 들어갔을 때 담당자는 "조금 나아졌네. 요거 요거 수정해서 4시에 다시 봅시다." 내가 보기에는 처음 안이 훨씬 나았지만 클라이언트의 뜻이라 또다시 수정해서 다시 들어갔을 때 이런 말도 들었다. "아… 내 말을 못 알아듣네. 이게 수정한 건가요? 차라리 원래 제안했던 A안이 좋네. 그걸 최종적으로 수정해서 다시 보내주세요. 아 그리고 이번에는 오실 필요 없이 퀵으로 보내세요." 회사로 돌아오면서 씁쓸했지만 그동안 이 클라이언트를 겪었던 제작팀 이야기가 맞다는 생각이 들었다. 그렇다면 나는 좀 더 오버해야겠다고 생각했다. 마지막 시안을 퀵으로 보내지 않고 직접 들고 들어갔다. 그랬더니 그 클라이언트의 마지막 말이 걸작이었다. "김 차장, 일 좀 할 줄 아네. 나가서 소주나 한잔합시다. 고생했어요." 그날 이후 나는 담당자와 친해져 업무가 자연스럽게 진행되었지만, 지금 생각해 보면, 이 일화가 에이전시의 삶을 단적으로 엿볼 수 있는 것이 아닌가 생각된다.

연말이라 이런저런 사유로 한창 바쁜 어느 오후였다. 우리 회사의 SNS와 프로모션을 담당해 주는 에이전시 담당자로부터 전화가 왔다. 담당자는 조심스럽게 다음과 같은 요청을 해왔다. "저희 회사에서 송년회를 하는데 직원들 투표로 베스트 클라이언트를 선정하였습니다. 저희 클라이언트 중 베스트 클라이언트로 선정이 되셔서 영상 인터뷰를 부탁드리고자 전화를 드렸습니다. 인터뷰 주요 질문은 클라이언트가 바라보는 올바른 에이전시와의 파트너십은 무엇인가입니다."라는 것이다. 나는 처음에 웃으면서 극구 사양했으나 선정된 기준이 궁금해졌다. "에이전시의 베스트 클라이언트라고 하면 마케팅 예산을 많이 쓴 고객사 아닌가요? 그런 기준이라면 저희는 아닐 것 같은데요?"라고 물었더니 담당자는 "이번 선정 기준은 매출도 중요하지만 클라이언트와 에이전시가 얼마나 파트너십을 가지고 일하는지, 그리고 원윈하는 관계가 되는지가 주요 판단 기준이었습니다."라는 것이다. 이 에이전시와의 인연은 지인을 통해서 만들어진 것이 아니라 온전히 경쟁 비딩을 통해서 실력으로 선택돼 2년간의 관계를 유지하는 중이었다. 대화를 나누면서 예전 에이전시 AE 시절이 갑자기 생각났다. 다양한 클라이언트를 담당하고 있었지만 유독 애착이 갔던 브랜드와 회사가 있었던 것이 사실이었다. 이런 마음이 들면 뭐 하나라도 좀 더 해주고 싶고 크리에이티브의 퀄리티 향상을 위해서 내부적으로 더 노력하게 되는 것이 사실이었다. 아무리 마케팅 예산을 많이 쓰는 클라이언트라고 해도 무시를 경험하거나 담당자 입장에서 동기부여가 되지 않으면 절대 성과가 나지 않았다. 그 동기부여의 핵심은 기업의 마케터와 에이전시 AE가 서로를 존중하는 마음에서 시작되는 것이 아닐까 생각해 보았다.

Marketer Kim's Focus

기업의 마케팅 업무를 하면 필연적으로 에이전시와 업무를 진행하게 된다. 마케팅 예산 규모에 따라 다르겠지만 기업의 마케터는 보통 종합 광고 에이전시를 비롯해, 미디어 에이전시, SNS 마케팅 에이전시, 프로모션 에이전시, PR 에이전시, 영상 제작 업체, 조사 업체 중 몇 개의 업체와 협력을 통해서 최상의 마케팅 결과를 이끌어 내야 한다. 저자는 종합 광고 에이전시 AE(광고기획) 근무를 통해서 에이전시의 입장을 경험해 보았고, 클라이언트 사이드로 자리를 옮겨 그 입장도 경험해 보았기에 이 주제를 이야기하기에 어느 정도 합당한 경력을 가지지 않았나 생각해 본다.

Garbage In, Garbage Out!

한동안 인터넷에 떠돌던 재밌는 만화가 있었다. 클라이언트가 생각하는 광고의 모습과 클라이언트를 상대하는 에이전시 AE 생각, 에이전시 내부의 크리에이티브팀 생각이 다 다르다는 것을 보여주는 만화였다. 만든 이가 광고 제작 현장을 실제 경험하지 못했다면 이렇게 정확하게 표현하지 못했을 것이란 생각에 손뼉을 치며 공감했다. 광고를 만들기 위해 기업의 마케터와 미팅 시 구체적인 브리핑이나 가이드라인 없이 자주 듣던 이야기가 "그냥 좀 있어 보이고, 이번 우리 상품을 특징을 잘 표현해 주고, 경쟁사와 차별화될 수 있는 광고를 만들어 주세요. 기본적인 정보는 브로슈어에 다 있고 홈페이지에 가면 찾아볼 수 있습니다. 추가로 필요한 것이 있으면 말씀해 주세요."라는 것이다. 도대체 어쩌라는 것인가? 이때부터 에이전시의 숨은 정답 찾기가 시작된다. 클라이언트의 모호한 브리핑에 따라 이제 에이전시는 다양한 경우의 수를 가지고 퍼즐 맞추기를 하게 된다. 그렇게 제안의 개수는 늘어가지만 크리에이티브의 깊이는 없어지는 상황이 벌어지고 마는 것이다. 에이전시를 최대한 활용하고 독특한 크리에이티브를 원할 때는 명확한 클라이언트 브리핑(Client Briefing)을 작성해야 한다. 비즈니스의 상황은 어떠하고, 광고(캠페인)의 목적은 무엇이고, 제품의 주된 특징은 무엇이고, 소비자들에게 줄 편익은 무엇이며, 이 광고를 통해서 달성하고 싶은 기대 반응/결과는 무엇인지 그리고 고려해야 할 상황이 정확하게 정리되어 있어야 한다. 이러한 방향성 아래 에이전

마케팅 좀 아는 사람

시는 크리에이티브 작업을 해야 하고, 그 클라이언트 브리핑을 기준으로 제작물의 콘셉트 방향성에 대한 의견을 논의해야 한다. 기본 재료와 클라이언트의 생각도 주지 않고 명품을 만들어오기 바라는 것은 하늘에서 감 떨어지기를 바라는 것과 마찬가지다. 성공한 캠페인 뒤에는 항상 명확하게 방향을 주었던 클라이언트가 있었다는 것을 잊지 말아야 한다.

에이전시 인력도 누군가의 귀한 아들과 딸!

2018년 모 항공사의 힘있는⑦ 임원이 광고대행사 직원을 폭행한 사건으로 떠들썩했었다. 에이전시 경험이 있었던 저자로서는 꼭 이 기업 아니더라도 이런 갑질 유형의 클라이언트를 많이 보고 들었기 때문에 그리 놀랍지도 않은 사건이었다. 이럴 때마다 저자는 저렇게 에이전시를 종 부리듯 해야 그들이 원하고 만족하는 결과물을 가질 수 있을까라고 생각했다. 에이전시 인력도 사람이다. 그리고 젊고 화려한 에이전시 이미지 때문에 똑똑하고 개성이 강한 사람들이 많이 모여 있는 곳이다. 과연 위와 같은 취급을 받았을 때 그 클라이언트의 성공을 위해 에이전시 사람들이 진심을 다해 업무를 하겠냐는 것이다. 에이전시 인력은 대형 클라이언트가 아니면 4~5개의 클라이언트를 동시에 맡아서 진행하는 경우가 대부분이다. 이럴 때 그들을 대하는 자세에 따라서 좀 더 애착이 가는 클라이언트가 생길 수밖에 없다. 따라서 그들을 인간답게 대하고, 전문가의 의견에 귀기울여 주고, 이성적인 일정을 제시하는 클라이언트에게 최선을 다할 수밖에 없는 것이다. 기업의 마케터, 즉 클라이언트는 제너널리스트다. 에이전시는 각 분야의 전문가들이 모인 스페셜리스트 집단이므로 그들의 생각을 존중하고, 건전한 챌린지를 진행함으로써 그들이 가진 전문 능력을 극대화하는 것이 필요하다. 돌이켜보면 클라이언트와 에이전시 사이에 존중이라는 키워드가 존재할 때 훌륭한 성과를 냈던 것으로 기억한다.

싼 게 비지떡!

솔직히 이 부분은 기업의 마케터로서 저자가 정말 적정한 가격을 에이전시에 지불했는지에 대해서는 자유롭다고 할 수 없을 것 같다. 아무래도 클라이언트는 조금이라도 금액을 내리거나 수수료율을 내리는 것이 좋은 것이고 에이전시는 조금이라도 더 받아야 하기 때문이다. 하지만 양쪽의 입장을 조율하여 적정 가격에 업무를 진행하는 것이 궁극적으로 결과에 좋은 영향을 미친다는 것을 경험으로 알게 되었다. 시장에서 형성된 가격 이하로 수수료를 내렸을 때 에이전시의 실행력은 내려갈 수밖에 없다. 담당 인원을 덜 배정한다든지, 품질을 위해 꼭 써야 할 후반 작업의 비용을 빼버린다든지 하여 결국 추가로 비용이 들어가는 경

마케팅 좀 아는 사람

우가 많았다. 이럴 바에야 처음부터 적정한 금액에 협의되어 더이상의 네고로 에이전시의 사기를 떨어뜨리지 않고 결과의 품질을 올리는 쪽으로 진행하는 것이 서로를 위해 좋다. 에이전시의 능력치를 최대한 뽑아내기 위해서 이른바 가격을 후려치는 것만이 정답은 아니다.

Marketer Kim's Comment 마케터 입장에서 에이전시와 에이전시 담당자를 잘 만나는 것도 복이라고 생각한다. 저자가 경험했던 훌륭한 에이전시 담당자는 진정으로 클라이언트의 제품과 서비스의 성공을 위해 노력하고 어쩌면 기업의 마케터보다 더 많은 고민을 한다. 이런 경우 시너지가 생겨 마케팅의 성과에 긍정적인 영향을 미친다. 하지만 반대의 경우도 있다. 에이전시 담당자가 오로지 마케팅 예산으로 클라이언트를 평가하는 경우, 예산 규모에 따라 맡고 있는 업무에 엄격하게 선을 긋는 경우, 제대로 된 역량이 없어 전문적인 서비스를 제공하지 못하는 경우, 클라이언트의 의견 수렴과 협업에 대한 부정적인 태도를 보이는 경우 등을 보았다. 결론적으로 기업의 마케터와 에이전시가 성공적인 파트너십을 맺기 위해서는 양 집단의 전문성을 기반으로 해야 하고 상호 손숭과 신뢰가 형성되어야 한다고 생각한다. 지금도 가끔 소주 한잔 기울이며 '그때 참 신나게 일했

던 것 같습니다'라고 이야기하는 에이전시에 있는 지인들이 있다. 어차피 한 업계의 동료, 선후배로서 영원히 남을 것이다. 마케팅 바닥은 생각보다 좁다.

#파트너십 #마케터갑질 #존중 #신뢰 #클라이언트브리핑

나는 어떤 유형의 마케터가
될 것인가?

가장 이상적인 마케터는 누구일까? 라는 질문에 지금껏 마케팅 업무를 하며 같이 일하거나 만나본 사람들을 떠올려 보았고 비슷한 시기에 만났던 두 명을 기억하게 되었다. 첫 번째 분은 유독 인간관계를 중시하던 마케터였다. 직원들을 따뜻하게 챙기고 팀워크를 무엇보다 중시했으며, 업계 관계자들과의 대인관계 폭도 넓었다. 업무에 대해서는 큰 틀에서 관여할 뿐 세세한 부분은 팀장과 실무자에게 일임하여 진행했다. 이 분의 또 다른 특징은 비록 업무 역량이 떨어지더라도 절대 사람을 버리지 않고 품고 가는 스타일이었다. 부서 내부적으로는 모든 사람을 끌고 가는 것에 불만이 있긴 했지만, 부서 전체 분위기가 워낙 좋았기 때문에 크게 문제 될 부분은 아니었다. 이 분과 함께 있으면서 다른 부서와 어떠한 문제가 생기더라도 언제나 그분이 지지해 줄 것이라는 믿음이 있었기 때문에 거칠 것이 없었다. 부서의 실적도 나쁘지 않았고 많은 사람이 오고 싶어 하는 부서가 되었던 기억이 있다. 두 번째 분은 업계에서 전략적 사고로 명성이 자자하여 외부에서 영입한 마케터였다. TF가 꾸려져 경쟁 프레젠테이션 준비를 같이하면서 본인 스스로 며칠 밤을 새워서 만든 전략 방향을 펼쳤을 때 '아! 이 정도 실력이 되니까 모셔온 거구나'라는 생각을 하게 만들었다. 실무자 시절 새롭게 나오는 전략을 볼 때마다 부럽기도 하고 존경심마저 들기도 했다. 하지만 이 분의 결정적인 단점이 있었다. 오늘날 중시하는 소통이 없었다. 누구의 말도 듣지 않았고, 특히 협업이 중요한 에이전시에서 크리에이티브 팀과의 마찰은 갈수록 심각해졌다. 심지어 같은 부서 사람들이 이야기를 해도 본인이 생각하는 방향을 전혀 수정하려는 의지가 없어 보였다. 이 부서는 점점 고립되어 갔고 아무리 훌륭한 아이디어와 전략을 이야기해도 아무도 귀기울여 주지 않는 상황이 발생하고 말았다. 결국 몇 개의 경쟁 비딩 승리만을 남기고 다른 곳으로 이직했다. 돌이켜보면 두 명 모두 장단점이 있었고 배울 점도 많았던 마케터였다. 때로는 이 두 명의 장점을 섞어 놓으면 완벽한 마케터가 탄생하지 않을까라고 생각하기도 했지만 인간은 역시 모든 것을 다 가질 수 없음을 또 한번 느꼈다.

마케팅 좀 아는 사람

마케터를 광의의 의미에서 보면 마케팅과 관련된 일을 하는 모든 종사자라고 이야기할 수 있으며 여기에 포함되는 인력은 기업의 브랜드, 전략, 홍보, 조사 담당자부터 에이전시의 AE, 디자이너, PD, 미디어 플래너 등이 모두 해당한다. 하지만 현장에서 일반적으로 부르는 마케터는 기업의 마케팅 담당자와 에이전시의 AE를 지칭하므로 여기서는 이러한 사람들에 대해서 초점을 맞춰 이야기해 보고자 한다. 모든 마케팅 활동의 중심에 서서 전략과 계획을 수립하고 실행하며, 관련 부서를 이끌고 사후 관리를 담당하는 마케터라고 불리는 사람들의 이상적인 모습은 어떤 것일까 생각해 보았다.

친화력 특화

마케터

앞에서도 언급했듯이 일단 마케터는 모든 프로젝트의 중심에 서 있다. 바꿔 말하면 마케터는 필연적으로 한 가지 프로젝트에 얽혀 있는 다양한 이해관계자와 일을 하게 된다. 내부적으로는 경영관리/전략, 회계, 인사 등과 밀접하게 연관되어 있고 외부적으로는 다양한 에이전시, 협업 파트너와 일을 하게 된다. 이런 많은 사람들과 일할 때 가장 필요한 역량이 친화력이다. 친화력은 선천적인 능력이라고 할 수도 있지만 다른 사람의 의견을 존중하고 경청하는 자세에서 생기는 후천적인 것이라고 저자는 믿고 있다. 그동안 직장 생활을 하면서 여러 유형의 마케터를 만나 봤지만 다른 역량의 마케터보다 친화력을 가진 마케터가 오랫동안 살아남는 경우를 많이 보았다. 마케팅이라는 것이 혼자 할 수 없는 일임을 증명하는 게 아닐까 생각한다. 마케터도 결국 직장인이고 직장인이 기본적으로 가져야 할 덕목이 그대로 적용된 것으로 보인다.

전략 특화 마케터

어쩌면 일반 사람들이 마케터를 볼 때 가장 먼저 떠올리는 것이 '전략가'가 아닐까 생각해 본다. 마케터가 전략적 마인드와 역량을 갖추기 위해서는 기획력과 분석력이 중요하다. 따라서 에이전시의 플래닝 출신과 컨설팅 회사 출신의 마케터가 이런 유형으로 분류된다. 전략적 마인드는 후천적인 노력과 경험으로 역량 개선과 향상이 가능하다. 모든 업무가 그렇겠지만 마케팅 업무를 진행할 때 전략이 없다면 마케팅 활동의 방향성을 잃게 된다. 이로 인해서 같이 일하는 많은 사람들이 고생하며 성과도 따라오지 못하게 된다. 보통 전략형 마케터는 분석과 기획에 능하긴 하지만 유관 부서 상황에 대한 이해력 부족으로 실행과의 괴리가 생기는 경우도 발생하여 논란을 야기하기도 한다. 이론적으로 무장된 전략가형 마케터가 실행 경험을 겸비하면 이상적인 마케터가 되어 무섭게 성장이 가능하다.

마케팅 좀 아는 사람

추진력 특화 마케터

아무리 좋은 마케팅 전략과 기획이 있어도 실행되지 않으면 의미가 없다. 마케팅 활동의 궁극적인 목적인 기업의 이윤 창출과 브랜드 가치에 도움이 되어야 한다. 추진력이 특화되어 있는 마케터는 마케팅 전략이나 계획 수립 부분은 약할 수 있다. 하지만 이런 유형의 마케터는 강한 추진력으로 실무자와 현장을 독려하여 불가능한 목표라고 생각했던 것을 달성하는 경우가 종종 있다. 현장 경험이 많은 영업 출신의 마케터, 프로모션 에이전시 출신 마케터에서 이런 성향이 많이 보인다. 매출과 이익을 올리기 위한 실제적인 액션에 초점을 맞추다 보니 중장기적인 전략이나 브랜딩과 같은 부분에서는 소홀한 경우가 있지만 뛰어난 추진력으로 결과로 보이는 성과 측면에서는 다른 유형의 마케터보다 우위에 있는 경우가 많다.

크리에이티브 특화 마케터

말 그대로 독특한 아이디어가 많은 마케터 유형이다. 마케터는 늘 새로운 시도에 대한 무언의 압박을 받고 내외부적으로도 아이디어가 많은 사람으로 간주된다. 새롭고 독특한 아이디어를 위한 요구는 마케터라면 숙명처럼 받아들여야 한다. 마케터 중에 이 부분에 뛰어난 역량을 가진 마케터를 종종 본다. 그 분야에서 한 번도 시도되지 않았던 마케팅 활동과 커뮤니케이션 메시지로 결과를 창출한다. 이런 유형의 마케터는 에이전시 카피라이터 출신이 많으며, 이런 마케터가 나올 수 있는 환경은 마케팅으로 회사의 성장과 매출을 이끌어 나가는 산업이나 회사에서 많이 볼 수 있다. 배달의 민족, 나이키, 맥도날드 등의 회사가 전형적으로 크리에이티브 특화 마케터가 활약할 수 있는 회사이다. 크리에이티브가 강한 마케터는 산업 내에서 파괴적 혁신을 할 수 있다는 장점이 있으나 자칫 잘못하면 회사의 경영 성과와 상관없는 마케팅 활동만 기억되는 활동을 하는 경우가 있으니 주의해야 한다.

Marketer Kim's Comment

　앞에서 언급한 4가지 유형의 마케터가 모두 장단점이 있어 그중 어느 것이 뛰어나다고 이야기하기는 곤란하다. 그리고 때에 따라서 어떤 마케터의 성향은 몇 가지 유형이 겹치는 경우도 있다. 이상적인 마케터로서 4가지 역량을 모두 갖추기는 불가능에 가깝기 때문에 결국 마케팅 업무를 하다 보면 한 가지 방향으로 특화되는 것이라 생각된다. 따라서 저자의 경험에 비추어 추천한다면 본인의 약점을 커버하기 위해 노력하기보다는, 본인이 마케터로서 가진 강점을 극대화하는 게 성장과 궁극적인 성공에 도움이 될 것으로 생각한다. 이상적인 마케터가 되기 위해 현장에서 노력하는 분들과 마케팅을 시작하려는 학생들에게 정답은 없다는 것을 꼭 알려주고 싶었다. 기업의 규모와 상황에 따라 요구하는 이상적인 마케터 유형은 달라질 수 있다.

#친화력 #전략 #추진력 #크리에이티브 #이상적인마케터
#강점극대화

나는 어떤 마케팅 커리어 패스를 가져갈 것인가?

약 8년간의 에이전시 생활과 MBA 과정 수료 후 기업의 마케터가 되기 위해 면접을 보고 있었다. "왜 에이전시에서 기업의 마케터로 지원하게 되었나요?"라는 예상했던 질문을 면접관에게 받고 다음과 같이 대답했다. "에이전시에서 마케팅 기획자로서의 생활도 만족했고 나름 의미가 있었다고 생각합니다. 하지만 에이전시 마케팅 기획자로서 여러 고객사의 브랜드에 대해 마케팅 컨설팅을 하지만 한계가 있었던 것이 사실이었습니다. 기업 내부적인 상황과 비즈니스 목표를 정확히 알지 못하는 상황에서 브랜딩에 대한 제안을 한다는 것에 회의감이 들었고 아무리 좋은 제안을 하더라도 결국에는 기업의 마케터와 경영자가 이해하거나 공감하지 못하면 사장되는 경우를 많이 경험했습니다. 그래서 이제 제가 한번 기업의 마케터로서 브랜드를 직접 관리하고 성장시켜 보고 싶었습니다." 곧이어 면접관의 두 번째 질문이 이어졌다. "브랜딩을 함에 있어 기업의 마케터와 에이전시 기획자가 어떤 차이가 있을까요?" 예상치 못한 질문이지만 생각을 정리해서 다음과 같이 대답했다. "기본적으로 시장과 소비자를 이해하려고 노력하는 것과 브랜딩이라는 업무를 하는 것은 동일하다고 생각합니다. 하지만 두 가지 측면에서 차이가 있습니다. 첫째 기업의 마케터는 그 브랜드에 얽힌 수많은 기업 내부적인 요소를 A부터 Z까지 고려하여 마케팅 활동에 대한 의사 결정을 해야 하지만 에이전시 기획자는 이상적이거나 창의적인 마케팅 활동 제안에 초점이 맞춰져 있다고 생각합니다. 둘째, 브랜드에 대한 책임감의 무게가 좀 다르지 않을까 싶습니다. 에이전시 마케팅 기획자에게 특정 고객사의 브랜드는 맡고 있는 여러 가지 브랜드의 하나일 뿐일 수 있습니다. 사람에 따라 다르겠지만 책임감에서 조금은 차이가 발생할 것으로 보입니다." 나중에 안 사실이지만 당시 면접관도 나와 같은 에이전시 출신이어서인지 내 대답에 공감했고 드디어 나만의 브랜드를 가질 기회가 주어졌다. 돌이켜보면 에이전시에서 근무하던 시절에 기업의 마케터를 동경했었던 것이 사실이다. 기업의 마케터가 되면 내 맘대로 모든 것을 할 수 있을 것 같았고, 에이전시만 잘 활용하면 뭐든지 잘 할 수 있을 것만 같았다. 하지만 기업의 마케터가 되어 업무를 하다 보니 내부적으로 고려해야 할 것이 너무 많았고 참신한 아이디어나 시도도 경영진을 설득하지 못해 주저앉는 경우가 많았다. 양쪽을 다 경험해 본 상황에서 보면 두 가지 업무가 장단점이 확연하게 있어 어느 쪽이 좋다고 말하기 어렵다. 양쪽 모두 직장 생활이라 애환이 있는 것은 분명한 사실이다.

커리어 패스란 개인이 경력을 쌓는 과정에서 수행하게 되는 여러 직무의 배열을 의미한다. 즉 경력과 관련된 직위 및 역할 이동의 모든 경로를 통칭해서 커리어 패스라고 한다. 커리어 패스는 설계 방식에 따라 크게 전통적 커리어 패스, 네트워크 커리어 패스로 구분된다. 전통적 커리어 패스는 개인이 경험하는 조직 내 직무들이 수직적으로 배열된 형태이다. 조직 구성원이 특정 직무를 일정 기간 동안 수행한 후 상위 수준의 직무를 수행하는 경우가 전통적 커리어 패스에 해당된다. 예를 들어 마케팅팀 브랜드 담당, 마케팅팀 대리, 마케팅팀 과장, 마케팅 팀장, 마케팅팀 상무로의 경로는 마케팅팀 소속 구성원이 경험할 수 있는 하나의 전통적 커리어 패스가 된다. 전통적 커리어 패스의 가장 큰 장점은 해당 분야의 전문성이 극대화될 수 있다는 점이다. 직무가 수직적으로 배열되어 있어서 조직 구성원이 나아가야 할 커리어 패스를 예측할 수 있다는 점 또한 전통적 커리어 패스의 장점이다. 그러나

마케팅 좀 아는 사람

자신이 속한 부서 외에 다른 부서를 경험할 기회가 없기 때문에 사업을 전체적으로 보는 시야가 좁아진다는 단점이 있다. 또한 전통적 커리어 패스에서는 중간 관리자 계층이 많아서 조직이 비대하고 의사 결정 속도가 느리다. 이 때문에 급변하는 환경에 유연한 대응이 어려워 오늘날 많은 조직에서 전통적 커리어 패스는 사라지거나 다른 형태의 경력 경로와 보완되어 운영되고 있다. 네트워크 커리어 패스는 개인이 경험하는 조직 내 직무들이 수직뿐만 아니라 수평적으로도 배열된 형태이다. 즉 기업 내에서 여러 직무를 수행한 후에 상위 직급으로 이동하는 경우를 말한다. 예를 들어 대리 1~2년 차에 마케팅팀에서 브랜딩 관련 업무를 수행한 후 대리 3년 차에는 기획팀에서 업무를 수행하고 과장 2년 차에 영업팀에서 업무를 수행하다가 차장으로 승급하는 경우이다. 이러한 형태의 커리어 패스에서는 조직 구성원이 다양한 직무 경험을 할 수 있기 때문에 조직의 인력 배치 유연성이 높다. 그러나 해당 직무를 수행하는 기간이 전통적 커리어 패스에 비해 짧아 마케팅 분야와 같은 전문성을 요하는 직무에서는 어려움을 겪는 경우도 있다. 여기서는 일반적으로 마케터라고 불리는 기업 내 마케터와 에이전시의 기획자(AE)의 유형별 커리어 패스에 대해서 이야기해 보고자 한다.

유형 1.

(에이전시 기획자)

수직적 커리어 패스

에이전시에서 기획자는 신입사원으로 들어가 이른바 잡일(?)을 하면서 마케팅 기획 업무를 서서히 익혀가게 된다. 이렇게 해서 대리가 되고 차장(에이전시 직급 체계에서는 과장이 없는 경우가 많다)이 되게 되면, 일반화할 수는 없지만, 서서히 선택의 갈림길에 서게 된다. 에이전시 업계에 남거나 창업하든가 기업의 마케터로 이직하는 선택지가 발생한다. 수직적 경로를 택하면 에이전시 내부 또는 다른 에이전시로 이직하여 국장, 상무, 전무, 사장이 되는 것인데 이렇게 성장하기 위해서는 여타 기업에서처럼 회사 내부에서 유대관계도 중요하고 직급이 올라갈수록 고객사 영업 능력이 점점 더 중요하게 부각된다. 이런 경력 경로의 단점 중 하나는 업계 특성상 회사 생활 수명이 짧다는 것이다. 에이전시 업계 자체가 워낙 트렌디하고 젊은 사람 위주로 구성되어 있어 커리어 패스 설정 시 고려해야 한다.

유형 2.

(에이전시 기획자)

창업을 통한 독립

에이전시 생활을 하다 본인이 전략적 능력과 마인드가 있어 마케팅 제안을 통해 다양한 기업을 수주할 수 있다고 생각하는 사람들은 창업을 선택하게 된다. 에이전시 창업은 사무실과 집기만 있으면 누구나 어렵지 않게 가능하기 때문에 중소 에이전시가 무수하게 출현했다 사라지는 것이 업계의 현실이다. 아무리 전략적으로 뛰어나고 시장 내에서 경쟁사와 차별화할

마케팅 좀 아는 사람

수 있다고 하더라도 영업적 마인드와 능력이 없다면 이러한 커리어 패스는 성공하기 힘든 것이 현실이다. 중소기업이라고 해도 에이전시로 독립하면 기업을 경영하는 것이 되므로 신경 써야 할 것이 생각보다 많다. 따라서 최근에는 독립 창업이 아니라 다양한 에이전시 기능을 가진 사람들이 프리랜서 형식으로 모여 공동 창업을 하는 경우도 있다.

유형 3.

(에이전시

기획자) **기업의**

마케터로 전환

기업 내부에서 성장한 마케터가 에이전시로 이직을 원하는 경우는 그다지 많지 않지만, 에이전시 기획자에서 기업의 마케터로 이직을 원하는 사람은 생각보다 많다. 앞서 고백했듯이 저자도 그러한 사람들 중 하나였다. 하지만 의외로 이러한 이직이 쉽게 이루어지지 않는 것도 현실이다. 기업에서 에이전시 기획자를 바라보는 관점은 광고나 커뮤니케이션에 특화되어 있는 사람들로 생각되어 꺼리는 경우가 있다고 들었다. 기업의 마케터는 산업을 이해하고 기업의 제품 또는 서비스의 전 과정을 관리할 수 있는 역량이 더 중요하게 생각되는 것으로 보인다. 따라서 기업 내부 인원의 순환 배치를 통해 마케팅팀에 배치하고 커뮤니케이션과 관련된 사항은 에이전시를 활용하면 충분히 가능하리라 판단하는 것이다. 기업의 마케터가 에이전시 출신이든 내부적으로 배치된 인원이든 양쪽 모두 장단점이 있다. 개인적으로는 에이전시 출신 마케터가 경쟁력이 충분하다고 생각하는데 그 이유는 치열한 에이전시 환경에서 살아남기 위해 창의적인 역량이 개발되었고, 해왔던 업무량이 많고 다양하기 때문에 기업에서 성장한 마케터보다는 새로운 업무에 빠르게 적응할 수 있다고 생각한다. 반면에 자유로운 문화에서 생활하던 에이전시 기획자가 기업의 마케터가 되면 조금은 경직된 조직 문화와 체계에 적응하는 데 어려움을 겪는 경우가 있으니 고려해야 한다.

유형 4.

(기업의 마케터)

수직적 커리어 패스

기업에 신입사원으로 입사해 수직적 성장을 통해 CMO(Chief Marketing Officer)가 되는 커리어 패스다. 기업이 속한 특정 산업에 대한 이해도가 높은 것이 가장 큰 장점이며 마케팅 업무만 지속적으로 했기 때문에 전문성도 어느 정도 갖출 수 있다. 반면에 마케팅 부서에서만 근무했기 때문에 영업적 마인드나 사업 관리 역량에는 한계가 있어 CEO나 기타 부서의 장으로 성장하기에는 어려움이 있다. 이 유형의 궁극적인 목표인 CMO로 성장하기 위해서는 에이전시 업무를 이해하고자 하는 노력과 마케팅 시장 트렌드 포착을 위해 인적 네트워크를 강화해야 한다. 이런 유형은 한 기업 내에서 성장하는 경우도 있으나 대부분 같은 산업 또는 유관 산업으로의 이직을 통해 커리어를 발전시켜

마케팅 좀 아는 사람

나아가는 경우가 많다.

유형 5.

(기업의 마케터)

수평적 커리어

패스

기업에서 최고 경영진으로 승진하는 사람들의 경력을 보면 마케팅 부서와 경영 전략 부서를 거친 경우가 많다. 그만큼 마케팅 부서는 핵심 인력들이 거쳐가는 부서로, 최고 경영진이 되기 위해서는 마케팅을 알지 못하면 어려운 것이 사실이다. 마케터로 커리어를 시작한 사람이 CMO가 되고 싶든 CEO가 되고 싶든 유관 부서의 경험이 사업을 보는 시야를 넓히는 데 많은 도움이 된다. 마케터가 가지는 기본적인 지식과 역량을 바탕으로 재무, 회계 능력을 더 한다든지 영업부서에서 고객을 상대로 매출과 이익 창출을 경험해 본다든지 운영과 영업을 총괄하는 사업 관리의 경험을 하면 기업의 목적인 이윤 창출에 대해서 좀 더 다양한 시각을 가질 수 있다고 생각한다. 개인적으로는 이 유형의 커리어 패스가 가장 합리적이고 직업적으로 성공할 가능성이 높다고 생각한다. 신규 마케터 또는 마케팅 부서에서만 업무를 하고 있는 사람들은 이러한 커리어 패스에도 관심을 기울일 필요가 있다.

Marketer

Kim's

Comment

마케터를 기능적으로 굳이 구분하자면 제너럴리스트와 스페셜리스트로 구분할 수 있다. 제너럴리스트는 마케팅 각 분야에 대한 전반적인 지식을 갖는 사람이고 스페셜리스트는 특정 분야, 예를 들어 디지털 분야, 크리에이티브 분야, 조사 분야 등에 특화된 사람들이다. 중장기적인 관점에서 본인의 성향이나 강점에 따라 커리어 패스를 구상해 두는 것이 좋다. 당연한 말이지만 향후 마케팅 커리어를 성공적으로 유지하고자 한다면 기본적으로 현재 업무에서 성과를 잘 내고 있어야 한다. 같은 기업 내에서 유관 부서로 또는 타 회사로 이직하고자 해도 현재 자리에서의 평가가 중요한 역할을 하기 때문이다. 그리고 이동하고자 하는 분야나 산업에 대해서 지속적인 관심을 가지고 지식의 영역을 넓혀 가야 한다. 마케팅 분야에서는 특히 디지털 영역이나 전략 수립 관련된 역량을 높이는 것이 최근 트렌드에서는 중요하다. 회사의 비전과 미션을 이끌어가는 유일한 주체는 마케터라고 감히 이야기하고 싶다. 다양한 지식과 경험을 통해 넓은 시야를 갖춘 마케터가 성공한 경영자가 될 확률이 가장 높다는 것을 다시 한번 명심해 주기 바란다.

#커리어패스 #수직적 #수평적 #창업 #경력경로
#순환배치 #Generalist #Specialist

마케팅 좀 아는 사람

미래에 필요한 마케터의
경쟁력은 무엇인가?

Marketer
Kim's
Story

마케팅 일을 하는 후배들과 사석에서 이야기하다 보면 "마케팅 업무는 제가 하고 싶던 일이긴 한데 미래를 대비해 어떤 역량들을 키워야 하고 기업에서 어떻게 성공할 수 있을까 고민이 많습니다."라는 말을 많이 듣는다. 질문의 요지는 미래를 대비해 어떤 경쟁력을 키워야 하는지다. 마케팅에서 지겹도록 주장하는 차별화 포인트를 만들어 수많은 마케터 중에 경쟁우위를 갖고 싶다는 것이다. 저자도 그런 고민이 늘 떠나지 않았기에 사람은 다 똑같구나라고 생각하며 후배의 고민에 위안을 받기도 했다. 그런 고민을 들을 때마다 저자는 우스갯소리로 "회사에서 모든 사람이 마케팅이란 단어를 이야기하는데 마케터란 직업이 없어지겠어? 쓸데없는 생각하지 말고 독서 열심히 하면서 지금 하는 일에 집중하다 보면 길이 열릴 것이야."라고 이야기한다. 이렇게 대답했지만 미래에 대한 고민은 저자에게도 있었고 여전히 고민하는 문제이기도 하다. 마케터로서 미래 경쟁력을 갖추기 위해 어떤 것을 준비해야 하고, 기업 내 어떤 경험을 해야 마케터로서 한걸음 더 나아가 경영자로 성장할 수 있는지 누군가가 이야기해 주면 좋겠다는 생각을 많이 했다. 이러한 고민의 답을 찾고자 아내의 눈총을 받으면서 마흔 살이 넘어 독서에 열을 올렸던 것이 아닐까 생각해 본다.

Marketer Kim's Focus

디지털 전환(Digital Transformation)이 가속화되면서 가장 떠오르는 화두는 미래에 사라질 직업과 생존할 직업에 대한 것이라고 한다. 전문가들에 따르면 미래에는 로봇이나 인공지능(AI)의 발달로 인해 어떠한 규칙 혹은 데이터를 기반으로 반복적으로 작업을 하는 일들은 사라질 가능성이 크다고 이야기한다. 인공지능이란 인간의 지능을 본따 만든 고급 컴퓨터 프로그램을 뜻한다. 인간처럼 생각하고 학습하며 판단해 논리적으로 결과를 이끌어 낸다는 점이 특징이다. 이처럼 인공지능은 인간의 학습 능력, 추론 능력, 지각 능력 그리고 자연어 이해 능력 등 다양한 능력을 그대로 실현하기 때문에 인간이 처리하는 일을 대신 수행하는 역할까지 할 수 있다. 인공지능으로 인해 미래에 사라질 위험성이 높은 직업으로 텔레마케터, 컴퓨터 입력 요원, 법률비서, 경리, 분류 업무, 검표원, 판매원, 회계 관리사, 회계사, 보험사, 은행원 등이 거론되고 있다. 하지만 대체하기 쉽지 않은 창의적이고 전략적 사고가 필요한 '안전지대' 직종도 있다고 이야기한다. 마케터로서 반가운 소식은 안전지대에 속한 직종 중의 하나가 마케터라는 것이다. 이 이야기는 마케터라는 직업이 창의성과 전략적 사고가 필연적으로 수반되는 업무를 하고 있다는 뜻일 것이다. 그렇다면 마케터로서 살아남고 성공하기 위해서 어떠한 방향성을 가지고 가야 하는지 이야기해 보고자 한다.

첫째, 마케터는 스토리텔러가 되어야 한다. 캠페인을 성공적으로 이끌고 회사의 이익에 기여하기 위해서는 목표 고객의 머릿속에 명확한 이미지와 핵심 메시지를 심어야 한다. 마케팅의 모든 활동이 고객의 입장에서 충분히 이해되고 구매하고자 하는 생각이 들게 하기 위해서는 일관되고 공감이 가는 스토리를 커뮤니케이션할 수 있어야 한다. 마케터로서 이러한 능력을 향상시키기 위해서는 늘 이야기하지만 독서가 필수이고 그중에서 인문학 서적에 관심을 가지고 있어야 한다. 인문학을 통한 상상력과 창의력 향상은 마케팅 전략 수립과 창의적인 활동을 기획하는 데 커다란 도움이 된다.

둘째, 디지털 시대를 준비해야 한다. 오늘날 세상의 패러다임은 디지털로 빠르게 전환되고 있다. 본인이 어떤 산업이나 분야에 속해 있든 디지털화를 이야기하지 않고서는 미래를 논하기 어려운 세상이 되었다. 마케팅 분야에서도 디지털 전환이 빠르게 일어나고 있어 미래에도 계속 성장하고 성공한 마케터가 되기 위해서는 디지털에 대한 지식과 역량이 축적되지 않으면 어려운 것이 사실이다. 디지털 미디어를 활용한 마케팅, 데이터베이스를 활용한 마케팅이 최근 주류로 떠오르면서 마케팅에도 변화가 많이 일어나고 있다. 마케터가 디지털에 대한 이해가 부족하거나 활용을 등한시하였을 때 소비자와의 주된 커뮤니케이션 채널이 없어지는 상황이 발생하므로 이제 마케팅에서 디지털은 필수적인 요소가 되어가고 있으니 철저히 준비해야 한다.

셋째, 경영 전반의 경험이 필요하다. 어느 직종이든 한 분야에만 오래 있으면 사고가 편향되는 것이 사실이다. 심정적으로 타 부서를 이해하려 해도 그동안의 경험 때문에 시각이 바뀌지 않는 경우를 많이 보았다. 이로 인해 조직 내부에서는 사일로 현상도 일어난다. 이를 해결하기 위해 몇몇 대기업에서 순환 보직이라는 제도를 활용하기도 한다. 마케터로서 근무하다 보면 세일즈 부서나 경영관리 부서와의 마찰이 자주 일어나는데 가장 큰 원인은 같은 사안을 바라보지만 각

마케팅 좀 아는 사람

자가 가진 전문성, 경험, 지식의 한계로 시각의 차이가 발생하기 때문이다. 따라서 마케터로서 한 단계 성장하려면 꼭 유관 부서에서의 근무 경험을 갖기를 추천한다. 마케팅을 하다 보면 당연하다고 생각되는 것이 현장에서 적용되지 않거나 다른 부서의 시각을 이해하지 못하는 경우가 많은데, 실제로 유관 부서의 입장을 확인해 보면 다들 그럴 만한 사유가 있고 때로는 마케팅의 전략과 활동이 현장 및 경영 전략과 동떨어졌던 것도 사실이었다. 고객을 직접 상대하는 세일즈의 어려움을 이해하고, 회사의 경영을 맡고 있는 경영 관리 부서의 전략을 공감한 후 마케팅 활동이 이루어질 때 가장 크고 효과적인 성과가 난다고 생각한다. 저자는 마케팅 업무만 커리어 내내 진행하다가 글로벌 사업 관리와 영업을 맡아본 경험이 있었다. 마케팅 업무를 할 때 보이지 않았던 이해할 만한 부분이 많았고 마케팅 전략이 제대로 실행되지 않는 근원적인 이유가 현장 사업 관리의 문제가 아닐 수 있다는 생각을 하게 되었다. 가장 기본적인 예로 마케팅에서 만든 브랜드 가이드라인이 현장에서 지켜지지 않는 이유를 생각해 보자. 당연히 지켜져야 할 것들이라고 생각한 브랜드 가이드라인이 지켜지지 않는 이유는 현장 직원들의 무관심이 아니었다. 마케터가 내부적으로 충분히 소통하지 않았고 공감대 형성이 없었던 것이 첫 번째 이

유였고, 두 번째는 브랜드 관리를 현장에서 따를 수 있도록 충분히 교육하거나 시스템적으로 받쳐주지 못했던 것이 이유라는 것을 알게 되었다.

넷째, 본인의 경쟁력과 평판을 관리해야 한다. 마케터의 업무 중 가장 잘 알려진 업무가 브랜드를 관리하는 것이다. 맡고 있는 브랜드의 론칭부터 인지도 향상, 이미지 정립 및 개선, 선호도 향상, 매출 증대 등을 종합적으로 관리하는 것이다. 이와 마찬가지로 마케터도 본인을 브랜드라고 생각하고 관리해 나아가야 한다. 마케터가 되면서부터 자신의 브랜드는 론칭된 것이고 그 브랜드가 시장에서 두각을 나타내기 위한 경쟁력과 차별화 포인트를 만들어 가야 한다. 나이가 들어가면서 브랜드 노후화가 일어났을 때 다시 한번 새롭게 시장에 어필하기 위한 역량 개발도 꾸준히 진행해야 한다. 마지막으로 마케팅 인력 시장에서 선호도를 높이기 위해서 잦은 이직은 좋지 않다. 다른 직종에 비해 마케터들의 이직률이 높은 편인데 그 이유는 어느 회사든지 마케팅팀은 기본적으로 보유하고 있어 선택의 폭이 상대적으로 넓기 때문일 것이다. 하지만 젊었을 때 잦은 이직 때문에 중요한 순간에 꼭 가고 싶은 회사를 놓치는 경우도 많으니 본인 브랜드 이미지 관리에도 신경 써야 할 것이다.

마케팅 좀 아는 사람

다섯째, 글로벌 역량을 갖추어야 한다. 세계화가 가속화되면서 이제 더이상 기업은 자국 내에서만 한정되어 사업할 수 없는 환경에 직면했다. 이에 발맞춰 마케팅도 글로벌 시장을 대상으로 진행해야 하는 숙명을 안게 되었다. 전 세계의 트렌드와 문화를 이해하는 것부터 시작해서 해당 지역의 고객들을 이해하는 것은 마케터로서 지녀야 할 기본 소양이 되었다. 따라서 마케터 스스로 본인의 역량을 글로벌 시대에 맞게 준비해야 할 것이다. 늘 강조하는 기본적인 언어에서부터 시작하여 다른 문화에 대한 적응력, 목표 지역 시장에 대한 정보를 꾸준히 습득해서 회사의 성장과 더불어 본인의 업무 영역도 확장될 수 있기를 바란다.

Marketer Kim's Comment

마케팅을 일생의 업으로 알고 살아가는 사람 모두 미래에 대한 고민을 하고 있다. 어떻게 생각하면 마케터라는 직업이 꼭 내가 아니어도 다른 사람으로 쉽게 대체될 수 있는 것 아닌가라는 생각이 들기도 한다. 이는 마케터만의 고민이 아니고 직장 생활을 하는 모든 사람들의 고민일 것이다. 개인적으로 마케팅 업무는 도전해 볼 만한 직종이라고 생각되고 본인의 노력 여하에 따라 보이는 성과도 크게 나올 수 있는 직종이다. 미래에 성공한 마케터가 되기 위해서는 창의적인 아이디어를 낼 수 있고 융합적 사고를 할 수 있는 지속적인 자기 계발이 필요하다. 또한 디지털 트렌드를 읽고 마케팅 업무에 접목하는 것에 두려움이 없어야 하며, 디지털을 활용한 신규 마케팅 기법에 익숙해져야 한다. 아울러 경영과 관련한 다양한 분야의 업무에 관심을 가지고 글로벌 시장에서 본인이라는 브랜드가 멋지게 활약하기 위한 준비를 게을리하지 말기를 바란다. 마지막으로 모든 마케터에게 하고 싶은 이야기는 전략이든, 영어든, 기발한 콘테츠 생산 능력이든, 본인만의 차별화 포인트 하나 정도는 꼭 가지길 추천한다. 세상에 마케터라고 이야기하는 사람이 너무도 많다.

#마케터의미래 #스토리텔러 #디지털전환
#다양한유관부서경험 #역량관리 #평판관리 #글로벌역량
#차별화포인트

마케팅 좀 아는 사람

Marketer Kim's Insight 3

1 글로벌 마케터가 되기 위해 필요한 소양을 추천해 본다. 첫째, 학창 시절 다양한 경험, 둘째 독서를 통한 간접 경험, 셋째 언어 능력, 넷째 결과를 숫자로 표현하는 능력, 다섯째 디지털 트렌드에 반응하는 실행력, 마지막으로 긍정적인 태도와 같이 일하는 사람을 존중하는 마인드이다.

2 팀과 팀원들의 마케팅 지식과 경험을 넓히는 방법으로 마케팅 포럼을 추천한다. 마케팅 포럼 진행으로 역량 향상과 트렌드 캐칭이라는 목적을 동시에 달성할 수 있다. 이를 통해 습득한 지식이 단순히 지식으로서 끝나서는 안 될 것이며, 본인이 하고 있는 업무에 적용해 보아야 한다.

3 마케터는 경영 관리, 조직 관리, 전략에 대한 기본적인 지식을 갖춰야 진정한 마케팅을 할 수 있다고 감히 이야기하고 싶다. 해외 MBA 과정을 수료하면서 저자가 느낀 것은 영어보다 더 중요한 것은 결국은 본인이 가진 콘텐츠와 수업에 대한 열정이었다. 일단 MBA를 고민하기 시작했다면 영어 공부부터 시작하라고 조언하고 싶다.

4 마케터가 읽어야 할 서적을 총 4단계로 구분해서 추천해 보고자 한

마케팅 좀 아는 사람

다. 1단계는 마케팅 교과서로 많이 쓰이는 마케팅 원론이다. 이 책을 읽는 목적은 전체 목차를 기억하고, 마케팅의 구조를 이해하기 위함이다. 2단계는 마케팅 고전이다. 이 책들을 통해 트렌드가 아무리 바뀌어도 변하지 않는 마케팅의 원리를 이해할 수 있기 때문이다. 3단계에서는 마케팅의 최신 이론과 트렌드를 얻을 수 있는 베스트셀러 읽기다. 4단계는 시장에 있는 관심 분야의 마케팅 실용 서적을 읽는 것이다.

5   저자가 오랜 시간 영어를 공부하고 사용하며 느낀 영어 공부의 핵심은 다음과 같다. 첫째, 영어 실력은 단계적으로 올라간다. 둘째, 영어 시험은 문제은행식이다. 셋째, 영어 공부의 뚜렷한 목표와 지속성이 있어야 한다. 넷째, 영어 환경에 의도적으로 노출되어야 한다.

6   현장에서 약 20년 동안 마케팅 업무를 진행하면서 느낀 현실은 화려한 이면에 수없이 많은 소소하고 예기치 않은 일들이 존재한다는 것이다. 마케터로서 큰 꿈을 가지고 들어왔던 신입사원들이 이상과 현실에서 괴로워하는 것도 현실의 업무를 생각하면 이해된다. 하지만 진정한 마케터가 되기 위해서 이런 경험은 꼭 필요한 성장 과정이다.

7   현장에서 쓰는 마케터의 언어는 전문 용어도 많고 줄임말도 많아서 초반에 어려움을 겪는 경우가 많다. 마케팅 현장에서 미팅하다 보면 그 마케터가 마케팅 전문 용어의 의미를 정확히 알고 사용하고 있는지 궁금했던 경우가 있었고 의도적으로 남발하는 경우도 보았다. 마케팅 전문 용어 몇 개 더 안다고 위상이 달라지는 것이 아니라 마케터의 능력과 위상

을 결정하는 것은 전략적 마인드와 독창성이라는 것을 기억해야 한다.

8 글로벌 기업 마케팅팀은 에이전시를 활용해 업무를 진행하는 경우가 많고 스페셜리스(Specialist) 위주의 조직 운영을 하는 반면에, 국내 대기업 마케팅팀은 에이전시를 사용하기도 하지만 내부에 다양한 업무를 하는 고정 인력을 유지하는 것이 일반적이다.

9 기업에서 마케터로 살아간다는 것은 쉽지 않다. 이런 상황에서 더욱 더 집중해야 할 것은 비즈니스에 직접적인 영향을 주는 마케팅 활동, 결과를 숫자로 표현하고자 하는 노력, 유관 부서와의 시너지에 초점을 맞추는 것, 결과를 회사 내부에 적극적으로 공유하는 것이다.

10 기업의 마케터가 에이전시와의 성공적인 파트너십을 맺기 위해 기억해야 할 사항은 3가지이다. 첫째, Garbage In, Garbage Out이다. 둘째, 에이전시 인력도 누군가의 귀한 아들과 딸이라는 것이다. 셋째, 에이전시의 능력치를 최대로 뽑아내기 위해서는 이른바 가격을 후려치는 것만이 정답은 아니다.

11 마케터의 유형을 친화력 특화 마케터, 전략 특화 마케터, 추진력 특화 마케터, 크리에이티브 특화 마케터로 구분할 수 있다. 이상적인 마케터로서 4가지 역량을 모두 갖추기는 불가능하다. 따라서 본인이 가진 강점을 극대화하는 것이 개인의 성장과 궁극적인 성공에 도움이 된다.

마케팅 좀 아는 사람

12 일반적으로 마케터라고 불리는 기업 내 마케터와 에이전시의 기획자 (AE)의 유형별 경력 경로는 총 5가지이다. 첫째, 에이전시 기획자의 수직적 경로. 둘째, 에이전시 기획자가 창업을 통해 독립하는 경로. 셋째, 에이전시 기획자에서 기업의 마케터로 전환하는 경로. 넷째, 기업 마케터의 수직적 경로. 다섯째, 기업 마케터의 수평적 경로가 그것이다.

13 마케터로서 미래에 살아남고 성공하기 위해서 5가지 방향성을 가지고 있어야 한다. 첫째, 마케터는 스토리텔러가 되어야 한다. 둘째, 디지털에 대한 지식과 역량이 있어야 한다. 셋째, 타 부서의 업무를 경험할 기회를 가져야 한다. 넷째, 역량과 평판을 관리해야 한다. 다섯째, 글로벌 마케팅 역량을 갖춰야 한다. 마지막으로 모든 마케터에게 하고 싶은 이야기는 전략이든, 영어든, 기발한 콘텐츠 생산 능력이든, 본인만의 차별화 포인트 하나 정도는 꼭 있어야 한다는 것이다.

에필로그

"
마케팅은 제품이 아니라 인식의 싸움이다.
마케팅은 그런 인식을 다루는 과정이다.
"
'마케팅 불변의 법칙' 중

마케팅 세상에 뛰어든
모든 사람들을 응원하며

기업의 마케터가 하는 일 중 우아하고 그럴듯해 보이는 일을 생각해 보았다.

하나, 시장의 트렌드를 분석하고 출시된 제품의 시장 점유율을 확대하기 위한 활동을 한다.

둘, 제품 판매 실적과 수익성을 분석해 마케팅 전략 방향을 수립하고 실행한다.

셋, 중장기 마케팅 전략을 수립하여 경영진에게 보고한다.

넷, 디지털 채널을 신규 세일즈 채널로 활용하여 매출을 올린다.

다섯, 톱스타 모델을 활용하여 신규 TV 광고를 제작한다.

여섯, 소비자 인사이트를 바탕으로 신제품 또는 신규 서비스를 기획한다.

일곱, 사업 기회 확대를 위해 스폰서십 및 대규모 고객 이벤트를 기획하고 실행한다.

열거하고 보니 누가 보더라도 중요한 일을 하고 멋있는 부서가 맞는 것 같다.

　반면에 마케터가 하는 이른바 잡일(?) 또한 생각해 보았다.

하나, 에이전시에서 보내온 세금계산서를 기한 내에 정산하기 위해 유관

부서의 합의를 득한다.

둘, 시간이 촉박해 고객들에게 보낼 판촉물 포장을 직접한다.

셋, 경영진 보고 자료와 제작물 시안을 만들어 내기 위해 밤을 새운다.

넷, 디지털 채널의 소비자 목소리를 확인하여 실시간으로 응대한다.

다섯, 회사 홍보 브로슈어의 마지막 오탈자 체크를 위해 우주의 기운을

모아 집중한다.

여섯, 이벤트에 필요한 물건을 직접 실어 나른다.

일곱, 회사에 입고된 판촉물 수량을 정확히 확인하고 창고에 보기 좋게

쌓는다.

　저자가 근무했던 외국계 광고 에이전시 J Walter Thompson Korea(JWT

Korea)에서 사용하는 회사 소개 파워포인트 자료가 있었다. 이 회사 소개

슬라이드는 경쟁 프레젠테이션이나 신규 고객사를 처음으로 만나는 자

리에 어김없이 들어가는 자료이다. 회사 소개 자료 중 지금도 기억에 남

는 가장 강렬한 슬라이드가 있었는데 그것은 바로 바다에 떠 있는 빙산

사진이다. 바다 수면 위는 작은 동산 정도의 빙산만 보이지만 바다 수면

아래에는 커다란 빙산이 보이는 사진이다. 이 이미지를 적극적으로 활용

하는 이유는 한국 내에서 보이는 JWT의 사업 규모는 작지만 전 세계적

으로 시야를 확대해 보면 글로벌 JWT의 규모는 어마어마하다는 것을 직

관적으로 표현하기 때문이었다. 마케팅과 관련된 책을 내고자 하면서 마케터의 업무를 곰곰이 생각해 보았을 때 그때 사용했던 빙산 비주얼이 딱 어울리지 않나 생각하게 되었다. 업무적으로 보면 이 책에서 지속적으로 언급했듯이 밖으로 보이는 그럴듯한 모습은 바다 표면 위 빙산의 모습처럼 일부분에 불과하고, 마케터의 내부적인 실제 업무는 그럴듯한 일에 가려져 있는 수많은 사소한 일로 바다 수면 아래의 모습과 유사하다. 마케터가 일하는 현실을 대입해 보아도 마찬가지다. 멋진 회의실에서 전략을 발표하고 책상 앞에서 독특한 아이디어를 고민하고 기획서를 작성하는 우아한 모습이 있는 반면에, 짐을 옮기든가 밤새워 보고서 수정 작업을 하고 프로모션 현장에서 추위에 떨고 더위에 허덕이고 있는 바다 수면 아래의 현실이 존재한다. 마치 오리가 물 위에서 유영하기 위해서 물 아래서 두 발로 바삐 발차기를 하는 것과 같아 보이기도 한다. 몇 번을 다시 생각해 보아도 다른 어떤 비주얼이 이보다 더 정확하게 마케터를 표현할 수 있을까 싶을 정도로 완벽해 보인다.

마케터의 일에는 끝이 없다. 하고자 하는 의지가 있고 열정이 넘친다면 회사 내 모든 일이 마케터의 일이 될 수 있다고 해도 과언이 아니다. 저자의 경험상 회사 내 어느 부서의 일이든 마케팅과 관련되지 않은 일이 없다고 보일 정도다. 그러다 보니 대부분의 마케터는 "일이 너무 많아 죽겠어", "죽으려야 죽을 시간도 없어"라는 말을 입에 달고 산다. 그리고 이런 마케터로서의 삶으로 인해 많은 마케터가 꿈을 접기도 한다. 이런 상황은 규모가 작은 회사일수록, 마케팅이 중시되는 회사일수록 더욱더 심각하게 나타난다. 또 한편으로는 많은 유관 부서와 얽혀 있고 중심에 있는 상황이다 보니 회사에서 진행했던 프로젝트에 대해서 마케팅팀이 피해를 보는 경우도 생긴다. 프로젝트가 잘 되면 타 부서가 잘 해서이고 업적도 당연히 그들 몫이지만, 프로젝트가 잘못되기라도 한다면 마케팅팀을 탓하는 경우도 생긴다. 마케터를 꿈꾸는 사람들에게는 미안한 이야기지만 마케터들의 현실은 녹록하지 않다. 하지만, 긍정적으로 생각해 보면 마케팅이라는 업무가 회사에서 없어서는 안 될 중요한 업무이기 때문에 이런 상황이 벌어진다고도 생각할 수 있다. 아울러 마케팅 업무만이 가진 매력적인 모습이 있다. 기업에 따라 다른 경우도 있지만 대부분의 마케터들은 기업의 중심에 있고 그래야 한다. 마케터가 어떻게 방향을 잡고 유관 부서와 협의하고 소비자와 어떤 소통을 하느냐에 따라서 회사의 운명이 좌우된다고 해도 과언이 아니다. 마케터는 이렇듯 모든 사안의 중심에서 사람들을 이끌고 나아가는 숙명을 안고 있는 사람이다. 회사에 사업 방향과 전략 수립 시 변방이 아닌 핵심이 돼서 이끌어간다는 것이 얼마나 멋진 일인가? 고객과 브랜드를 연결하는 크리에이티브한 일이며 변화가 많고 생동감 있는 업무를 하고 있으니 얼마나 역동적인 일인가? 기업 내에서 업무를 통해 즉각적으로 매출과 이익의 변화를 확인할 수 있으니 얼마나 의미 있는 일인가? 기업을 경영하는 사람이 되기 위해 몰라서는 안 되는 업무이니 얼마나 중요한 일인가? 따라서 훌륭한 마케터라면 업무가 많다고 탓하고 자포자기할 것이 아니라 새로운 생각과 새로운 일에 끊임없이 도전해야 한다. 마케터가 현실에 안주하고 포기하는 순간 기업과 브랜드는 소비자의 인식에서 서서히 지워진다는 것을 꼭 명심했으면 한다.

책을 쓰기 시작하면서 수많은 고비가 있었고 쉽지 않은 여정이었다. 어떤 주제에 대해서는 A4 1페이지 작성도 힘든 경우가 있었고 내가 가진 미천한 지식과 역량을 확인하는 경험을 하기도 했다. 굳이 왜 잘난 척을 하면서 책을 출간하겠다고 지인들에게 이야기하고 다녔을까라며 자책하기도 했다. 이루지 못할 것 같았던 꿈인 책을 출간하기까지 여러 가지로 도움을 준 모든 사람들에게 감사의 말을 전한다. 특히 가장 가까운 곳에서 나를 믿고 묵묵히 지켜봐 주는 아내, 아빠의 책이 정말 나오는지 궁금해하는 사랑스러운 삼남매에게, 내가 가장 존경하고 사랑하지만 쑥스러워 이야기하지 못했던 부모님과 살아오면서 선택의 순간에 늘 지지해 주는 형제들에게, 언제든 내가 하는 이야기에 귀기울이고 무조건 지지해 주는 친구 K에게, 내가 현실에 안주하지 않고 좀 더 높은 목표를 가질 수 있도록 동기 부여를 해주는 친구 C, Y, Y에게, 최근까지 함께 마케팅 업무를 했고 글의 소재가 고갈될 때 아이디어를 주었으며 초고를 리뷰해 준 동료 K, P, L에게 진심으로 감사의 말을 전한다. 끝으로 지금 이 순간 어딘가에서 마케터가 되려고 준비하는 분들, 성공적인 브랜드를 만들기 위해 기업에서 지치지 않고 고군분투하고 있는 마케터들, 기업 마케터의 수많은 챌린지에도 굴하지 않고 꿋꿋하게 크리에이티브한 아이디어를 위해 노력하는 에이전시 마케터에게 하고 싶은 이야기인 "정상에서 만납시다!"라는 말로 책을 마치고자 한다.

주요 마케팅 키워드 모음

[ㄱ]

거래 전환율(TCR, Transaction Conversion Rate) : 클릭한 후 실제로 구매한 고객의 비율로 디지털 마케팅의 결과를 재무적으로 평가하는 방법

고가 전략 : 기업의 제품이나 서비스가 수요의 가격탄력성이 적고, 소량 다품종 생산인 경우에 채용되는 전략

고객 만족도 : '이 상품을 친구나 동료에게 추천하겠습니까?'라는 질문으로 측정하여 브랜딩과 고객 충성도의 연관성을 확인하는 방법

고객 생애 가치(LTV, Life Time Value) : 소비자가 평생에 걸쳐 구매할 것으로 예상되는 이익 흐름에 대한 현재가치를 말하며, 장기적인 관점에서 기업의 수익성을 극대화하기 위해 사용하는 개념

고객 이탈률 : 고객의 충성도를 확인할 수 있는 지표로 이탈 고객들의 비율을 30일/90일/1년 단위로 분석하여 각 상황에 맞는 마케팅 활동 계획 필요

광고 수익률(ROAS, Return On AD dollars Spent) : 순수입을 비용으로 나눈 비율이며 검색엔진 마케팅 성과를 측정하는 데 주로 사용

광고 에이전시 플래닝팀 : 대규모 에이전시에서 광고주의 전략 수립과 인사이트 발굴을 전담하는 팀

교차 분석 : 명목이나 서열 수준과 같은 범주형 수준의 변인들의 교차 빈도에 대한 통계적 유의성을 검증해 주는 분석 기법

그로스 해킹(Growth Hacking) : 성장을 뜻하는 그로스(growth)와 해킹(hacking)의 합성어로 상품과 서비스의 개선 사항을 지속 점검하고 반영함으로써 사업 성장을 촉진하는 디지털 마케팅 기법

[ㄴ]

내부수익률(IRR, Internal Rate of Return) : 마케팅 활동을 통해 얻은 현금 창출 수익률로 순현재 가치 값을 0으로 만드는 이자율 R을 의미.

네이밍 : 회사명, 브랜드명, 상품명, 캠페인명 등을 새롭게 만드는 것

니치 마케팅(Niche Marketing) : 틈새시장을 공략하는 마케팅 용어로 특정한 성격을 가진 소규모의 소비자를 대상으로 판매 목표를 설정하는 것

[ㄷ]

데이터베이스 마케팅(DB Marketing) : 기존 고객을 유지하고 잠재 고객을 끌어들임으로써 고객의 평생 가치(Life Time Value)를 극대화하기 위해 고객에 대한 여러 가지 정보를 데이터베이스화하고 이를 기반으로 마케팅 활동을 진행

도달률(Reach) : 일정 기간 동안 TV 광고에 노출된 타깃의 비율이며, 노출된 횟수(Frequency)에 따라 Reach 1+ 00%, Reach 2+ 00% 등과 같은 형식으로 표현

디마케팅(Demarketing) : 기업이 자사의 상품을 많이 판매하기보다는 구매 의도를 의도적으로 감소시켜 수익을 극대화하거나 브랜드 핵심 콘셉트를 유지하는 데 사용하는 마케팅 전략

디지털 마케팅(Digital Marketing) : 인터넷을 기반으로 다양한 디지털 매체를 통해서

제품과 브랜드를 알리고 판매를 촉진하는 모든 마케팅 활동

디지털 스토리텔링(Digitial Storytelling) : 디지털 작업을 통해 텍스트, 음성, 영상, 애니메이션 등으로 전환해서, 디지털 미디어를 통해 유저와 미디어, 유저와 유저, 유저와 또 다른 공동체가 이야기를 공유하는 과정

[ㄹ]

라인 확장(Vertical Extension) : 특정 제품 범주 내에서 단일 브랜드하에 생산되던 기존의 제품 유형을 다양화함으로써 소비자들에게 선택의 폭을 넓혀 줌과 동시에 구매의 용이성을 제공하는 것

[ㅁ]

마케팅 믹스(Marketing Mix) : 경영자 또는 마케터가 일정한 환경적 조건과 시점에서 여러 가지 형태의 마케팅 수단을 적절하게 결합하거나 조화롭게 사용하는 것을 의미

마케팅 불변의 법칙 : 알 리스와 잭 트라우트의 저서로 1993년에 초판이 발행되었고, 마케팅 세상을 지배하고 있는 총 22가지 법칙을 소개

마케팅 캠페인(Marketing Campaign) : 특정 기간 동안 집중적으로 마케팅 목표를 달성하기 위해 이루어지는 다양한 활동으로, 인지도를 향상시키는 캠페인, 이미지를 정립하거나 개선하는 캠페인, 세일즈 확대를 위한 캠페인 등이 있음

마케팅 커뮤니케이션(Marketing Communication) : 기업이 제품의 정보를 계획적으로 소비자에게 전달하는 일련의 행동으로 광고, 홍보, 이벤트 등을 통해서 수행

마케팅 4P : 제품(Product), 가격(Pricing), 판매 촉진(Promotion), 유통(Place)을 의미

매트릭스 조직(Matrix Organization) : 프로젝트 조직과 기능식 조직을 절충한 조직 형

태로 구성원 개인을 원래의 종적 계열과 함께 횡적 또는 프로젝트 팀의 일원으로서 임무를 수행하게 하는 조직 형태

모바일 커머스(M Commerce) : 이동통신 단말기와 통신 네트워크를 이용해 무선 인터넷으로 각종 정보와 서비스를 이용하고, 상품을 구입할 수도 있는 전자상거래 방식

미디어 커버리지(Media Coverage) : 특정 이슈에 대해 미디어에서 보도한 총량

[ㅂ]

바이럴 마케팅(Viral Marketing) : 전파 가능한 매체를 통해 소비자가 자발적으로 기업의 콘텐츠나 메시지가 널리 퍼지게 하는 마케팅 기법

보조 인지도(Aided Awareness) : 특정 브랜드의 이름을 알려준 뒤 이전에도 알고 있었는지를 측정하는 것으로, 브랜드에 대한 소비자 친밀감을 의미

브랜드 콘셉트(Brand Concept) : 제품, 디자인 등의 새로운 브랜드 구성 요소들을 만들어 내기 위해서 그 브랜드 구성 요소를 아우르는 핵심적 개념

브랜디드 콘텐츠(Branded Contents) : 소비자에게 오락이나 교육적 부가가치를 제공하기 위해 기업에 의해 제작된 콘텐츠로, 브랜드에 대한 이미지 구축과 선호도 증가를 주 목적으로 디자인된 콘텐츠

브랜딩 가이드라인(Branding Guideline) : 기업 고유의 로고, 컬러, 디자인 패턴 들을 각각의 적용 상황에 맞게 집대성해 둔 것으로 브랜드 이미지 관리의 가이드라인

비보조 인지도(Unaided Awareness) : 브랜드들에 대한 단서를 주지 않은 상태에서 응답자가 머릿속에 떠오르는 브랜드들을 언급한 것으로 전체 응답자 중 특정 브랜드를 상기한 사람들의 비율

[ㅅ]

사이트 이탈률(Bounce Rate) : 사이트를 방문한 고객 중 접속 후 5초 내에 이탈하는 비율

사일로(Silo) : 회사 내부에서 부서 간에 담을 쌓고 외부와 소통하지 않는 현상

샘플링 프로모션 : 불특정 다수 또는 목표 고객군에게 새로운 제품 홍보를 위해 거리나 매장에서 준비된 테스트용 제품을 전달해 관심을 유발하는 기법

세일즈 리드(Sales Lead) : 제품이나 서비스에 관심이 있는 개인 혹은 조직이 이메일 주소, 전화번호, 소셜미디어 계정 등과 같은 정보를 제공함으로써 표현

소셜미디어 도달률 : 인터넷상에서 지인들에게 추천하는 입소문을 측정하는 지표로 직접 클릭수와 추천에 의한 클릭수를 합한 값에서 직접 클릭수로 나눈 값

순현재가치(NPV, Net Present Value) : 단순히 이익을 계산하는 차원을 넘어 현금흐름과 시간 가치, 이자율까지 고려하여 산정하고 인프라, 마케팅, 기업가치 투자를 위한 의사 결정 시 사용

스키밍 가격(Skimming Pricing) **전략** : 처음에는 비싸게 팔다 나중에 싸게 파는 전략으로 자신들만의 특허가 있거나 고급 브랜드 제품들과 같이 브랜드 가치가 높은 상품에 주로 사용

스토리텔링(Storytelling) : 스토리와 텔링의 합성어로 상대방에게 알리고자 하는 바를 재미있고 생생한 이야기로 풀어 설득력 있게 내용을 전달하는 것

스트리밍(Streaming) : 음악이나 동영상 등의 멀티미디어 파일을 전송하고 재생하는 방식

스포츠 마케팅(Sports Marketing) : 스포츠라는 매개를 통하여 소비자의 욕구를 충족시키고 여기에서 발생하는 가치를 교환하는 과정으로 기업은 스포츠마케팅을 통해 회사와 회사 제품의 인지도를 높이고 이미지를 개선하거나 유지하려는 것

이 기본 목적이고 이를 통해 매출을 확대하는 것이 궁극적인 목표

[ㅇ]

애자일 마케팅(Agile Marketing) : 시장 변화에 빠르게 반응하고 고객 요구에 유연하게 대처하는 마케팅

업셀링(Upselling) : 같은 고객이 이전에 구매한 상품보다 더 비싼 상품을 사도록 유도하는 판매 방법

오마주(Hommage) : 영화나 광고에서 존경의 표시로 다른 작품의 주요 장면이나 대사를 인용하는 것

오퍼 수락률(Take Rate) : 오퍼를 수락한 고객수에서 전체 접촉 고객수를 나눈 비율

원 소스 멀티 유즈(OSMU, One Source Multi Use) : 하나의 콘텐츠를 영화, 게임, 음반, 애니메이션, 캐릭터 상품, 장난감, 출판 등의 다양한 방식으로 판매해 부가가치를 극대화하는 방식

인플루언서 마케팅(Influencer Marketing) : 영향력이 큰 블로그를 운영하는 '파워블로거', 수십만 명의 팔로워 수를 가진 SNS 사용자, 또는 1인 방송 크리에이터들을 통칭하는 말로 이들을 활용해 제품이나 서비스를 홍보하는 마케팅 기법

[ㅈ]

저가 전략 : 기업의 제품이나 서비스가 수요의 가격 탄력성이 크고, 대량생산으로 생산 비용이 절감될 수 있는 경우에 취하는 전략으로 일관성 있는 저가 정책, 극도의 원가 관리, 평균 수준의 품질, 지속적인 시장 성장, 가격 경쟁력을 소구하는 마케팅 커뮤니케이션 활동이 필요

정량 조사 : 대표성 있는 표본을 기반으로 이를 구조화하여 통계적으로 자료를 수

집·분석하는 것

정성 조사 : 기초적 원인에 대한 질적인 이해를 얻는 것에 목적을 두며, 자료 수집과

분석은 비구조화 및 비통계적

종속 제품 가격(Captive Product Pricing) **전략** : 제품을 싸게 판 후에 그 상품에 필요한

소모품이나 부품 등에서 마진을 취하는 전략

[ㅊ]

최초 상기도(TOM, Top Of Mind) : 소비자가 여러 가지 경쟁 브랜드 중 맨 처음 떠올리

는 브랜드를 말하며, 시장점유율을 추정할 수 있는 브랜드 지표로 활용

침투 가격(Penetration Pricing) **전략** : 시장에 성공적으로 진입하는 것을 목표로 처음

에는 낮은 가격으로 판매하다가 시간이 지나면서 차츰 가격을 올려서 받는 전

략으로, 치열한 경쟁을 벌이는 시장에 검증이 덜 된 상품을 출시하거나 보급률

을 높여 업계 표준을 장악하고 싶을 때 사용

[ㅋ]

카테고리 확장(Horizontal Extension) : 다른 카테고리의 신규 제품에 기존의 브랜드명

을 사용하는 것으로 유사 제품으로 카테고리를 확대하여 새로운 제품군으로 확

장해 나아가는 방식

커뮤니케이션 콘셉트(Communication Concept) : 제품 또는 브랜드 콘셉트를 크리에

이티브 콘셉트로 발전시켜가는 중간 과정으로 커뮤니케이션을 통해 무엇을 말

할 것인지를 간결하게 표현한 커뮤니케이션 기획의 핵심

콘텐츠 마케팅(Contents Marketing) : 브랜드와 관련된 가치 있고 관련성 있는 콘텐츠

를 생성·배포하여 목표 고객에 접근을 통해 궁극적으로 수익성으로 연결될 수

마케팅 좀 아는 사람

있도록 유도하는 마케팅

크리에이티브 콘셉트(Creative Concept) : 커뮤니케이션 콘셉트를 좀 더 구체적으로 소비자 언어로 접근하는 것으로 상품을 누가 사용하고 있는지, 누구에게 팔 것인지, 어떤 제품을 팔 것인지, 언제 사용하는지, 어디서 사용하는지, 왜 사용하는지 등 6W의 질문에 대한 답을 통해서 아이디어를 도출

클라이언트 브리핑(Client Briefing) : 기업의 마케터가 프로젝트를 진행하기 위해 에이전시에게 전달하는 캠페인의 배경, 상품 정보, 가치 제안, 목표 고객, 비즈니스 목표, 예산, 일정 등이 포함된 자료

클러스터 분석(Cluster Analysis) : 표본 데이터 분류를 위한 방법으로서 패턴 인식 등에서 사용되며 하나의 범주명이 주어진 표본 데이터가 몇 개의 클러스터(덩어리)를 포함하고, 그 클러스터의 위치나 모양에 대해서 분석하는 것

[ㅌ]

텍스트 마이닝(Text Mining) : 비정형 데이터로부터 통계적인 의미가 있는 개념이나 특성을 추출하고 이것들 간의 패턴이나 추세 등의 고품질의 정보를 끌어내는 과정

트랜스 미디어(Transmedia) : 트랜스(trans)와 미디어(media)의 합성어로, 미디어 간의 경계선을 넘어 서로 결합 또는 융합되는 현상

티저 광고(Teaser Advertising) : 무엇을 광고하는지 밝히지 않는 방법으로 소비자들의 호기심을 유발하는 광고의 통칭

[ㅍ]

퍼포먼스 마케팅(Performance Marketing) : 온라인을 기반으로 잠재 고객을 신규 고객

으로 전환시키는 것부터 목표 고객의 특정한 반응을 유도하는 것을 목표로 하는 마케팅으로 광고 운영 데이터뿐만 아니라 고객과 시장 이슈 등 모든 가용한 데이터를 활용하여 진행

포지셔닝(Positioning) : 소비자들의 마음속에 자사 제품을 목표하는 위치에 형성하기 위하여 소비자 편익을 개발하고 커뮤니케이션하는 활동

[ㅎ]

할인 전략 : 특정 제품과 서비스에 대하여 한정된 기간 동안 제조원가보다 낮은 가격을 매겨 '싸다'는 인상을 고객에게 심어 주어 고객의 구매 동기를 자극하고, 제품 라인의 총매출액의 증대를 꾀하는 전략

회수 기간 : 마케팅 투자 비용을 회수하는데 걸리는 기간으로, 수익과 투자 비용이 같아지기까지 걸리는 시간을 의미

[A]

AE(Account Executive) : 에이전시 기획자로 주된 역할은 외부적으로는 기업 내 마케터와 콘택트하고 내부적으로는 에이전시 내 유관 부서의 조율과 결과물에 대한 기획 방향을 제시

ATL(Above The Line) : 소비자에게 메시지를 전달하는 미디어를 말하는 것으로 TV, 라디오, 신문, 잡지 등의 4대 매체를 이야기했으나 최근엔 디지털도 이 영역에 포함됨

[B]

BI(Brand Identity) : 기업 내 여러 가지 브랜드의 이미지를 통일화하는 작업

마케팅 좀 아는 사람

BTL(Below The Line) : 미디어를 매개로 하지 않는 프로모션(Non-Media Promotion)으로 판매 지원, 유통지원, 샘플링 등과 같은 활동

B2B(Business to Business) : 산업재 제품이나 서비스를 기업 대 기업으로 판매 및 제공하는 비즈니스

B2C(Business to Consumer) : 소비재 비즈니스를 의미하고 기업이 생산한 제품과 서비스를 개인 소비자에게 판매하는 비즈니스

B2B2C : B2B와 B2C가 결합된 형태의 전자상거래 비즈니스로 기업과 소비자의 접점을 구축하고 소비자에게 각종 서비스를 제공해 비용을 받는 비즈니스 모델

[C]

CI(Corporate Identity) : 기업의 이미지를 통합하는 작업으로 기업의 상호 변경이나 새로운 로고 등 시각적 수단이 주가 되지만 기업 문화까지 확장 가능한 개념

Communication Vehicle : 기업이 고객과 소통하기 위해 활용하는 미디어 채널과 활동을 의미

CPC(Cost Per Click) : 디지털 마케팅을 평가하는 필수 지표로 클릭당 비용

CPM(Cost Per Mille) : 1천 뷰(View) 당 지불해야 할 비용, 즉 1,000뷰를 기준으로 광고비를 표현하는 것

CPR(CEO PR) : 기업의 이미지 제고를 위한 PR 활동에서 CEO를 스토리텔러로 활용하는 PR 기법

CPRP(Cost Per Rating Point) : 시청률을 1% 올리기 위한 매체 비용으로 비용 효율성 지표

CRM(Customer Relationship Management) : 기업이 고객과 관련된 내외부 자료를 분석해 고객 특성에 맞게 마케팅 활동을 계획, 지원, 평가하는 과정

CSR(Cororate Social Responsibility) : 기업 활동에 영향을 받거나 영향을 주는 직간접적 이해관계자에 대해 법적, 경제적, 윤리적 책임을 감당하는 경영 기법으로 주로 자선, 기부, 환경보호 등 사회 공헌 활동으로 나타남

CSV(Creating Shared Value) : 하버드대학 마이클 유진 포터 교수가 발표한 개념으로 기업이 수익 창출 이후에 사회 공헌 활동을 하는 것이 아니라 기업 활동 자체가 사회적 가치를 창출하면서 동시에 경제적 수익을 추구할 수 있는 방향으로 이루어지는 활동

CTR(Click Through Rate) : 클릭률이라고 하며 디지털 광고의 노출 횟수 대비 클릭이 일어난 횟수를 나타내는 용어

[D]

DAU(Daily Active User) : 중복을 제외한 하루 접속한 순수 사용자 수를 의미

Devil's Advocate : 데블스 에드버킷은 의도적으로 반대 입장을 취하면서 선의의 비판자 역할을 하는 사람으로 '악마의 변호인'이라고도 불림

[E]

Earned Media : 언론 보도, 소셜 미디어상의 콘텐츠 업로드, 포스팅, 공유, 제품의 소비자 리뷰와 게시 등으로 비용을 들이지 않고 노출 효과를 얻게 해준 제3자적 위치에 있는 미디어

ESG 경영 : 'Environment', 'Social', 'Governance'의 머리글자를 딴 단어로 기업 활동에 친환경, 사회적 책임 경영, 지배 구조 개선 등 투명 경영을 고려해야 지속 가능한 발전을 할 수 있다는 경영 철학

마케팅 좀 아는 사람

[F]

FGI(Focus Group Interview) : 핵심 고객 일부를 한 공간에 초대하여 사회자가 질문을 던지고 참가자 토의를 통해 의견을 얻는 정성 조사의 한 가지 방법으로, 마케팅 현장에서 주로 신규 제품/서비스 출시 후 피드백, TV 광고 선호도, 고객의 행동 패턴 조사 등에서 활용

FMCG(Fast Moving Consumer Goods) **산업** : 비내구성인 생필품 소비재 산업으로 소비의 순환이 빠른 시장

Funnel 분석 : 퍼널(Funnel)은 고객이 구매할 때까지 거치는 일련의 단계(인지, 관심, 고려, 의도, 평가, 구매)를 깔때기 모양으로 표현한 것으로 사용자가 유입부터 구매에 이르기까지 어느 단계에서 유입되고 이탈되는지, 어떤 단계가 취약하거나 병목 현상이 있는지 판단하고 문제점을 수치화하여 분석하는 것

[G]

GRP(Growth Rating Points) : 리서치 회사에서 나온 데이터로 일정 기간 동안 얻은 시청률의 합을 의미

[I]

IMC(Integrated Marketing Communication) : 통합 마케팅 커뮤니케이션으로 외부 환경과 소비자 데이터에 입각하여 목표 고객에 대해 브랜드를 통합적인 메시지로 전달 시키는 방법

[K]

KPI(Key Performance Indicator) : 목표를 달성하기 위해 핵심적으로 관리할 요소들에

대한 성과 지표

[M]

MPR(Marketing PR) : 인지도 제고, 이미지 포지셔닝, 제품 판매 증대, 수익성 향상,
매출 확대, 시장점유율 확대 등 조직이 설정한 마케팅 목표를 달성하기 위해 언
론, 정부, 목표 소비자 등 주요 타깃과의 관계 관리와 PR 프로그램을 기획하고
실행하는 것

Mass Media : 다수의 사람에게 동일한 정보를 동시에 전달하는 TV, 신문, 책, 영
화, 라디오 등과 같은 미디어

M&A(Merger & Acquisition) : 기업의 '인수'란 한 기업이 다른 기업의 주식이나 자산
을 취득하면서 경영권을 획득하는 것이며, '합병'이란 두 개 이상의 기업들이 법
률적으로나 사실적으로 하나의 기업으로 합쳐지는 것을 의미

[N]

N Screen : 하나의 콘텐츠를 TV, PC, 스마트폰, 패블릿, 태블릿PC 등 다양한 기기
를 통해 이용할 수 있는 서비스

[O]

Owned Media : 웹사이트나 블로그 등 기업 또는 브랜드가 소유하고 관리하는 자
체 디지털 채널

[P]

PV(Page View) : 사이트 내 웹페이지를 열람한 횟수

Paid Media : 타깃 고객 유인을 위해 비용을 지불해야 하는 트위터(Twitter), 페이스

마케팅 좀 아는 사람

북(Facebook), 링크드 인(LinkedIn), 포털 등의 미디어 채널

PPL(Product Placement) : 영화를 제작할 때 각 장면에 사용될 소품을 적절한 장소에 배치하는 것으로 오늘날 특정 기업의 협찬을 대가로 영화나 드라마에서 해당 기업의 상품이나 브랜드 로고를 끼워 넣는 광고기법을 통칭하는 용어

PPM(Pre-Production Meeting) : 스토리보드 형태가 아닌 세세한 촬영 콘티와 함께 모델, 의상, 촬영 장소, 소품, 일정 등 촬영에 들어가기 전 모든 사항 등을 협의·점검하는 미팅

PR(Public Relations) : 기업, 정부, 단체 등이 소비자, 노동자, 언론사, 정부, 하청업체, 주주, 채권 채무자, 여론 지도자, 일반 국민 등 공중과의 관계를 자신에게 유리하게 이끌기 위해 수행하는 일체의 커뮤니케이션 활동

Publicity : 기업의 제품과 서비스와 관련된 뉴스성의 정보를 기자회견, 보도자료 배포를 통해 언론에 게재하는 일

P&L(Profit and Loss) : 손익을 말하는 것으로, 자본의 투하와 인출 이외의 원인에 의하여 투하자본의 가치에 증가가 생긴 것을 이익이라 하고 그 감소가 생긴 때 이를 손실이라고 함

[R]

RPR(Risk Management PR) : 위기의 조짐을 정확히 진단하고, 이를 단계적으로 통제해 나아감으로써 갈등 요소를 줄여 가는 것

RTB(Reasons to believe) : 목표 고객에게 왜 자사의 제품 및 서비스를 선택해야 하는지에 대한 이유

[S]

SMART : 목표 설정 기법 중 SMART는 구체적이고(Specific), 측정 가능해야 하며
(Measurable), 행동으로 옮겨져야 하고(Action-oriented), 현실적이어야 하며(Realis-
tic), 시기를 특정할 수 있어야 한다(Timely) 는 것을 의미

STP : 시장 세분화(Segmentation), 목표시장(Targeting), 포지셔닝(Positioning)의 첫 글
자를 따서 조합한 마케팅 전략 용어로 기업은 제품이나 브랜드의 개발과 더불어
STP 전략을 통해 전체 시장을 세분화하고 그 세분화된 시장에서 목표 고객을
설정한 후 그에 맞는 포지셔닝 활동을 진행

SWOT : 기업의 내부 환경과 외부환경을 분석하는 방법으로 내부 환경을 강점
(Strength), 약점(Weakness), 외부 환경을 기회(Opportunity), 위협(Threat) 요인으로
규정하여 내외부 환경 변화를 동시에 파악

[U]

USP(Unique Selling Point) : 소비자에 어필하는 해당 제품만의 고유 강점

UV(Unique Visitors) : 일정 기간 동안 사이트에 중복되지 않고 방문한 방문자수

[V]

Value Chain : 1985년 하버드대학의 마이클 포터 교수가 모델로 정립한 이후 광
범위하게 활용되고 있는 이론으로, 부가가치 창출에 직접 또는 간접적으로 관련
된 일련의 활동, 기능, 프로세스의 연계를 의미

Value Proposition : '가치 제안'의 의미로 자사의 제품/서비스가 소비자에게 제
공되는 모든 가치를 명확하게 표현한 것을 의미하며 고객의 구매동기를 자극할
수 있는 경쟁 전략의 핵심

마케팅 좀 아는 사람